Hans List

Das Phänomen Liebe

Vom falschen, unsinnigen und törichten Reden
und Schreiben über die sogenannte Liebe.
Beschreibung einer skandalösen Entwicklung

Das Wesen der Lieben und ihre Entstehungsgesetze.
Einführung in die Psychologie des Liebens

LIBRIS VERLAG STUTTGART

CIP-Kurztitelaufnahme der Deutschen Bibliothek

List, Hans:
Das Phänomen Liebe: Vom falschen, unsinnigen und törichten Reden und Schreiben über die sogenannte Liebe. Beschreibung einer skandalösen Entwicklung. Das Wesen der Lieben und ihre Entstehungsgesetze. Einführung in die Psychologie des Liebens / Hans List. – Stuttgart: Libris Verlag, 1994

1. Auflage 1994

Gesetzt aus der Times-Antiqua
Gesamtherstellung: Ebner Ulm
Printed in Germany / Imprimé en Allemagne

ISBN 3-9803819-0-0

Inhalt

Einleitung 9

1. Teil
Vom falschen, unsinnigen und törichten Reden
und Schreiben über die sogenannte Liebe

Das Hauptübel und der Kern des Skandals 13

Der Wesenskern jeder Liebe 16

Das unsinnige Reden und Schreiben von der immer nur großen Liebe 19

Das unsinnige Reden und Schreiben von einem Liebesgefühl 21

Das falsche Reden und Schreiben von der Ganzheitlichkeit des Liebens 24

Was alle wissen sollten, ehe sie sich zum Liebesthema äußern 28

Das unsinnige Reden und Schreiben vom Liebensollen . . . 31

Die unsinnige Forderung, man solle Feinde lieben 35

Die unsinnige Behauptung des Paulus, die Liebe ertrage alles, glaube alles, hoffe alles und dulde alles 40

Das falsche Reden und Schreiben von der selbstlosen Liebe 44

Andere falsche Meinungen zur sogenannten Liebe 52

Das unsinnige Reden und Schreiben von einer Liebespflicht 54

Vom ideologischen Mißbrauch des Worts »Liebe« 56

Das falsche Reden und Schreiben über die Freundschaft. Vom freundschaftlichen Lieben 59
Wie die Voraussetzungen zum Geliebtwerden verbessert werden können 68

2. Teil
Einführung in die Psychologie des Liebens

Die vielerlei Arten und Stärken der Lieben 77
Die Liebe zum Lebendigsein oder die existentielle Liebe. Die Fundamentalliebe oder erste Hauptliebe 79
Die Liebe zum Geschlechtsverkehr oder die sexuelle Liebe. Die zweite Hauptliebe 89
Die Liebe zur familiären Gesellung oder die familiäre Liebe. Die dritte Hauptliebe 98
Die Liebe zur Geltung 105
Die Liebe zu materiellen Gütern 119
Die Liebe zum (leibsinnlich) Schönen 124
Die Liebe zur Macht 130
Die Liebe zur gewaltherrschaftlichen Macht 133
Die Liebe zur ideologischen oder religiösen Herrschaftsmacht 137
Die Liebe zur Freiheit von gewaltherrschaftlicher Macht 140
Die Liebe zur Erkennens- und zur Schöpfensmacht 143
Die Liebe zum Erleben und zur Unterhaltung 146
Vom Lieben seiner selbst 149
Andere Arten des Liebens und des Geliebten 151
Die Liebe zum (leiblichen) Nichtstun oder zum Faulenzen 153

Vom Anpassungslieben 156
Das Lieben von Ersatzgeliebten 159
Vom romantischen und utopischen Falschlieben 160
Die künstlich gemachten Geliebten oder
die Kunstgeliebten 165
Unsere Lieben machen unsere Konflikte 169
Der Gewissenskonflikt aus den Lieben.
Vom sogenannten »schlechten« Gewissen 175
Lieben und Hassen 180
Die Lieben und die Gemütsbewegungen 183
Wo unsere Lieben herkommen 187
Von negativen Liebensschicksalen und ihren Folgen 190
Die Lieben und die Willensarten.
Der Liebenbefriedigungswille 193
Vom Wandel der Lieben aus der
Entwicklungssteuerung und aus der Erfahrung 198
Die Lieben machen Geschehen und Geschichte 203
Die Arten des Liebens und die Weltbeurteilung 206
Von der Freiheit und von der Unfreiheit der
Liebenden und von der Macht der Geliebten über
die Liebenden 210
Die Arten des Bewußtseins von Lieben 215
Wie man die Lieben nach deren Art und Stärke
bestimmen kann 220
Die Lieben und die Lebensfülle 229
Das Lieben und die Weisheit, die Klugheit
oder die Intelligenz 238

Einleitung

Dieses Buch ist ein leichtfaßliches Lehrbuch vom Wesen und von den Arten des Liebens. In allgemeinverständlicher und unterhaltsamer Weise führt es in die Psychologie des Liebens ein.

Über die sogenannte Liebe wurde bekanntlich schon viel geschrieben. Sokrates und Platon und danach viele andere haben sich mit diesem bedeutenden Phänomen beschäftigt, und auch im Neuen Testament ist einiges über das Lieben zu finden, ja, wegen der Bedeutung, die ihm da in einem bestimmten Sinn gegeben wird, bezeichnen viele die christliche Religion gar als Religion der Liebe. So kann gefragt werden: Weshalb noch mehr davon oder dazu?

Ich habe dieses Buch geschrieben, um zunächst auf das viele falsche, unsinnige, ja oftmals geradezu törichte Reden und Schreiben aufmerksam zu machen, das es seit den altgriechischen Philosophen über die sogenannte Liebe gibt. So wurde bisher beispielsweise noch nicht bemerkt und noch nicht kritisiert, daß es *die* Liebe als Einheitsliebe, von der durchgängig gesprochen und geschrieben wird, gar nicht gibt. Dies halte ich für eine besonders beschämende Tatsache.

Meine Kritik richtet sich auch gegen die christliche Liebelehre. Ich mußte als Ergebnis gründlichen Prüfens feststellen, daß im Neuen Testament wenig Sachgerechtes über dieses bedeutende Phänomen zu finden ist. Dieses Urteil wird hier ausführlich begründet.

Im ersten Teil dieses Buches beschreibe ich das viele falsche und törichte Gerede und Geschreibe über die sogenannte Liebe. Es ist eine Folge ideologischer Einflüsse. Diese Einflüsse haben auch das Entstehen der Psychologie des Liebens als der Wissenschaft vom Lieben bis in unsere Tage verhindert. Der zweite Teil dieses Buches enthält eine Einführung in diese Psychologie.

Ich schreibe hier über das Lieben nach gründlicher und kritischer Prüfung insbesondere dessen, was mich das Leben hierzu gelehrt und was sich mein Verstand dazu gedacht hat. Durch dieses gründliche und kritische Selbstbedenken kam ich weniger in Gefahr, falsche Meinungen zu übernehmen. Ich beschreibe hier, in welchen Arten das Lieben geschieht, was die verschiedenen Arten des Liebens bewirken und wie das Lieben in Empfindungen erlebt wird. Mit dieser neuen Lehre vom Lieben möchte ich eine fundamentale Änderung im Begreifen und im Urteilen bewirken, um jenen üblen Zustand zu beenden, in dem sich das allgemeine Meinen über die Liebe befindet.

Dem Zweck der Leichterverständlichkeit sollen auch Schilderungen persönlicher Erlebnisse sowie persönliche Anreden der Leserin oder des Lesers dienen. Dieses Anreden geschieht wechselweise als Leser oder als Leserin, um niemanden in seinem Empfinden zu beeinträchtigen.

Alle angeführten Bibelzitate entstammen jener Lutherbibel[1], die meine Eltern »Zum gesegneten Gebrauch und zur Erinnerung an den Tag der Trauung«, wie es da heißt, bekommen hatten.

1 Großoktav-Ausgabe nach der Übersetzung Martin Luthers, herausgegeben von der Privilegierten Württembergischen Bibelanstalt in Stuttgart im Jahr 1912.

1. Teil

Vom falschen, unsinnigen und törichten Reden und Schreiben über die sogenannte Liebe

Das Hauptübel und der Kern des Skandals

Im ganzen bisherigen Reden und Schreiben über das Phänomen Liebe gibt es ein Hauptübel: das Reden und Schreiben von *der* Liebe. Von diesem Unsinnreden und Unsinnschreiben handelt dieses erste Kapitel.

Wenn sich Franzosen zu dem äußern, was sie immer wieder im Bett miteinander treiben, dann sagen sie: »faire l'amour«, daß sie also *die* Liebe machen. Wenn aber der Schriftsteller Pierre Beyle, vielen wohl eher unter seinem Pseudonym »Stendhal« bekannt, von *der* Liebe schreibt, wie beispielsweise in seinem Buchtitel »De l'amour«, so meint er da mit »Liebe« nicht den Geschlechtsverkehr, sondern die Zuneigung der Geschlechter zueinander ganz allgemein. Der Theologe Thomas von Aquin dagegen äußert sich wie folgt: »Die Liebe ist Wohlgefallen am Guten«, und der Apostel Paulus schrieb in seinem ersten Brief an die Korinther, im Kapitel 13: »Die Liebe ist langmütig und freundlich.« In einer Zeitungsüberschrift[1] hieß es dieser Tage: »Ist die Liebe noch zu retten?«, und in einer Zeitschrift für Frauen stand der Satz[2]: »Die Zeit ist reif für die Liebe.« Schon diese wenigen Beispiele unter einer Vielzahl anderer erwähnbarer zeigen die vielen Meinungen über die sogenannte Liebe.

Nun kann die Liebe aber doch nicht sowohl der Geschlechtsverkehr als auch die Liebesbeziehung der Geschlechter aus ihrer Wesensart als auch das Wohlgefallen am sittlich Guten und zudem auch noch die Langmut und die Freundlichkeit sein. In allen diesen Äußerungen über *die* Liebe ist begrifflich etwas anderes ge-

1 Basler Magazin, Wochenendbeilage der Basler Zeitung vom 24. 10. 1992, Nummer 43, Seite 15.
2 Cosmopolitan, Ausgabe Dezember 1991, Seite 157.

meint. Dieses verschiedenartige Meinen ist das Hauptübel im gesamten bisherigen Reden und Schreiben von diesem Phänomen oder über es. Diese *eine* Liebe, diese Einheitsliebe für alle Arten des Liebens gibt es nicht. Dieses Uraltgerede und -geschreibe über *die* Einheitsliebe ist eine skandalöse Tatsache.

Wer wollte in Abrede stellen, daß es eine Liebe zu Kindern oder zum Geschlechtsverkehr oder zwischen den Geschlechtern oder zur Freiheit von unterdrückenden Machthabern oder zum Frieden oder zum Angeln oder zum Rauchen oder zum Fußballspielen gibt. Doch diese Lieben sind nicht *die* Liebe. Wenn wir von Kindern der Liebe reden oder schreiben, dann meinen wir Kinder, die aus der Liebe zum Kind gezeugt und geboren wurden, doch diese Liebe ist nicht *die* Liebe. Kinder können auch Kinder alleinbesitzenwollenden Liebens sein; so kenne ich beispielsweise mehrere Mütter, die ihr Kind oder ihre Kinder ohne die Anwesenheit des Vaters an ihrer Seite bekommen und haben wollten. Solche Kinder sind zwar Kinder einer bestimmten Liebe, und zwar der einseitigen und insoweit selbstsüchtigen Mutterliebe, doch sie sind nicht Kinder *der* Liebe als einer Einheitsliebe.

Es ist falsch, und es sollte eigentlich unzulässig sein, von *der* Liebe zu reden oder zu schreiben, wenn eine bestimmte Art des Liebens gemeint ist. Pierre Beyle, alias Stendhal, hätte seinen Buchtitel so wählen sollen: »Die romantische und die leidenschaftliche Liebe zum weiblichen Geschlecht« oder: »Eine besondere Art der Geschlechterliebe«, und Thomas von Aquin hätte niemals schreiben dürfen: »Die Liebe ist Wohlgefallen am Guten«, sondern allenfalls schreiben können: »Es gibt eine Art des Liebens, das durch das Wohlgefallen am Guten gekennzeichnet ist«, wobei noch zu bestimmen wäre, was hier mit »dem Guten« eigentlich gemeint ist, und die Franzosen sollten nicht sagen: »Wir machen die Liebe«, sondern: »Wir lieben uns geschlechtlich« oder »Wir machen die sexuelle Liebe«.

Eine Grunderkenntnis sollte sein: Es gibt so viele verschiedene Arten der Liebe oder des Liebens, als es Geliebte und Geliebtes gibt, und jedes Reden oder Schreiben von *der* Liebe sollte ab sofort ein Zeichen für unzulängliche Denkfähigkeit des Redenden oder Schreibenden sein. Es ist falsch und darum eigentlich unzulässig, von *der* Liebe zu reden oder zu schreiben, wenn eine Liebe zu bestimmten Geliebten gemeint ist. Diese Erkenntnisse und Feststellungen sind von fundamentaler Bedeutung für den richtigen Umgang mit dem Wort »Liebe«.

*

Alles bisherige Reden und Schreiben von *der* Liebe oder über *die* Liebe war falsch. Dieses unkritische Hinterdreinreden und Hinterdreinschreiben durch die ganze bisherige Geistesgeschichte ist eine beschämende Tatsache.

*

Der Wesenskern jeder Liebe

Ich erinnere mich sehr gut und sehr gern an jenes Mädchen, in das ich mich im Alter von etwa 16 Jahren verliebte. Es hatte ein Puppengesicht, in dem blaue Augen leuchteten. Eines Morgens brachte es mein junges Herz zum schnelleren Schlagen. In einer ganz neuen Art wurde ich auf ein weibliches Wesen aufmerksam, und wenn wir zur Schule oder nach Hause fuhren, sandte ich in scheuer Weise bewundernde und liebevolle Blicke zu ihm hinüber. Ich begriff, daß ich ein weibliches Wesen liebte, eine Erfahrung, die mir neu war. Die Fähigkeit zu diesem Lieben mußte in den Monaten zuvor in mir entstanden sein. Erst viel später wurde mir bewußt, daß diese Veränderung eine direkte Folge meiner Geschlechtsreifung war.

Wenn wir zu lieben beginnen, vollzieht sich in uns ein Wandel von der Gleichgültigkeit zur Nicht-mehr-Gleichgültigkeit im Sinn von Angezogen- und Zugeneigtsein, und es entsteht der Wille, das Geliebte in bestmöglicher Art in unserem Leben zu haben, sei es als Verwirklichung oder als Vereinigung. Alle Liebenden wollen das Geliebte im weitesten Sinn bei sich oder um sich haben. Seitdem ich dieses Mädchen liebte, wollte ich, daß es in meiner Nähe ist, und dasselbe gilt für jedes andere Geliebte.

Wesenskern jeder Liebe ist das Angezogensein vom Geliebten, das Zugeneigtsein zum Geliebten sowie der Wille, das Geliebte so zu bekommen oder zu haben oder zu behalten, wie wir dies wollen, und dies ganz unabhängig davon, was das Liebeerwekkende oder Geliebte ist, ob ein Mensch, eine Katze, die Freiheit, die Gerechtigkeit, eine Blume oder ein Bild, um nur diese wenigen unter einer Vielzahl möglicher zu nennen. Geliebtes ist alles, dem in irgendeinem Stärkegrad Zuneigung entgegengebracht wird. Alles, was wir liebkosen oder streicheln oder küssen und zu dem wir zärtlich sein oder das wir uns gar einverleiben möchten, ist Geliebtes.

Alles Geliebte soll sich der Art und der Stärke beziehungsweise dem Umfang nach so in unserem Dasein befinden, wie wir dies wollen. Ist ein Geliebtes der Art und der Stärke nach nicht so in unserem Dasein, wir wir dies wollen, so ist unsere Liebe der Art, Stärke oder Menge nach nicht voll befriedigt und auf das Bekommen, das Haben oder auf das Verwirklichtwerden sowie das sichere Behaltenkönnen des Geliebten gerichtet. Befindet sich das Geliebte der Art, der Stärke, Größe oder Menge nach so in unserem Dasein, wie wir es wollen, so ist unsere Liebe zu diesem Geliebten voll befriedigt.

Wenn wir vom Vorhandensein einer Liebe keine Empfindung haben, so ist sie uns lediglich gerade nicht gefühlsbewußt; dieses Unbewußtsein wird jedoch sofort beendet, und unsere Liebe wird uns in Gefühlen bewußt, wenn wir Gefahr laufen, das Geliebte zu verlieren.

Alles, was wir gern haben oder bei uns haben oder gern tun, das lieben wir im Stärkegrad des Gernhabens oder des Gerntuns. Wenn wir etwas gern sehen oder gern hören oder gern riechen oder gern schmecken oder gern anfühlen, so lieben wir es. In einem Brief an seinen Bruder Theo schrieb Vincent van Gogh: »Ich liebe Landschaften, die beinahe brennen«, und Friedrich Nietzsche schrieb ein Liebesgedicht an den Mistralwind, weil er sein Brausen mochte. Alles, nach dem wir uns sehnen, und alles, wonach sich andere sehnen oder wonach andere verlangen, ja alles, wonach sich jemals seit der Entstehung von Lebendem auf dieser Erde ein Lebewesen gesehnt hat oder wonach es verlangt hat, war Geliebtes.

Eine weitere Unzulänglichkeit im Meinen vom Wesen der sogenannten Liebe besteht darin, daß in bezug auf diesen Wesenskern aller Lieben verschiedene Liebensqualitäten unterschieden werden, so beispielsweise eine moralisch höhere oder edlere oder erhabenere einerseits und eine mindere oder gewöhnliche andererseits; doch solche Unterscheidungen oder Wertungen sind falsch. In bezug auf den Wesenskern ist jede Liebe dasselbe. Die Liebe einer Mutter zu ihrem Kind ist dem Wesenskern nach dasselbe wie die Liebe zu ihrem Ehemann oder zum Geschlechtsverkehr oder zu einem göttlichen Wesen oder zu etwas anderem.[1]

Zur Verbesserung des Wissenschaftlichkeitsgrads psychologischer Aussagen im Forschungsbereich des Liebens und damit zur Verbesserung der diesbezüglichen wissenschaftlichen Kultur sollte allgemein begriffen werden, daß es einen einheitlichen und gleichen Wesenskern jeder Liebe gibt, nämlich das Angezogenwerden des Liebenden vom Geliebten, die Zuneigung des Liebenden zum Geliebten sowie den Bekommens-, Habens- und Behaltenswillen hinsichtlich des Geliebten seitens des Liebenden, darüber hinaus aber mehr oder minder große Verschiedenheiten der Lieben in bezug auf die Art des Geliebten sowie in bezug auf das Verhalten der Liebenden aus solchen speziellen, artbezüglichen Liebesbeziehungen.

*

Alle unbefriedigten Lieben sind immer auch Nachfragen nach den entsprechenden Geliebten. Was man nicht hat, aber haben möchte, das ist Geliebtes in einer unbefriedigten Liebesbeziehung, und alles, was man hat und nicht hergeben möchte, das ist Geliebtes in einer befriedigten Liebesbeziehung.

*

Grundlage der Liebenswissenschaft oder der Wissenschaft vom Lieben ist die Erkenntnis und die Feststellung, daß es in allen lebenden Wesen Anziehungskräfte gibt, die in ihren Wirkungen der Gravitation in unbelebten Körpern ähnlich sind, die im übrigen aber eine ganz andere, eine nur lebenden Wesen eigene Kräftekategorie darstellen.

*

1 Eine so wesentliche Unterscheidung zwischen Eros und Agape, wie sie in der christlichen Theologie gemacht wird, ist unzulässig, da Agape lediglich eine besondere Ausprägung des Eros ist.

Das unsinnige Reden und Schreiben von der immer nur großen Liebe

Meine Liebe zu jenem Mädchen mit seinem Puppengesicht und seinen tiefblauen Augen blieb ein Glühen; sie hat sich in mir nie zu einem leidenschaftlichen Feuer entwickelt, wie man es auch von den großen Liebenden der Weltliteratur kennt und wie es bei meinem damaligen Freund der Fall war, der sich in ein Mädchen »bis über beide Ohren verknallte«, wie manche auch zum starken Sichverlieben sagen. Die Liebe meines Freundes zu einem Wesen des anderen Geschlechts war damals erheblich stärker als die meine.

Nun gibt es bedauerlicherweise viele, die der Meinung sind, jede Liebe eines Menschen zu einem anderen müsse immer groß oder stark sein, um den Namen »Liebe« zu verdienen. So schreibt beispielsweise der Inder S. Vivekananda[1]: »Liebe ist die glühende Sehnsucht zweier Wesen, eins zu werden«, und die aus China stammende Hollywood-Filmschauspielerin Joan Cheng meinte in einem Gespräch, Liebe sei »ein großes Wort für ganz besondere Gelegenheiten«. Doch derartige Meinungen sind falsch. Wer meint, von Liebe könne erst dann gesprochen oder geschrieben werden, wenn es sich um eine besonders starke Beziehung dieser Art handelt, der hat in bezug auf die Stärke einen falschen Liebebegriff und sollte ihn ändern. So, wie die Freude nicht erst beim Entzücken beginnt, so beginnt eine Liebe nicht erst in einem stärkeren oder höheren Grad. Freude gibt es in allen Stärkegraden, und gleiches gilt für die Lieben. Man kann als Frau einen Mann in geringem Stärkegrad lieben oder als Mann eine Frau nur in mäßigem Grad. Ich persönlich habe in meinem Leben Frauen kennengelernt, die nie das Verlangen nach einem geschlechtlichen Ver-

1 Swami Vivekananda; Bhagti Yoga, Paris 1939, S. 156-157.

kehr bekamen, und daneben solche, die nahezu unstillbar waren in ihrer Liebe zum Geschlechtsverkehr. Nicht bloß die Arten der Lieben sind von Mensch zu Mensch sehr verschieden, sondern auch deren Stärke. Es gibt nicht nur die große Liebe, sondern auch die kleine. Lieben gibt es in allen Stärkegraden. Das sollte jeder wissen, um richtig über die Lieben und ihren Wesenskern reden oder schreiben zu können.

Zur Erhöhung des Wissenschaftlichkeitsgrads und damit zur Verbesserung der wissenschaftlichen Kultur im Bereich des Liebens sollte möglichst vielen bewußt werden, daß es das Lieben von etwas oder die Liebe zu etwas in allen Stärkegraden gibt. Es gibt die Mutterliebe zu Kindern in allen Stärkegraden, und gleiches gilt für alle anderen Lieben. Lieben können dem Stärkegrad nach bei Null beginnen und bis zum Höchstgrad der sehr großen oder starken Liebe gehen.

*

Liebe auf den ersten Blick ist Liebe aus dem Äußeren. Liebe auf den zweiten Blick geht schon tiefer; doch erst dann, wenn man beim tausendsten Blick in der Wesensart eines Menschen Geliebtwerdenswertes entdeckt, nähert man sich der Reife für eine eheliche Verbindung. Träfe dasselbe auch für die andere Seite zu, dann könnten verantwortungsbewußte Leute daran denken, Kinder in diese problematische Welt zu setzen.

*

Das unsinnige Reden und Schreiben von einem Liebesgefühl

Da ich jenes Mädchen mit seinen blauen Augen liebte, sehnte ich mich nach ihm und wurde traurig, als ich erfuhr, daß es mit seinen Eltern fortgezogen war. Mit meinem Michsehnen[1] nach einem Wiedersehen und mit meiner Trauer über sein Verschwinden auf Nimmerwiedersehen hat es mein Gemüt bewegt.

Nun meinen die meisten, das Sichsehnen oder die Freude seien mit Liebe identisch, das, was sie mit Liebe schlechthin bezeichnen, sei ein Gefühl, wie der zuvor erwähnte S. Vivekananda, wenn er schreibt, »Liebe ist die glühende Sehnsucht zweier Wesen, eins zu werden.« Der Literaturkritiker Marcel Reich-Ranicki wird in der Zeitschrift »Cosmopolitan« vom Dezember 1991 mit dem Satz zitiert: »Liebe ist jenes erhabene Gefühl, das von der Zuneigung zur Leidenschaft führt«, und an anderer Stelle heißt es in derselben Zeitschrift: »Liebe, das höchste Gefühl, hat tausend Facetten.« In einer Illustrierten[2] meinte ein Befragter: »Liebe ist ein wahnsinnig umfassendes Gefühl.« Doch solche Gleichsetzungen von Liebe mit einem Liebesgefühl entstammen einem fundamentalen Irrtum, sind ein Unsinn, der zu vielen Mißverständnissen über das Wesen der Liebe geführt hat und so lange weiter zu Mißverständnissen führt, als dieser Unsinn nicht erkannt und abgestellt wird. Es sollte endlich begriffen werden, daß solches Meinen ein falsches, ein unsinniges Meinen ist und daß es im Interesse aller ist, dieses falsche Meinen zu beenden. Die Zuneigung eines liebenden

1 Eine im Deutschen übliche Sprachschlamperei besteht darin, zu jedem Sichsehnen Sehnsucht zu sagen, ein Sichsehnen immer als eine Sucht zu bezeichnen. Das Wort Sehnsucht ist nur berechtigt, wenn es sich beim Sichsehnen um süchtiges Sichsehnen handelt.

2 DER STERN; Heft 25, 1990.

Menschen zu einem Geliebten als Mensch, Tier, Ding oder sonst etwas, eine derartige Liebesbeziehung bewirkt zwar das Sichsehnen des Liebenden nach dem Geliebten im Stärkegrad seines Liebens, doch dieses Sichsehnen ist lediglich die Folge einer Liebe im Zustand des Getrenntseins vom Geliebten sowie des Hoffenkönnens auf eine Vereinigung.

Eine Liebe kann schon deshalb nicht bloß Sehnsucht sein, weil sie ja nicht endet, wenn die Sehnsucht beendet ist. Wenn eine glühende Sehnsucht beim Zusammenkommen von Liebendem und Geliebtem erfüllt wird, dann erlischt mit der Sehnsucht ja nicht auch die entsprechende Liebe. Diese Liebe, die die Sehnsucht, oder richtiger: das starke Sichsehnen, im Zustand des Getrenntseins von Liebendem und Geliebtem bewirkt hatte, besteht im Liebenden nach wie vor. Diese Liebe ist nur nicht mehr im Gefühl des Sichsehnens gefühlsbewußt oder gefühlsmanifest. Liebe kann also nicht mit dem Gefühl des Sichsehnens identisch sein. Eine Liebe zu etwas oder das Lieben von etwas kann schon deshalb kein Gefühl als Liebesgefühl sein, weil sie bzw. es auch noch andere Gefühle bewirkt, wie beispielsweise die Trauer oder die Freude. Liebe als Beziehung zwischen einem Liebenden und einem Geliebten ist immer nur die Voraussetzung für eine Gefühlsentstehung, nie jedoch das Gefühl selbst.

Zur Erhöhung des Wissenschaftlichkeitsgrads und damit zur Verbesserung der wissenschaftlichen Kultur im Bereich des Liebens sollte möglichst vielen bewußt werden, daß das viele Gerede und Geschreibe von der Liebe als einem Gefühl unsinnig ist.

An dieser Stelle sei kurz auch darauf hingewiesen, daß mit dem Wort »Lieben« im Deutschen sowohl die mehr oder minder befriedigte Zuneigung gemeint sein kann als auch ein Tun im Sinn einer bestimmten Liebe, also einer bestimmten Praxis des Liebens. Wenn ein Mann eine Frau liebt, so kann sich dieses Lieben sowohl im häufigen Gedenken aus großem Wohlwollen und evtl. großem Besorgtsein um das Wohl dieser Frau zeigen als auch in der Praxis des Geschlechtsverkehrs.

*

Neulich hat mich doch diese Barbara wieder ganz eindringlich mit ihren schönen Augen angeschaut, und ich gestehe, daß es mir gutgetan hat, von diesen schönen Augen eindringlich angeschaut zu werden; doch ich weiß, daß mich da nicht eigentlich diese schönen Augen anschauen, sondern irgendwelche unbefriedigten Lieben, die dahinter auf der Lauer liegen, um so bald wie möglich einen Befriediger zu finden, der dann von sich sagen kann, ein Geliebter zu sein. Da liegt sicher auch die Liebe zum Schmusen auf der Lauer, um einen Schmuser zu finden. Und hinter diesen Augen gibt es mit Sicherheit auch die Liebe zum Gestreicheltwerden und auch zum Streicheln und das nicht bloß am Hals. Das wirkt ziemlich verlockend bei diesen zierlichen Händen. Ich frage mich: Kommt da nicht auch für dich eine Menge heraus? Mal sehen, doch Vorsicht ist immer angebracht, – Lieben können durch die Augen gehen, aber auch ins Auge.

*

Das falsche Reden und Schreiben von der Ganzheitlichkeit des Liebens

Als ich mich in jenes zierliche weibliche Wesen mit seinen leuchtenden blauen Augen verliebte, hätte ich bei einer Selbstbefragung oder bei einem Gefragtwerden über dieses Lieben nicht viel sagen können. Aus einem Mangel an entsprechenden analytischen Fähigkeiten hätte ich auf solche Fragen geantwortet: »Ich liebe sie.« Mit einer derartigen Pauschalantwort täuscht man sich aber selbst oder täuscht man andere Frager insofern, als man nach weitverbreitetem, aber falschem Meinen in sich selbst oder in anderen den falschen Eindruck erweckt, das eigene Lieben eines anderen sei stark und beziehe sich auf den ganzen anderen Menschen, wogegen man tatsächlich zumeist bloß einen kleinen, als besonders reizvoll empfundenen äußeren Teil des Geliebten besonders mag, beispielsweise das Gesicht oder die Figur oder anderes Äußere.

Solches Eindruckerwecken von der Ganzheitlichkeit eines Liebens ist ein Teil des vielen falschen Meinens in bezug auf das Lieben. Wohl kann es sein, daß man einem Menschen bald aus breiter, tiefer und beständiger Wesensartliebe zugetan ist, sozusagen »aus tiefstem Herzensgrund«, doch in den meisten Fällen ist gerade dies nicht der Fall, was auch die große Zahl mißglückter Ehen zeigt. Wenn ein junger Mann über seine Beziehung zu einer jungen Frau sagt: »Ich liebe sie«, so kann dies in Wahrheit bloß bedeuten, daß er aus starkem pubertärem Paarungsdruck im geschlechtlichen Bereich liebt mit dem Wunsch, mit einem weiblichen Wesen ins Bett zu kommen; und wenn eine junge Frau sagt: »Ich liebe ihn«, so kann die Motivation dazu nur oder vor allem das Bedürfnis sein, sich mit einem Freund in der Öffentlichkeit zeigen und aus bloßer Eitelkeit bald heiraten zu können.

Ehe man von einem Menschen pauschal sagt, man liebe ihn, sollte man sich Gedanken machen und zu erkennen versuchen, was man an ihm liebt und in welcher Stärke, und dann in seinem Urteil vorsichtig sein, um nicht den vorerwähnten, falschen Eindruck der Ganzheitlichkeit des Liebens einer Person zu erwecken.

Eine Folge der weitverbreiteten Minderfähigkeit, sich selbst oder andere in bezug auf die Art und die Stärke des Liebens richtig beurteilen zu können, ist auch das vielfach geringe Bewußtsein von der Verschiedenheit der Lieben in den Menschen nach Art und Stärke. Wenn sich eine Frau und ein Mann wechselseitig lieben, so tun sie es in mehr oder minder verschiedenen Arten und Stärken. Im Interesse der Verbesserung der zwischenmenschlichen Beziehungen wäre es gut, wenn die analytische Fähigkeit in diesem Bereich verbessert würde. Dieses Buch bietet eine Möglichkeit zu dieser Verbesserung.

Wenn das Sprichwort sagt: »Jung gefreit hat nie gereut«, so stimmt das in dieser pauschalen Art nicht. Wegen der Minderfähigkeit, sich selbst und andere richtig zu analysieren, täuschen sich viele in bezug auf sich selbst oder auf andere. Darum hieße dieses Sprichwort besser: »Jung gefreit hat schon oft gereut.« Insbesondere als Gemeinschaft zur Versorgung von eigenen Kindern und zur Abwehr von Gefahren für diese Kinder sollten die Geschlechter eine lang währende und harmonische Partnerschaft eingehen können. Die Erfahrung zeigt aber, daß die Arten und die Stärken der Lieben wechselseitig vielfach nicht tragfähig oder bindend genug sind.

Wegen der weithin gegebenen Minderfähigkeit, die Arten und die Stärken von Lieben aus der Beobachtung und aus dem Denken zu erkennen, bleibt den meisten nur das Gefühl als Ratgeber oder Urteilensinstanz. In Fällen des oberflächlichen oder auch des schwärmerischen Liebens zeigt sich aber am deutlichsten, wie schlecht es um die Zuverlässigkeit von Gefühlsurteilen bestellt ist. Der sogenannte »liebe Gott« oder aber die Natur haben es so gewollt bzw. dahin kommen lassen, daß die meisten Menschen gerade dann das bißchen Verstand verlieren, das sie bekommen haben, wenn sie es am dringendsten bräuchten: beim Heiraten.

Die menschliche Gefühlssteuerung im partnerschaftlichen Bereich ist bei vielen mangelhaft und nicht selten selbstbetrügerisch, doch solche Erkenntnisse sind auch Außenstehenden nicht leicht möglich. Gelingt eine solche Erkenntnis Angehörigen oder Freunden, so wird sie von denen, die es betrifft, zumeist ignoriert, wie es auch in diesem Gedicht von Wilhelm Busch zum Ausdruck kommt:

Laß ihn

Er ist verliebt, laß ihn gewähren,
Bekümmre dich um dein Pläsier,
Und kommst du gar, ihn zu belehren,
Wirft er dich sicher vor die Tür.

Mit Gründen ist da nichts zu machen.
Was einer mag, ist seine Sach,
Denn kurz gesagt: In Herzenssachen
Geht jeder seiner Nase nach.

Die Falschgesteuerten aus falschem Empfinden können nur durch Schaden klug werden, falls überhaupt. Die durch guten Instinkt oder den Verstand sich besser Steuernden brauchen diesen oft langen und schmerzhaften Umweg nicht zu machen.

Eine besondere Schwierigkeit in bezug auf das Erkennen von Lieben nach Art und Stärke ergibt sich aus der vor allem genetisch bedingten Entwicklung. Keine Frau kann im Alter von 20 Jahren bei ihrem 25jährigen Partner erkennen, daß er sich in den Vierzigern als Schürzenjäger entpuppt, und kein junger Mann kann als 25jähriger vorherahnen, daß sich seine mit 20 Jahren so zärtliche Frau nach und nach zu einer energischen Dominanze »mausert«.

In Abwandlung des Spruchs: »Vertrauen ist gut, Kontrolle ist besser« kann man sagen: »Gefühl ist gut, Verstand und Wissen sind besser.« Wir sollten nicht nur über unsere Lieben nach Arten und Stärken Bescheid wissen, sondern auch über die Arten und Stärken der Lieben anderer, um uns optimal verhalten zu können. Die Selbsterkenntnis und die Fremderkenntnis oder die Erkenntnis des Wesens anderer in bezug auf deren Lieben nach Arten und Stärken sind entscheidende Voraussetzungen zur Verbesserung des eigenen Lebenserfolgs.

Zur Erhöhung des Wissenschaftlichkeitsgrads und damit zur Verbesserung der wissenschaftlichen Kultur im Bereich des Liebens sollte allgemein begriffen und beachtet werden, daß es ein ganzheitliches Lieben anderer Menschen nicht gibt und daß sich aus der inneren Entwicklungssteuerung die Lieben jedes Menschen nach Arten und Stärken im Lauf des Lebens erheblich ändern können.

*

Meine »Traumfrau«: Die Figur der Ursula,
der Kopf der Irene,
der Busen der Charlotte,
das heitere Gemüt der Anne,
die Zuverlässigkeit der Brigitte
und die Wahrhaftigkeit der Claudia.
In der Küche sollte sie so tüchtig sein wie
die Bärbel und im Bett so wie die Lilo.

*

Was alle wissen sollten, ehe sie sich zum Liebesthema äußern

Die Zuneigung zu jenem zierlichen weiblichen Wesen mit seinen leuchtenden blauen Augen, die sich damals in meinem jungmännlichen Herzen offenbarte, hatte eindeutige Ursachen, die mir damals jedoch noch nicht bewußt waren. Ich wußte damals noch nicht, daß die Hauptvoraussetzung dafür die Reifung meiner Fortpflanzungsorgane aufgrund der entsprechenden hormonalen Steuerung aus der genetisch fixierten Entwicklungssteuerung war. Dieser Reifungsprozeß aus den Genen hatte pauschal die unbewußte Liebe zu einem Wesen des anderen Geschlechts bewirkt. Eine weitere Voraussetzung und der Grund dafür, daß ich mich gerade in dieses Mädchen verliebte, war mein damals noch schwaches Selbstwertgefühl, das eine Vorliebe für zierliche und artige Wesen zur Folge hatte. Aus diesem schwachen Selbstwertgefühl heraus hätte ich mich damals nicht in ein selbstbewußtes weibliches Wesen verlieben können. Dazuhin gab es in mir eine angeborene Vorliebe für leuchtende blaue Augen. Hätte es diese Voraussetzungen in mir nicht gegeben, so wäre die Zuneigung zu diesem Mädchen nicht entstanden.

Alle unsere Lieben zu bestimmten Geliebten entstehen automatisch aus ganz bestimmten Ursachen. Wir können einem anderen Menschen oder einem anderen Lebewesen oder sonst etwas nicht zugeneigt sein, wenn dies unser Gehirn nicht zuläßt. Durch bloßen Vorsatz kann weder etwas Unsympathisches sympathisch werden noch Sympathisches noch sympathischer.

Ich habe mich aus Liebe zur Gerechtigkeit immer wieder intensiv darum bemüht, häßliche Frauen von ihrem Äußeren her lieben zu können, doch es gelang mir als einem sehsinnlichen Ästheten nicht. Auch war es mir nie möglich, Stinkendes vorsätzlich in lieblich Duftendes zu verwandeln. Niemand kann mit Aussicht auf

Erfolg sagen: Ich will, daß mein Gehirn den Gestank nicht mehr als solchen empfindet. Man kann viele Male versuchen, etwas als schön und damit zuneigungsbewirkend zu empfinden, von dem andere sagen, es sei schön, doch es gelingt nicht, es sei denn auf suggestive oder selbstsuggestive und damit auf unechte Weise. Sogenannte Fachleute können uns viele Male versichern, die Werke Picassos seien herrlich, doch dieses ganze Bemühen bleibt umsonst, wenn wir diese Liebenspotenz in unserem Gehirn nicht haben. Musik, die wir als häßlich empfinden und darum nicht lieben, kann durch bloßes Wünschen niemals als Ohrenschmaus empfunden werden. Wenn es in unserem Gehirn die Fähigkeit, eine gewisse Musik lieben zu können, nicht gibt, dann können wir sie auch durch stärkstes Bemühen nicht schön oder gar himmlisch finden. Einem schmecksinnlichen Nichtästheten oder Banausen kann man die schmackhaftesten Gerichte zubereiten, doch er wird niemals fähig sein, sie zu genießen, also zu lieben.

In seinen »Neuen Gedichten« schreibt Heinrich Heine an einer Stelle: »Wenn dich ein Weib verraten hat, so liebe flink eine andere ...«, doch gerade dies geht nicht. Man kann nicht vorsätzlich eine Frau lieben. Wenn eine Frau jene schwarzen und zudem lokkigen Haare nicht hat, die ein Mann so sehr liebt, dann ist er insoweit außerstande, diese Frau zu lieben.

Kein Mensch kann über die Arten und die Stärken seiner Lieben aus vorsätzlichem Willen selbst befinden. Unser Gehirn entscheidet völlig unabhängig und selbsttätig über die Arten und die Stärken aller unserer Lieben. Liebenspotenzen sind weder der Art nach noch der Stärke nach erlernbar oder anerziehbar. Man kann sich die Liebe zum Rosenduft oder zu Blondinen oder zu Katzen oder zu anderem nicht anerziehen oder anerziehen lassen. Insoweit sie noch nicht gefühlsmanifest oder gefühlsbewußt sind, können Lieben durch entsprechende Geliebte natürlicher oder künstlicher Art gefühlsbewußt gemacht werden unter der Voraussetzung, daß sie im unbewußten Zustand in unserem Gehirn schon vorhanden sind.

Wir können potentiell und de facto der Art und der Stärke nach nur insoweit lieben, als wir dazu aus unserer Gehirnbeschaffenheit in der Lage sind. Alle unsere Liebenspotenzen bilden sich den Arten und den Stärken nach aus unserer Langzeit-Entwicklungssteuerung und aus den organischen Erfordernissen, es sei denn, es würde von außen künstlich mit Hormonen oder mit anderen Mitteln eingegriffen. Unser Gehirn steuert uns ganz automatisch und gänzlich unabhängig von unserem Willen aus dem Denken (Vorsatz). Aus diesem Grund der gänzlichen Unabhängigkeit unseres Gehirns in bezug auf die Arten unserer Zuneigungen oder unserer Abneigungen oder aber unserer Gleichgültigkeit weinen wir, obgleich wir es nicht möchten, oder ärgern wir uns, obgleich wir dies nicht wollen, und können wir uns nicht in eine heitere Gemütsverfassung versetzen, obgleich dies jeder Mensch jederzeit möchte. Aus dem gleichen Grund kann Freude auch nie direkt, sondern immer nur indirekt bewirkt werden, nämlich allein durch ein Herbeiführen jener Umstände, die Freude bewirken können, durch ein Herbeiführen von Erfreulichem.

Die Unabhängigkeit unseres Gehirns in bezug auf die Entstehung aller Arten und Stärken unserer Lieben und Gefühle aus ihnen ist das eiserne Korsett, in dem jeder steckt. Wenn es nichts zu lachen gibt, dann ist uns auch nicht nach Lachen zumute. Aus demselben Grund läßt sich auch das Leid oder der Schmerz nicht einfach abstellen oder vergessen. Wenn unsere Lieben und unsere Gefühle aus deren Schicksal durch den Willen oder ein Bitten beeinflußbar wären, dann könnten alle Christen angesichts ihrer Frohbotschaft immerzu frohgemute Menschen sein, was jedoch bekanntlich nicht der Fall ist, wie es die vielen im Gemüt Leidenden und Niedergedrückten sowohl bei den Klerikern als auch den Laien beweisen.

Zur Erhöhung des Wissenschaftlichkeitsgrads psychologischer Aussagen im Forschungsbereich des Liebens und damit zur Verbesserung der diesbezüglichen wissenschaftlichen Kultur sollte allgemein begriffen und verstanden werden, daß es ein weitverbreitetes, jedoch falsches Meinen ist, wir könnten durch Vorsatz, also willentlich, die Arten und die Stärken unserer Lieben beeinflussen. Jedes Menschen Gehirn entscheidet unabhängig und selbsttätig darüber, was und in welcher Stärke er etwas lieben kann.

Das unsinnige Reden und Schreiben vom Liebensollen

Durch das Unabhängigkeitsgesetz bezüglich der Entstehung aller Lieben ist jeder Vorsatz unsinnig, einem Menschen Zuneigung entgegenbringen zu wollen, der die Voraussetzung dazu nicht hat oder nicht schaffen kann. Daher ist auch jede Aufforderung zu lieben, jedes Liebensgebot unsinnig, wie beispielsweise das biblische Gebot: »Liebe deinen Nächsten.« Wenn zwischen zwei Menschen ganz natürlicherweise aufgrund der Gegebenheiten eine Liebesbeziehung nicht zustande kommen kann, dann ist jedes derartige Bemühen, jedes Wollen oder Sollen vergebliche Liebesmüh. Wenn zur Nächstenliebe aufgefordert wird, so heißt das, daß in diesem Fall aufgrund der Gegebenheiten keine Liebesbeziehung zustande gekommen ist, nicht zustande kommen konnte und daß deshalb hier das Wort »Liebe« nicht paßt. Anweisungen oder gar Forderungen, wie beispielsweise die Forderung: »Du sollst lieben Gott, deinen Herrn, von ganzem Herzen, von ganzer Seele und von ganzem Gemüte«[1], sind generell unsinnige Anweisungen oder Gebote. Ich habe mich schon oft gefragt, weshalb denn dieses offenkundige Unsinnsgerede oder Unsinnsgeschreibe nicht als solches erkannt und nicht entsprechend kritisiert wird, und konnte mir diese Tatsache immer nur so erklären: Entweder sind die Menschen aus geringer Denkfähigkeit außerstande, diesen Unsinn zu erkennen, oder aber sie sind aus intellektueller Feigheit nicht bereit, die Wahrheit zu sagen.

Wenn zwischen Menschen eine Liebesbeziehung besteht, dann empfinden sie füreinander und dann helfen sie sich bei Bedarf auch ganz selbsttätig. Nächstenliebe ist nur dann und ist nur inso-

---

1 Matthäus 22,37–39.

weit möglich, als der sogenannte Nächste diese Liebe entstehen läßt, diese Zuneigung oder Sympathie ermöglicht. Das biblische Gebot zur Mehrung der zwischenmenschlichen Liebe sollte also lauten: Sei so und verhalte dich so, daß man dich lieben kann, daß man dich sympathisch findet, daß du mehr Zuneigung zu dir bewirkst. Man kann sagen: Sei im Rahmen deiner Möglichkeiten nach Kräften geliebtwerdenswert oder geliebtwerdenswürdig, dann wirst du bei entsprechenden Liebhabern auch geliebt, sei in angemessener Weise hilfsbereit zu deinen Mitmenschen und hilf ihnen, wenn sie in Not sind, und dies auch dann, wenn sie dir gleichgültig oder gar unsympathisch sind, und räche dich nicht in haßerzeugender Weise an deinen Feinden, um die Voraussetzungen für längerwährenden Frieden zu verbessern. Außerdem ist wahr, daß ein pauschales Fordern von Nächstenliebe, wie im vorgenannten Bibelspruch, schon wegen dieser Pauschalität ein Unding ist. Man kann doch einen Mörder nicht als einen Nächsten in diesem pauschalen und positiven Sinn bezeichnen.

Man kann und soll zur Solidarität mit Hilfsbedürftigen oder zur Hilfe aus Gerechtigkeit jenen gegenüber auffordern, die unverschuldet oder auch selbstverschuldet benachteiligt oder in Not sind. Eine solche Hilfsbereitschaft oder Hilfe für Hilfsbedürftige aus Pflichtbewußtsein oder aus Solidarität ist übrigens schon lange vor dem Jesus von Nazareth gefordert worden. Man lese bei Buddha, Konfutse, bei Laotse und anderen nach. Liebensforderungen jedoch, wie auch in dem Jesusspruch gemäß Johannes 15,17: »Das gebiete ich euch, daß ihr euch untereinander liebet«, sind unsinnige, weil aus den geschilderten Gründen gänzlich unrealistische Forderungen; doch man kann sagen und fordern: Machet euch geliebtwerdenswerter oder geliebtwerdenswürdiger füreinander, damit ihr euch in mehrfacher Weise und in stärkeren Graden lieben könnt.

Wenn ein Christ sagt: »Ich will lieben, weil es Jesus von mir fordert«, so offenbart er lediglich seine Beschränktheit in der Denkfähigkeit, dann weiß er nicht, wovon er redet. Es ist unsinnig, Gott von ganzem Herzen und von ganzem Gemüte oder aus ganzer Seele und mit aller Kraft lieben zu wollen oder lieben zu sollen, wie es bei Lukas 10,27–28 heißt. Es entsteht der Eindruck, als wolle man in spekulativer Absicht glauben machen, die Liebe oder die Zuneigung dieser oder jener Art seien vorsätzlich machbar oder mehrbar, und dieses Machen oder Mehren sei bloß eine Frage des guten Willens. Ein geradezu hanebüchener Unsinn ist das Reden von einem Liebenmüssen, wie es beispielsweise in diesem Spruch des Bischofs Franz von Sales zum Ausdruck kommt: »Die Gottesliebe *muß* alle unsere anderen Lieben übersteigen.«[1]

Jeder Wille zur Liebe ist ein unsinniger Wille, und jede Liebe- oder Liebensforderung ist auch dann eine unsinnige Forderung, wenn sie als Gottesgebot deklariert wird. Wer anderes glauben machen will, der muß sich gefallen lassen, als Täuscher oder Verführer oder gar als Betrüger bezeichnet zu werden. Aus dem Grund der Nicht-direkt-Beeinflußbarkeit von Liebesbeziehungen oder Lieben waren bisher auch alle Versuche, die Menschen zu einem Gottesvolk auf Erden zu machen und so ein Gottesreich auf Erden zu errichten, umsonst, und gleiches gilt für alle Zukunft. Auch die gläubigsten und frömmsten Christen können ihre »Nächsten« nicht in stärkerem Grad lieben, als dies ihr Gehirn zuläßt. Man kann mit anderen Menschen im echten Wortsinn von Liebe und Freundschaft keine Liebes- oder Freundschaftsbeziehung haben, wenn dafür bei uns oder anderen die Voraussetzungen nicht gegeben sind.

Liebesbeziehungen oder Lieben entstehen im Gehirn jedes Menschen autonom und automatisch aufgrund der jeweils genetisch festgelegten Langzeit-Entwicklungssteuerung sowie der Lebensgrunderfordernisse einerseits und dem Erscheinen des je Geliebtwerdenswerten oder Geliebtwerdenswürdigen im Außen andererseits. Gleiches gilt für die Gefühlsentstehung. Man kann zwar versuchen, Gefühle zu unterdrücken, doch deren Entstehung läßt sich weder fördern noch verhindern. Daher ist jede Forderung der Nächstenliebe oder anderer Lieben eine unsinnige Forderung. Man kann im Fall der Liebensforderung von einer Irreführung und von einer mißbräuchlichen Verwendung des Worts »Liebe« sprechen.

---

1 Franz von Sales; Traité de l'amour de Dieu, X. Buch, Kap. VI–X.

Ein typisches Beispiel für das unsinnige Meinen, die sogenannte Liebe sei vorsätzlich machbar oder steuerbar, ist das, was die Brüder Mörike beim Tod ihres Vaters als Urkunde verfaßt haben und wo es unter § 1 heißt:

»Wir drei Brüder Karl Eberhard, Eduard Friedrich und August Mörike versprechen uns gegenseitig, die Pflichten, die wir als Brüder auf uns haben, einander treu zu erfüllen, die Liebe in allen Lagen unseres Lebens zu erhalten und, wenn der Tod uns trennen wird, einander auch noch im Grabe und in der Ewigkeit zu lieben.«

Derartige Meinungen sind weithin die Früchte christlich-klerikaler Falschindoktrination über die Liebe, sind Zeugnisse des vielfachen Unsinnsgeredes und Unsinnsgeschreibes über die sogenannte Liebe, auf das hier im Interesse der Wahrheit und Klarheit im Denken und Sagen und Schreiben über dieses Phänomen mit großem Nachdruck hingewiesen wird. Zur Erhöhung des Wissenschaftlichkeitsgrads und damit zur Verbesserung der wissenschaftlichen Kultur im Bereich des Liebens sollte in Zukunft nicht mehr behauptet oder suggeriert werden, man könne das Lieben jeglicher Art durch bloßen Vorsatz mehren.

*

Das Rufen nach mehr Liebe unter den Menschen ist eine direkte Folge überdurchschnittlich starker existentieller Ängstlichkeit aus entsprechender Gefahrempfindsamkeit. Eine weitere Folge dieser überdurchschnittlich starken Ängstlichkeit ist die überdurchschnittlich starke Friedensliebe.

*

Die allgemein übliche Verwendung des Worts »liebenswürdig« ist ein Beispiel für unkritisches Hinterdreinreden, denn liebenswürdig heißt: würdig, zu lieben; gemeint ist aber doch: würdig oder wert oder fähig, geliebt zu werden. Darum sollte nicht mehr von einer Liebenswürdigkeit die Rede oder die Schreibe sein, sondern von der Geliebtwerdenswürdigkeit oder Geliebtwerdenswertheit.

Die unsinnige Forderung, man solle Feinde lieben

Dieser 1. Teil in diesem Buch weist – wie zuvor erwähnt – auf das vielfache Unsinnsgerede und Unsinnsgeschreibe in bezug auf die Liebe bzw. auf die Lieben hin, um so die Voraussetzungen für wissenschaftliche Abhandlungen über dieses Thema zu schaffen.

Ein typisches Beispiel für Unsinnsgerede in bezug auf die sogenannte Liebe ist das, was Jesus gemäß Matthäus 5,44 (Bergpredigt) gesagt haben soll und wo es heißt:

»Liebet eure Feinde.«

Ich habe mich immer wieder gefragt: Wie kann der vorgebliche Gottessohn Jesus eine solche Forderung aufstellen, wenn ein Lieben von Feinden im echten Wortsinn des Liebens unmöglich ist? Eine Liebe als Liebesbeziehung im allein richtigen Wortsinn zeigt sich in der Empfindung des Gefallens des Geliebten, der Sympathie. Um Feinde lieben zu können müßte es also möglich sein, Gefallen an ihnen zu finden und Sympathie zu ihnen zu empfinden. Wirkliche Feinde können aber von keinem Menschen als sympathische Wesen empfunden werden; wirkliche Feinde können niemals Gefallen finden. Feinde können niemals geliebt werden und Geliebte sein! Wer die Freiheit von tyrannischer Herrschaft liebt, der kann im eigentlichen, im echten Wortsinn der Liebe niemals jene lieben, die als Tyrannen über ihm herrschen wollen und ihm im Fall des Widerstandes gegen ihren tyrannischen Willen nach dem Leben trachten. Das Gebot, Feinde lieben zu sollen, ist genauso unsinnig, wie es ein Gebot wäre, seine Freunde zu hassen. Das Liebensollen eines natürlicherweise Gehaßten ist widernatürlich und unmöglich. Eine Liebe oder Liebesbeziehung kann zu Nicht-geliebtwerdens-Wertem nicht gefordert werden. Die Forderung »Liebet eure Feinde« ist eindeutig und unbezweifelbar eine unsinnige Forderung.

Auch ein praktisches Wohltun- oder Helfenwollen Feinden gegenüber ist gegen jede Normalität des Empfindens und gegen die Vernunft, denn warum sollte man jenen nützlich sein, so fragt sich jeder Geistesgesunde, die einem schaden wollen oder geschadet haben, wie es für Feinde kennzeichnend ist? Durch ein Wohltun an Bösen unterstützt man die Bosheit, nützt man Übeltätern. Durch praktisches Gutestun an Machtschmarotzern, die ihre tyrannische Macht durch brutale Gewalt und Terror erbeutet haben und sie in der Machtschmarotze mißbrauchen, nützt man den Feinden aller Freiheitsfreunde und fällt allen Kämpfern für die Freiheit in den Rücken. Wer seinen Feinden durch Gutestun nützt, der ist ein Narr; und der größte Liebesnarr dieser Art wäre, wer gar sein Leben ließe für seine Feinde.

Durch seine landesweiten Stänkereien, Pauschalverleumdungen und Haßtiraden gegen seine ideologischen Machtfeinde, die Rabbiner, Schriftgelehrten und Orthodoxen hat dieser Jesus selbst das Gegenteil seiner Lehre von der Feindesliebe praktiziert. Im ganzen jüdischen Land hat er sie als Heuchler, als Diebe, Ehebrecher, Schlangenbrut und Otterngezücht verteufelt und sie so zu seinen Feinden gemacht. Er tat ihnen alles andere als wohl im Sinn von Lieben (Matthäus 23 und Lukas 6,27). Diese pauschale Massenverleumdung und Massenverteufelung des jüdischen Klerus und der Gläubigen war eine große Ungerechtigkeit. Daß die von Jesus im ganzen jüdischen Land pauschal Verteufelten diese Teufel nicht gewesen sein können, läßt sich auch durch die geschichtliche Tatsache beweisen, daß sich die Lehre Jesu trotz intensiver Missionsarbeit der Jünger bei den Juden nicht einmal in kleinen Gruppen erhalten hat. Jesus hätte sich im jüdischen Volk mit seiner Lehre durchgesetzt, wenn die Hohepriester und die Rabbiner und die Schriftgelehrten und alle Orthodoxen dieses verkommene Pack gewesen wären, als das sie Jesus überall schwer beschimpfte.

Das Selbst-nicht-Befolgen der eigenen Liebelehre durch Jesus beweist, daß sein Predigen der Feindesliebe eine propagandistische Schlaubergerei zum Zwecke der Gewinnung von Konfliktallergikern und Frieden-um-jeden-Preis-Leuten war. Die Richtigkeit der Annahme, daß das Gebot der Feindesliebe lediglich ein propagandistisches Mittel zur Gefolgschaftsgewinnung derartiger Gemüter war, geht auch aus dem hervor, was man beim sogenannten »Apostel der Liebe«, bei Johannes also, in seinem zweiten Brief bei 10 und 11 lesen kann, wo es heißt:

»Wer in der Lehre Christi bleibt, der hat beide, den Vater und den Sohn. So jemand zu euch kommt und bringt diese Lehre nicht, den nehmt nicht ins Haus und grüßt ihn auch nicht. Denn wer ihn grüßt, der macht sich teilhaftig seiner bösen Werke.«

Man bedenke: Wer einen Nichtchristen grüßt, der macht sich teilhaftig seiner bösen Werke! Das ist wahrlich keine Lehre, die mit jener vom Liebensollen von Feinden übereinstimmt. Da wird der Ausgrenzung von Andersgläubigen oder von Nichtgläubigen das Wort geredet und Unduldsamkeit gefordert.

Das Selbst-Nichtpraktizieren der eigenen Liebelehre kommt auch in den folgenden Sprüchen des Apostels Paulus klar zum Ausdruck:

»So jemand den Herrn Christus nicht liebhat, der sei verflucht« (1. Brief an die Korinther, 16,22).

»Ziehet nicht am fremden Joch mit den Ungläubigen. Denn was hat die Gerechtigkeit zu schaffen mit der Ungerechtigkeit? Was hat das Licht für Gemeinschaft mit der Finsternis? Darum gehet aus von ihnen und sondert euch ab, spricht der Herr, und rühret kein Unreines an, so will ich euch annehmen und euer Vater sein, und ihr sollt meine Söhne und Töchter sein, spricht der allmächtige Herr« (2. Brief an die Korinther, Kap. 6,14–18).

Ein Reden vom Liebensollen von Feinden ist ebenso unsinnig, wie es die Behauptung wäre, Feinde seien Freunde oder Freunde seien Feinde. Jeder Nicht-zu-Beschränkte in der Denkfähigkeit fragt sich, wie es möglich war, daß dieser Unsinn nun schon nahezu 2000 Jahre lang als Gottesgebot verkündet werden konnte und als solches geglaubt wurde. Diese skandalöse Tatsache läßt sich nur so erklären: Entweder sind die Gläubigen aus Beschränktheit nicht fähig, diesen Unsinn als solchen zu erkennen, oder aber ist deren intellektuelle Feigheit zu groß.

Mir geht es nicht darum, hier antichristlich zu polemisieren, sondern um den Hinweis auf ideologische Einflüsse, die bedauerlicherweise dazu geführt haben, daß eine Psychologie des Liebens als Wissenschaft vom Lieben nicht entstanden ist. In der christlichen Lehre ist der Liebebegriff in spekulativer Absicht stark vereinseitigt und verfälscht worden.

Zur Erhöhung des Wissenschaftlichkeitsgrads im Bereich der Liebensforschung und damit zur Verbesserung der wissenschaftlichen Kultur in diesem Feld sollte von möglichst vielen begriffen und erkannt werden, daß der Kern jeden Liebens die Zuneigung des Liebenden zum je Geliebten ist und daß darum ein Lieben von Feinden grundsätzlich nicht möglich ist. Zu Feinden im richtigen, allein zulässigen Wortsinn kann niemals Zuneigung entstehen. Darum ist die Aufforderung Jesu zum Lieben von Feinden eine unsinnige Aufforderung. Im Interesse der richtigen, sachlichen In-Beziehung-Setzung der Wörter und ihrer Inhalte (Begriffe) ist diese Feststellung nötig.

*

Mit der Zunahme des Herdentriebs aus entsprechender Ängstlichkeit wächst auch das Verlangen und Rufen nach mehr Liebe unter den Menschen bis hin zur Feindes- oder Mörderliebe.

*

Wenn Jesus sagt, man solle Feinde lieben, so fördert er die falsche Annahme und den falschen Glauben, ein solches Lieben sei möglich. Ein Lieben von Feinden im eigentlichen Wortsinn des Liebens ist aber unter keinen Umständen möglich. So entsteht falsches Meinen über die sogenannte Liebe mit der schlimmen Folge eines ganz falschen Liebebegriffs, an dem das allgemeine Reden und Schreiben überall krankt.

*

Wenn mich ein Räuber, den ich am Ausrauben meines Heims hindere, umbringen will, so ist er gewiß mein Feind, ja mein Todfeind. Soll ich ihn nun deshalb gern haben, also lieben, und ihm zum

Dank für seinen Mordversuch an mir Gutes tun? Und sollte es tatsächlich der Wille des Gotts der Christen und darum ein Zeichen Heiligen Geists sein, ihn herzlich willkommen zu heißen? Ist nicht das Jesusgebot vom Liebensollen von Feinden ein reines Torheitsgebot, und sind Gläubige dieser Art nicht entweder Gemütskranke oder Schwachsinnige oder beides?

*

Die unsinnige Behauptung des Paulus, die Liebe ertrage alles, glaube alles, hoffe alles und dulde alles

Ein besonders krasses Beispiel der Unsinnigkeit und Torheit des christlichen Liebebegriffs gibt der Apostel Paulus in seinem ersten Brief an die Korinther, wo es bei 13,7 heißt:

> »Die Liebe verträgt alles, sie glaubt alles,
> sie hofft alles, sie duldet alles.«

Ich frage Sie, die Leserin oder den Leser: Stimmen Sie mit dieser Behauptung des Paulus überein? Erträgt, glaubt, hofft und duldet eine Liebende oder ein Liebender alles? Ich persönlich halte diese Behauptung des Paulus für ein besonders anschauliches Beispiel christlicher Vereinseitigung und Verfälschung des Liebebegriffs. Unbezweifelbar ist, daß ein Liebender oder eine Liebende dem Geliebten gegenüber mehr duldet als eine Nichtliebende bzw. ein Nichtliebender; Allesdulder aus Liebe jedoch sind nach meiner Überzeugung Gemütskranke. Nicht die wahre Liebe erträgt alles, glaubt alles, hofft alles und duldet alles, sondern lediglich eine besondere Art der Liebe, und zwar eine ganz und gar törichte! Liebende, die aus ihrem Lieben alles ertragen, alles glauben, alles hoffen und alles dulden, sind Falschgesteuerte. Wer aus Liebe alles duldete oder ertrüge, der gäbe jeden eigenen Willen und jede Willenserfüllung auf und unterwürfe sich dem Geliebten, machte sich zum Sklaven. Wenn die Allesduldung ein Kennzeichen wahrer Liebe wäre, wie es Paulus behauptet und glauben machen will, dann duldete der in dieser Weise Liebende beispielsweise auch den Ehebruch seines Partners. Eine Liebe, die alles duldet und alles hofft und alles glaubt und alles erträgt, ist eine falsche, eine törichte, eine krankhafte Liebe. Mit dem richtigen Liebebegriff hat diese Behauptung des Paulus nichts gemein. Eine solche Meinung vom vorgeblichen Wesen *der* Liebe wollen gemütswehleidige Herdenmenschen hören und werden so zu Gefolgsleuten, doch mit der wissenschaftlichen Definition des Liebebegriffs hat eine solche Einschätzung oder Meinung nichts zu tun.

Allesdulder sind Menschen, die alles mit sich machen lassen. Es sind gutmütige oder feige Trottel, mit denen jeder Lump oder Verbrecher nach Belieben umspringen kann. Wer aus allesduldender Liebe Ungerechtigkeiten duldet, der öffnet der Ungerechtigkeit Tür und Tor. Der alles sofort verzeihende, alles ertragende, alles duldende, alles mit sich machen lassende Liebende ist ein ganz und gar falsch Liebender. Wenn Paulus sagt, die Liebe duldet alles, dann sagt er damit auch, die oder der oder das Geliebte dürfe sich alles erlauben. Schon aus dieser Konsequenz zeigt sich die Torheit seiner Lehre und solcher Sprüche. Alle, die dieses Unsinnsgerede für wahr halten und darum dessen Wahrsein glauben, glauben in unsinniger, in idiotischer Weise.

Eine alles duldende Liebe von Eltern ihren Kindern gegenüber macht häufig anspruchsvolle, eigensinnige und eigensüchtige Wesen aus ihnen, die es schwer haben, sich in Gemeinschaften einzufügen. Ein Kind, das daran gewöhnt ist, daß alles geduldet wird, das neigt dazu, dies überall wie selbstverständlich zu erwarten und erzeugt dann automatisch Konflikte, wenn andere mit dieser durch Duldung anerzogenen Ansprüchlichkeit nicht einverstanden sind. Alles duldende Eltern erziehen zum Egoismus, zur Rücksichtslosigkeit, zur Unfähigkeit im wechselseitigen Geben und Nehmen. Die angemessene wechselseitige Rücksichtnahme sowie ein angemessenes gegenseitiges Geben und Nehmen sind Voraussetzungen guter zwischenmenschlicher Beziehungen.

Alle in weit überdurchschnittlichem Stärkegrad liebenden Mütter oder Väter sind durch ihre verwöhnende Erziehung eine Gefahr für das Wohl der Kinder und für die Gesellschaft. Die alles duldende Kinderliebe ist eine Schwachheitsliebe. Wer Kindern alles durchgehen läßt, der ist aus Schwäche unfähig zu erforderlicher Kritik. Solche Eltern möchten sich aus übergradiger Kinderliebe unter allen Umständen die größte Zuneigung der Kinder zu sich erhalten, doch Kinder erahnen oft, daß eine solche Allesduldung der Schwachheit entstammt und nützen diese Falschliebe aus. Es gibt eine Schwachheits-Überduldsamkeit, die passive Bosheit bewirken kann, wenn nicht gar bewirkt.

Vom wissenschaftlichen Standpunkt aus muß man es für eine besonders fatale Sache halten, daß ein so falscher und törichter Spruch wie dieser des Apostels Paulus vom Wesen der Liebe nun schon nahezu 2000 Jahre lang anstands- und kritiklos gepredigt werden konnte und als Wahrheit im Bereich des Liebens geglaubt wurde, also niemand an diesem Blödsinn öffentlich Anstoß nahm.

Durch seine grundsätzliche Einstellung dem weiblichen Geschlecht und damit auch allen Mitschwestern im Glauben gegenüber widerspricht sich Paulus im übrigen in massiver Weise. So schreibt er beispielsweise:

> »Wie in allen Gemeinden der Heiligen lasset eure Weiber schweigen in der Gemeinde; denn es soll ihnen nicht zugelassen werden, daß sie reden, sondern sie sollen untertan sein, wie auch das Gesetz sagt. Wollen sie aber etwas lernen, so lasset sie daheim ihre Männer fragen. Es steht den Weibern übel an, in der Gemeinde zu reden« (1. Brief an die Korinther, Kap. 14,34–35).

> »Die Weiber seien untertan ihren Männern als dem Herrn. Denn der Mann ist des Weibes Haupt, gleichwie Christus das Haupt ist der Gemeinde, und er ist seines Leibes Heiland. Aber wie die Gemeinde ist Christo untertan, also auch die Weiber ihren Männern in allen Dingen« (Epheserbrief, Kap. 5,22–24).

> »Ein Weib lerne in der Stille mit aller Untertänigkeit. Einem Weibe aber gestatte ich nicht, daß sie lehre, auch nicht, daß sie des Mannes Herr sei, sondern stille sei. Denn Adam ist am ersten gemacht, darnach Eva. Und Adam ward nicht verführt und hat die Übertretung eingeführt. Sie wird aber selig werden durch Kinderzeugen, so sie bleiben im Glauben und in der Liebe und in der Heiligung samt der Zucht« (1. Timotheus, Kap. 2,11–15).

Für Leute mit besserer Denkfähigkeit ist das Bewußtsein besonders delikat, daß das Unsinnsgeschreibe des Paulus vom Allesertragen, vom Allesglauben, vom Alleshoffen und Allesdulden *der* Liebe von christlichen Theologen auch als paulinisches »Hohelied der Liebe« bezeichnet wird. Unsinniges Geschreibe über *die* Liebe wird zum »Hohelied« *der* Liebe.

Ich rate Ihnen, dem Leser oder der Leserin: Seien Sie kein Allesertrager, kein Allesglauber, kein Alleshoffer und kein Allesdulder, und beweisen Sie große Wahrheitsliebe und Wahrheitsgewissenhaftigkeit, indem Sie freimütig erklären, der vorstehende Spruch des Paulus sei ein unsinniger und törichter Spruch, der bei seiner Befolgung positive Beziehungen zwischen den Menschen nicht mehrt, sondern mindert.

Zur Erhöhung des Wissenschaftlichkeitsgrads und damit zur entscheidenden, dringend notwendigen Verbesserung der wissenschaftlichen Kultur im Bereich des Liebens sollte erkannt und bekannt werden, daß die Behauptung des Paulus gemäß seinem ersten Korintherbrief, Kap. 13,7, wonach *die* Liebe alles ertrage, alles glaube, alles hoffe und alles dulde, eine falsche, eine irreführende, eine christlich-ideologisch verfälschte Behauptung ist.

*

Jene, die aus entsprechender Gemütsbeschaffenheit den Selbstbetrug brauchen, sind der psychische Humus, auf dem die ideologische Utopie und der ideologische Betrug gedeihen. Zum Selbstbetrug neigen insbesondere die Empfindsamsten im Bereich der existentiellen Gefahr, die existentiell Furchtsamsten oder Ängstlichsten. Sie sind es vor allem, die nach mehr Liebe unter den Menschen, nach Frieden um jeden Preis und nach Gleichheit mit allen Mitteln rufen. Dieser Typus neigt in hohem Grad zur passiven Bosheit.

*

Das falsche Reden und Schreiben von der selbstlosen Liebe

Einen unzulänglichen und falschen Liebebegriff haben außerdem all jene, die der Meinung sind, eine Liebesbeziehung sei immer eine selbstlose Beziehung, Liebe zu einem Menschen sei identisch mit Selbstlosigkeit, zeige sich in einem ausschließlich anderen wohlwollenden Tun oder Verhalten. So schreibt beispielsweise der Theologe Dietrich Bonhoeffer:

> »Die Liebe will nichts von dem anderen;
> sie will alles für den anderen.«

Doch mit solchen christlich-theologischen Sprüchen wird eine falsche Meinung vom Wesen *der* Liebe vertreten. Da wird suggeriert, *die* Liebe als Einheitsliebe sei in all ihrem Wollen und Verhalten immer nur selbstlos, doch weder *die* Einheitsliebe noch die Selbstlosigkeit sind kennzeichnend für die richtige Wesensbestimmung der sogenannten Liebe. Weder gibt es nur eine *einzige* Liebe noch eine selbstlose. So will doch beispielsweise jeder Christ seine geliebte Frau ganz für sich allein haben, also nicht mit anderen Männern teilen, und jeder Christin geht es mit ihrem geliebten Mann ebenso. Wer aber etwas allein für sich haben und nicht mit anderen teilen will, wie das in der Einehe oder Monogamie der Fall ist, der ist insofern ein Egoist, auch wenn er damit insgesamt lebensnützlich ist, um hier zunächst nur dieses Beispiel zu nennen. Um diese Einseitigkeit in seiner Auffassung vom Wesen der Liebe zu vermeiden, hätte Bonhoeffer beispielsweise schreiben sollen: »Jeder Liebende will dem hilfsbedürftigen Geliebten helfen, weil er es auch seinetwegen im Bestzustand haben und behalten will.«

Jeder liebende Mensch will das Geliebte *auch* oder vielleicht *nur* seiner selbst wegen, so wie jede Christin ihren Ehemann und jeder Christ seine Ehefrau ausschließlich für sich als Lebens- und Geschlechtspartner beansprucht. Das Geliebte als Lebewesen, Ding oder Zustand ist dem Liebenden seiner selbst wegen wichtig.

In seinem Büchlein mit dem Titel: »Die Kunst des Liebens«[1] schreibt Erich Fromm: »Die Mutterliebe ist die bedingungslose Bejahung des Lebens und der Bedürfnisse des Kindes«, ferner: »Wegen dieses altruistischen, selbstlosen Charakters gilt die Mutterliebe als die höchste Art der Liebe und als heiligste aller emotionalen Bindungen«[2], doch diese Feststellung oder Behauptung ist falsch. Diese Unrichtigkeit gibt Fromm an anderer Stelle selbst zu, wenn er da schreibt: »Ich (das Kind, der Verfasser) werde geliebt, weil Mutter mich braucht.«[3]. Wenn Fromm das Kind sagen läßt: »Mutter braucht mich«, so bringt er damit ja die Bedingtheit und die Nichtselbstlosigkeit der Mutterliebe klar zum Ausdruck.

Jeder hinreichend lebenserfahrene Menschenkenner weiß, daß es gerade unter Müttern große Liebesegoisten gibt. Die Mutterliebe, die von Einfältigen oder von ideologischen Spekulanten pauschal als Ideal einer zwischenmenschlichen Liebesbeziehung bezeichnet wird, kann schlimme Formen annehmen. Da sind beispielsweise jene Mütter zu nennen, die ihre Kinder zwar lieben, insofern jedoch in egoistischer Weise, als sie ihnen immer bevormundend begegnen und nur wenig eigene Willenserfüllung zugestehen. Wenn sich die Kinder von ihnen lösen wollen, um sich selbständig zu machen, dann setzen sie diesem Willen energisch ihren Widerstand entgegen.

Mütterliche Liebesegoistinnen sind auch jene, die ihre Kinder ganz ohne den Vater als Ehemann allein für sich haben wollen, oder jene, die den Vater lediglich als Samenspender und als Versorger um sich dulden. Solche Mütter können sich für ihre Kinder verzehren und zugleich den Vater als lästigen Konkurrenten im Bemühen um die Gunst der Kinder empfinden. Derartige mütterliche Egoistinnen eifern gegen den Vater und sind immerzu bemüht, die Kinder dem Vater abspenstig zu machen und auf ihre Seite zu ziehen.

---

1 Erich Fromm; Die Kunst des Liebens, Berlin 1980.
2 Daselbst auf Seite 60 und 61.
3 Daselbst auf Seite 50.

Familiärer Liebesegoismus zeigt sich auch im Eifern[1] von Müttern oder Vätern gegen alle jene, die sich als mögliche Ehepartner für ihre Töchter oder Söhne interessieren. Man spricht in diesem Zusammenhang von der Schwiegermütter- oder Schwiegerväter-Problematik. »Alle Welt kennt jene Väter, die sich allen Eheplänen ihrer Töchter grundsätzlich widersetzen, oder jene Mütter, die sorgfältig jede jugendliche Weiblichkeit entfernen oder herabsetzen, die ihren Sohn interessieren könnte.«[2]

Am bekanntesten ist jener familiäre Liebesegoismus, der sich in der ehelichen Ausschließlichkeit manifestiert, in der Auschließlichkeit der ehelichen Beziehung. Er zeigt sich im Allein-für-sich-haben-Wollen des Mannes durch die Frau und der Frau durch den Mann. Da normalerweise der leibliche Vater und die leibliche Mutter die beste Fürsorge für das Kind bewirken, auf die es der Natur im Interesse der Erhaltung der Art in höchstem Grad ankommt, hat der familiäre Liebesegoismus der monogamen Art im Steuerungssystem des Menschen seinen berechtigten Platz. Dieser familiäre Liebesegoismus und seine Wirkung kommen im monogamen Allein-für-sich-haben-und-nicht-teilen-Wollen sowie im monogamen Eifern bis hin zur Eifersucht deutlich zum Ausdruck.

Der Egoismus wächst mit dem Grad des Für-sich-allein-haben-Wollens. Im Höchstgrad der selbstischen Liebe will man etwas ganz für sich allein haben, also nicht mit anderen teilen. Höchstform des egoistischen Liebens ist die Selbstsucht, wie sie im Alles-für-sich-allein-haben-und-behalten-Wollen zum Ausdruck kommt, das bis zur Vernichtung des konkurrierenden Liebenden gehen kann, wie dies beispielsweise bei Liebesduellen oder bei Morden an Konkurrenten der Fall ist.

Eheliche Liebesegoisten sind auch die männlichen und die weiblichen Paschas, die sich für einen Ehepartner in erster Linie zur Besserbefriedigung ihrer zumeist hohen Ansprüche interessieren, wegen der besonderen Eigennützlichkeit des anderen, häufig in be-

1 Von Eifersucht sollte erst dann gesprochen werden, wenn es sich um süchtiges Eifern handelt. Aus der Unfähigkeit heraus, selbst gründlich zu denken und daraus konsequent zu urteilen, hat sich diese falsche Redeweise eingebürgert.

2 René Allendy; Die Liebe, München 1975, S. 152.

zug auf die Besserbefriedigung ihrer Bequemlichkeit. Liebesegoisten dieses Typs wollen aus einer Ehe für sich selbst so viel wie möglich herausholen. Sie interessieren sich für den Partner als Diener, als Lakaien, als Hilfswilligen, der selbst anspruchslos immer zu Diensten steht, der als hochgelobter Kavalier oder als fromme Dienerin jeden Wunsch von den Augen abliest und freudig erfüllt.

Nicht selten ist das, was zunächst wie uneigennütziges Lieben aussieht und von Einfältigen in diesem Sinn fehlinterpretiert wird, in Wahrheit ein Mittel zum höchst eigenen Zweck. In diese Kategorie gehören beispielsweise jene schlauen, spekulativen Diener oder Dienerinnen, die andere zunächst durch ein Sichandienen für sich einnehmen wollen, um später um so besser an eigene Ziele zu kommen oder andere von sich abhängig zu machen. So, wie es gerade unter den lautesten Rufern nach Frieden und unter den eifrigsten Kämpfern für den Frieden jene gibt, denen es allein um ihre persönliche Herrschaft über andere geht, so gibt es im kleineren, vor allem im familiären Bereich jene, die beim vorgeblichen Einsatz für andere vor allem an ihren eigenen Nutzen denken und diesen anstreben.

Liebesegoisten sind auch all jene, die den familiären Nutzen über den gesellschaftlichen stellen. Sie mißachten gesamtgesellschaftliche Pflichten. Solche familiär-egoistischen Haltungen und Verhaltensweisen können für ähnlich Veranlagte oder für Einfältige wie Formen höherer Gesellschaftlichkeit aussehen, doch in Wahrheit sind es Formen familiär-egoistischer Asozialität.

Wie schon erwähnt, wird von christlichen Klerikern das, was sie mit Liebe bezeichnen, mit Selbstlosigkeit gleichgesetzt. In deren »geistiger Nachfolge« meinen darum viele, eine Liebesbeziehung sei, wenn sie denn eine solche sei, immer nur eine altruistische Beziehung, sei immer nur eine anderen wohltunwollende Beziehung, doch dies stimmt in dieser Einseitigkeit nicht. Das Geliebte als Mensch oder als anderes Lebenwesen ist dem Liebenden seiner selbst wegen nicht gleichgültig. Wenn beispielsweise eine Frau einen Mann vor allem wegen dessen Berühmtheit liebt, so liebt sie ihn in Wahrheit aus ihrer Eitelkeit, die sie durch das Bekannt- oder Verheiratetsein mit ihm befriedigen möchte.

Das Wohlwollen und Wohltunwollen eines Liebenden für ein geliebtes Wesen ist immer zugleich ein Sich-selbst-Gutes-tun-Wollen. Wir lieben Menschen oder Tiere oder Dinge oder anderes *auch* oder *nur* unseretwegen. Jeder Liebende ist im Eigeninteresse um die Unversehrtheit und um das Wohl des Geliebten besorgt, und dies sowohl im Stärkegrad seiner Liebe zu ihm als auch im Stärkegrad seiner Befürchtbarkeit in diesem Liebensbereich. Der Liebende fühlt instinktiv oder weiß, daß es ihm persönlich bessergeht, wenn es dem Geliebten bessergeht, und daß es ihm persönlich schlechtergeht, wenn es dem Geliebten schlechtergeht. Wer um Geliebtes weint, der weint auch oder nur seiner selbst wegen. Wenn wir an Gräbern trauern, so auch oder bloß deshalb, weil wir einen Menschen verlieren, der uns sehr nützlich war, und weil uns dabei auch unser eigenes Ende und damit der Verlust aller Geliebten schmerzlich bewußt wird. Lieben im richtigen, ideologisch nicht verfälschten Wortsinn, ist selbstnützliches Bestreben und Verhalten, das auch dem Geliebten nützlich sein kann oder nützlich ist.

Dies gilt auch für die allgemeine Menschenliebe. Wenn wir Menschen aus natürlicher Veranlagung Einzelgänger sein könnten, dann gäbe es in unseren Gehirnen nichts, was uns dazu bewegen wollte, uns um unsere Mitmenschen zu kümmern. Sie wären uns gleichgültig. Da wir aber von Natur aus ziemlich leicht und auch stark befürchtbare Wesen sind, suchen wir zur Minderung unserer Fürchte oder unserer Angst die Gesellschaft mit unseresgleichen, lieben wir Mitmenschen im Stärkegrad unserer Befürchtbarkeit, vergleichbar der wechselseitigen Liebemehrung bei Zugvögeln vor und während des gefährlichen Zugs in den fernen Süden oder Norden. Die Gesellung mit Mitmenschen nützt uns insoweit und sie nützt uns um so mehr, je eher diese Mitmenschen hilfsbereite, also auch schützende Wesen sind. Sie mindern so unsere Fürchte oder unsere Angst und damit unser Mißbehagen. Die allgemeine Menschenliebe bewirkt den Herdentrieb.

Wenn der Dichter Gotthold Ephraim Lessing schreibt: »Man muß ganz uneigennützig lieben«[1], so schreibt er zweifach etwas

---

1 Zit. aus; Egon Jameson, Abc der klügsten Sätze, Reinbek, 1963.

Unsinniges, denn zum einen ist ein Liebenmüssen wegen der Gemütsautonomie ein unsinniges Fordern, und zum anderen ist ein Lieben aus den geschilderten Gründen nie uneigennützig. Aus unzulänglicher Denkfähigkeit ist der Dichter Lessing da auch der christlich-klerikalen Propaganda aufgesessen, die damit eine höhere Gemeinnützlichkeit, eine edlere Gesinnung vortäuscht, eine Moral der Heiligkeit. Die Behauptung von christlichen Klerikern, *die* Liebe oder die eigentliche Liebe sei mit Selbstlosigkeit identisch, kommt aus klerikalem Herrschafts- und Geltensinteresse über jene vielen bzw. bei jenen vielen, die aus angeborener Stärkerbefürchtbarkeit zu gesellungsbedürftigeren Wesen wurden.

Wenn der Theologe Dietrich Bonhoeffer in typisch christlich-klerikaler, spekulativer Einseitigkeitsinterpretation der sogenannten Liebe sagt: »Die Liebe will nichts von dem anderen, sie will alles für den anderen«, so ist dies, wie erwähnt, ein Ausdruck falscher christlich-theologischer Begrifflichkeit. Ein Mensch, der von anderen selbst nichts will und sich nur für sie verzehren möchte, der ist insofern ein Tor, als ja sein eigenes Leben ebenso wertvoll ist wie das Leben jedes anderen, und weil seine persönliche Lebensfülle zumindest die gleiche sein darf wie die Lebensfülle der meisten anderen. Gerade in jüngster Zeit beweist die gesellschaftliche Erfahrung, daß das Strebenkönnen nach größtmöglichem eigenen Nutzen aus der natürlicherweise in erster Linie egoistischen Strebensart des Menschen in gemeinnützlicher gesellschaftlicher Verpflichtung den größten allgemeinen Nutzen als Lebensfüllenutzen erbringt.

Christen lieben schon deshalb nicht uneigennützlich, weil sie ja alle den Gottes- oder Himmelslohn suchen. Wer in den Himmel kommen will und zu diesem Ende etwas tut, der handelt nicht uneigennützlich. Christen geht es auch oder vor allem um ihren persönlichen Nutzen in Form ewiger himmlischer Glückseligkeit. Schon die Jünger haben gemäß Matthäus 19,27–29 Jesus gefragt: »Was bekommen wir dafür«, was bekommen wir für unsere Gefolgschaft? Worauf Jesus anwortete: »Wahrlich ich sage euch: Ihr, die ihr mir nachgefolgt, werdet in der Wiedergeburt, da des Menschen Sohn wird sitzen auf dem Stuhl seiner Herrlichkeit, auch sitzen auf zwölf Stühlen und richten die zwölf Geschlechter Israels.«

Im vielgepriesenen Märchen von den Sterntalern wird das Unsinnige aus einer sogenannten selbstlosen Liebe besonders deutlich, doch aus emotionaler, rührseliger Befangenheit einerseits und aus beschränkter Denkfähigkeit andererseits nicht begriffen. Da gibt ein Mädchen alles her, bis es schließlich nur noch mittellos und nackt dasteht. Doch dann fallen, vorgeblich als Himmelslohn, sogenannte Sterntaler auf es herab. Wer ein Verhalten, das dazu führt, daß es alle anderen besser haben als man selbst, als gottwohlgefälliges und vorbildliches Verhalten ausgibt und preist, der ist entweder aus starkem Herdentrieb und starker Rührseligkeit ein Tor oder aber ein raffinierter ideologischer Betrüger in Machtmehrungsabsicht. Die pauschale Verherrlichung *der* Liebe als vorgeblich nur selbstloser, wie es durch christliche Kleriker geschieht, ist kein Zeichen besonderer Güte, sondern dient der Gewinnung von Gefolgschaft durch die entsprechenden Gemüter.

Uneigennützlich oder selbstlos ist ein Verhalten erst dann, wenn nicht gefragt wird: »Was wird mir dafür?« Wer anderen hilft, ohne zu hoffen oder hoffen zu können, dafür auf Erden oder in einem Himmel belohnt zu werden, der handelt uneigennützlich, selbstlos. Wenn eine Mutter glücklich ist, wenn sie dem geliebten Kind in fürsorglicher Hingabe dient, bringt sie kein Opfer im eigentlichen Sinn der Selbstlosigkeit, weil das Wohlgefühl, das sie durch den Anblick des Lächelns ihres Kindes als Anzeichen seines Wohlseins erlebt, ihr Lohn ist.

Wenn anderen geholfen wird, so geschieht dies entweder als bezahlter Dienst oder aus dem Lieben und dann auch im Eigeninteresse oder aber als wirkliches Opfer, d. h. ohne Eigeninteresse, ohne das Hoffen auf eigenen Nutzen irgendwelcher Art. Opfern aus Pflicht geschieht immer nur dann und dann nur insoweit, als damit kein eigener Nutzen im Himmel oder auf Erden verbunden ist. Eine Mutter, die ihr Kind in starkem Grad liebt, opfert auch dann noch nicht, wenn sie sich bei Tag und bei Nacht um das Wohl ihres Kindes sorgt und müht. Sie kann sich gar nicht anders verhalten, denn verhielte sie sich nicht in solcher Weise, erlitte sie Qualen aus ihrem mütterlichen Liebesgewissen. Opfern tun wir erst dann, wenn wir aus freien Stücken und ganz bewußt auf etwas Geliebtes verzichten und es Menschen zukommen lassen, die wir nicht lieben, um ihnen pflichtgemäß aus Solidarität zu helfen und ohne ein Hoffen oder Hoffenkönnen auf einen irgendwie gearteten Nutzen.

Das Geliebte als Mitmensch oder als anderes Lebewesen oder als Ding oder sonst etwas ist dem Liebenden seiner selbst wegen nicht gleichgültig. Bedingungslose und selbstlose Lieben gibt es nicht.

Zum Verhältnis von Lieben und Nützen hat Wilhelm Busch das folgende Gedicht geschrieben:

Die Rose sprach zum Mägdelein:
Ich muß dir ewig dankbar sein,
Daß du mich an den Busen drückst
Und mich mit deiner Huld beglückst.

Das Mägdlein sprach: O Röslein mein,
Bild dir nur nicht zu viel drauf ein,
Daß du mir Aug und Herz entzückst.
Ich liebe dich, weil du mich schmückst.

Zur Erhöhung des Wissenschaftlichkeitsgrads psychologischer Aussagen im Forschungsbereich des Liebens und damit zur Verbesserung der diesbezüglichen wissenschaftlichen Kultur sollte allgemein begriffen werden, daß es selbstloses Lieben nicht gibt und daß das Reden vom selbstlosen Lieben ein Teil jener Fälschungen des Liebebegriffs ist, die bisher das Entstehen der Psychologie des Liebens als der Wissenschaft vom Lieben verhindert haben.

Andere falsche Meinungen zur sogenannten Liebe

Liebesromantiker neigen dazu, Liebe oder das Lieben zu idealisieren. Ein Beispiel für diese Neigung ist das Reden und Schreiben von »unbedingtem« Lieben, womit – richtiger ausgedrückt – gemeint ist, Liebe oder ein Lieben seien unbegründet. Doch eine unbegründete Liebe oder ein unbegründetes Lieben gibt es nicht. Jede Liebesbeziehung hat ihre Ursache im Liebenden und im Geliebten. So war es – um es an diesem schon erwähnten Sachverhalt deutlich zu machen – im Fall meiner ersten Liebe zu einem Wesen des weiblichen Geschlechts. Vor der Begegnung mit meiner Erstgeliebten dieser Art waren mir viele weibliche Wesen ähnlichen Alters begegnet, ohne daß es zu einem derartigen Michverlieben kam wie im Fall dieses Mädchens. Ursachen für meine plötzlich entstandene Zuneigung waren zum einen meine inzwischen eingetretene Geschlechtsreifung und zum anderen der mehrfachbegründete Liebreiz dieses mir als hold erscheinenden Geschöpfs.

Unbegründete Liebe oder ein unbegründetes Lieben gibt es nicht. Wer von unbegründeter Liebe redet oder schreibt, der ist nicht hinreichend denkensfähig, der weiß nicht, wovon er redet oder schreibt oder aber er redet oder schreibt in spekulativer Absicht. Meinungen solcher Art können nur einem entsprechenden Wünschen und der entsprechenden Einbildungsfähigkeit entspringen.

Eine falsche Meinung zum Thema »Liebe« ist auch die im 1. Johannesbrief bei 4,18 formulierte. Da heißt es:

»Furcht gibt es in der Liebe nicht,
sondern die vollkommene Liebe vertreibt die Furcht.«

Doch wahr und darum richtig ist, daß sich nur liebende und entsprechend empfindsame Wesen fürchten können, daß es nur bei Liebenden Furcht gibt. Nur wer liebt kann den Verlust des Geliebten fürchten, nur ein Liebhaber muß einen Verlust oder die Beeinträchtigung des Geliebten fürchten. Wer beispielsweise sein Leben liebt, der fürchtet im Stärkegrad seiner Liebe und seiner existentiellen Empfindsamkeit den Lebensverlust. Ein Mensch ohne Liebe zum Lebendigsein fürchtet auch den Tod nicht. Nur jene Mütter, die ihre Kinder lieben, fürchten alle Gefahren für deren Leben oder Wohlergehen. Jede Liebe bewirkt ganz selbsttätig die Furcht des Liebenden vor allem Gefährdenden für das Geliebte. Mit der Zunahme einer Liebesstärke und der entsprechenden Empfindsamkeit mehrt sich die Besorgnis und die Furcht des Liebenden um das Geliebte und um dessen Wohl.

Auch dieser Spruch ist eines der vielen Beispiele falschen oder unsinnigen Redens oder Schreibens in bezug auf das Lieben. Wer behauptet und glauben machen will, eine Liebe (auch in diesem Johannesbrief in typischer Weise wieder als *die* Liebe bezeichnet) vertreibe die Furcht, der muß sich gefallen lassen, daß ihm gesagt wird, bewußt oder unbewußt eine falsche und irreführende Meinung zu verbreiten. Auch die Behauptung, dies sei bei der »vollkommenen« Liebe der Fall, ist falsch und irreführend und geradezu typisch für die Tendenz zur spekulativen Idealisierung. Wohl kann das Bewußsein von der Anwesenheit eines liebenden und daraus auch hilfsbereiten Menschen eine Furcht vor Gefahren im Geliebten mindern, doch generell davon zu reden oder zu schreiben, ein Lieben vertreibe die Furcht, ist falsch und darum eigentlich unzulässig.

Zur Erhöhung des Wissenschaftlichkeitsgrads psychologischer Aussagen im Forschungsbereich des Liebens und damit zur Verbesserung der diesbezüglichen wissenschaftlichen Kultur sollte von möglichst vielen begriffen werden, daß es ein unbegründetes Lieben nicht gibt und darum ein Reden oder Schreiben von einem solchen Lieben falsch ist.

Das unsinnige Reden und Schreiben von einer Liebespflicht

Eine unzulängliche und insofern unrichtige Meinung über das Wesen des Liebens haben auch all jene, die liebebedingtes Helfen nicht von pflichtbedingtem Helfen unterscheiden können. Pflichtbedingtes Helfen ist gegeben, wenn ungeliebtermaßen geholfen wird. Wer von pflichtgemäßem Lieben oder von einer Liebespflicht redet oder schreibt, der weiß nicht eigentlich, wovon er redet oder schreibt. Ein Reden oder Schreiben von pflichtgemäßem Lieben oder von einer Liebespflicht, wie man es von christlicher Seite hört, ist unsinniges Reden oder Schreiben, denn nur das, was wir gern tun, was uns – wenn auch bloß in ganz geringer Stärke – Freude oder Lust oder Spaß macht, tun wir aus einer Liebe in einer Liebesbeziehung. Dies schließt aber nicht aus, daß liebebedingtes Helfen auch schmerzhaft sein kann, wie jeder weiß, der über hinreichende Lebenserfahrung verfügt.

Das pflichtbedingte Helfen ist um so weniger ein Opfern, als aus einem Mehrhaben von Geliebtem geholfen wird. Wer aus einem Überfluß hilft, wie manche Künstler oder Geschäftsleute bei sogenannten Benefizveranstaltungen, der opfert im eigentlichen Wortsinn nicht, sondern schmeichelt seiner Eitelkeit.

Wenn ein Mensch etwas mit Freude oder Lust oder zum Spaß tut, so tut er es aus entsprechender Liebe. Wenn wir davon sprechen, etwas mit Lust und Liebe getan zu haben oder zu tun, so sagen wir zugleich etwas Richtiges und etwas Falsches, denn richtig ausgedrückt müßten wir sagen, etwas mit Lust aus einer Liebe zu tun. Wenn von ehelichen Pflichten gesprochen oder geschrieben wird, so heißt das, daß der oder die Betreffende sich nur noch lustlos, wenn nicht gar widerwillig am Beischlaf beteiligt, weil man entweder das Koitieren selbst nicht liebt oder aber den Partner aus Mangel an Geliebtwerdenswertem in seiner Wesens- oder Seinsart nicht. Wenn wir ehelichen Pflichten nachkommen, so heißt dies mit anderen Worten, daß wir uns nur lustlos oder widerwillig dem Beischlaf unterziehen, weil der Partner aufgrund des geschlossenen Ehevertrags ein Recht hat, daß man sich zur Verfügung stellt und mitmacht.

Hilfsbereitschaft entsteht entweder aus einer Liebesbeziehung zum Hilfsbedürftigen oder aber aus dem Gedanken, daß man in einer gleichen Lage auch Hilfe erfahren möchte, oder aus dem Gedanken, daß es einem selbst eigentlich unverdientermaßen bessergeht als anderen. Im Interesse begrifflicher Klarheit als Voraussetzung richtigen Umgangs mit dem Wort »Liebe« sollte gut zwischen liebebedingtem und nichtliebebedingtem Helfen unterschieden werden.

Zur Verbesserung des Wissenschaftlichkeitsgrads psychologischer Aussagen im Forschungsbereich des Liebens und damit zur Verbesserung der entsprechenden wissenschaftlichen Kultur sollte allgemein begriffen werden, daß Hilfsbereitschaft und Hilfe entweder die Folge einer Liebe oder aber des Pflichtgedankens ist und daß ein Reden oder Schreiben von pflichtgemäßem Lieben oder von einer Liebespflicht unsinnig ist.

*

Jeder Mensch hat für jeden anderen angeborenermaßen mehr oder minder angenehme Wesenszüge, so beispielsweise äußere, um nur die anschaulichsten und damit die am leichtesten erkennbaren zu nennen. Je mehr angenehme Wesenszüge ein Mensch nun für andere hat, desto beliebter oder geliebter ist er, und je mehr unangenehme Wesenszüge er hat, desto unbeliebter oder gehaßter ist er.

*

Vom ideologischen Mißbrauch des Worts »Liebe«

Viele empfinden diese Welt, in die sie als mehr oder minder erwünschte Kinder hineingeboren wurden, aufgrund ihrer angeborenen Gehirnbeschaffenheit bekanntlich als eine Welt der Gefährdungen und der Konflikte. Durch die ihnen eingeborene Konfliktallergie und Stärkerbefürchtbarkeit ist ihnen diese natürliche Welt mit ihren Überlebens- und Besserlebenskämpfen unbehaglich, ja eine Welt des Unheils und Jammers (Jammertal). Darum sehnen sie sich nach einer veränderten, verbesserten Welt des Friedens und der Harmonie, und der beste Weg dazu scheint ihnen die Mehrung der zwischenmenschlichen Liebe zu sein.

All jene nun, die das zwischenmenschliche Lieben mehren wollen, um ihr Unbehagen in dieser für sie lieblosen Welt zu mindern, die wollen wahrhaben, daß sich die zwischenmenschliche Liebe mehren läßt. Sie fühlen sich zu Gleichempfindenden hingezogen und gesellen sich darum mit jenen, die das gleiche Ziel anstreben. Sie folgen in der Absicht der zwischenmenschlichen Liebemehrung jenen, die die Hoffnung und den Glauben nähren, die Mehrung des zwischenmenschlichen Liebens sei möglich und machbar, wenn man ihnen nur folge, wie dies von christlichen Theologen behauptet wird. Doch das, was in jener Religion als *die* Liebe bezeichnet wird, die auf Jesus von Nazareth zurückgeht, ist ein gänzlich vereinseitigter, verfälschter Liebebegriff. Da wird nicht das eigentliche Wesen aller Lieben und deren Wesenskern gelehrt, sondern behauptet, nur das Wohlwollen und Wohltunwollen, die Hilfsbereitschaft und Hilfe sei Liebe und verdiene als solche bezeichnet zu werden. In machtspekulativer Absicht wird da das Wort »Liebe« als Schlagwort[1] mißbraucht. Wie schon erwähnt, wird behauptet, *die* Liebe sei nur mit der Güte und mit der Selbstlosigkeit zu identifizieren und ihre Mehrung sei nur eine Frage des sogenannten guten Willens, doch das ist nicht wahr, wie wir inzwischen wissen. Wenn uns etwas an einem Menschen nicht geliebtwerdenswürdig erscheint, so kann dieser Mensch von uns auch niemals geliebt werden. Wer etwas anderes behauptet und glauben machen will, der muß sich sagen lassen, entweder ein naiver Glaubenstor oder ein ideologischer Spekulant mit Machtmehrungsabsicht zu sein.

Die christlich-klerikale Behauptung von der Selbstlosigkeit *der* Liebe und von deren Mehrbarkeit ist eine raffinierte Art der Täuschung Einfältiger. Auch deshalb wird die Einfalt als eine Art der Heiligkeit gerühmt. Von besonderem Vorteil für den christlichen Klerus ist, daß dieser Sachverhalt der Nicht-Selbstlosigkeit und der Nicht-Mehrbarkeit der zwischenmenschlichen Liebe aus bloßem Wollen wegen der weitverbreiteten Beschränktheit in der Denkfähigkeit nicht erkannt wird. So leben jene, die nach mehr Liebe unter den Menschen rufen, und jene, die behaupten, diese Liebemehrung sei möglich, in einer Art ideologischer Symbiose zur wechselseitigen Nützlichkeit, wie man dies von den Blattläusen und den Ameisen kennt.

Christliche Kleriker erwecken mit ihrem vielen Reden und Schreiben von *der* Liebe bzw. über sie den Eindruck, besonders kenntnisreich in bezug auf deren Wesen und deren große Bedeutung für das menschliche Heil zu sein, doch in Wahrheit handelt es sich bei diesem vielen Reden und Schreiben – wie gesagt – um eine macht- und geltungsspekulative Vereinseitigung und damit auch Verfälschung des richtigen Liebebegriffs. Der große ideologische Einfluß des christlichen Klerus hat – wie erwähnt – bis heute die Entstehung der Psychologie des Liebens als der Wissenschaft vom Lieben verhindert. Ich klage den christlichen Klerus dieser spekulativen Vereinseitigung und Verfälschung des Liebebegriffs an.

Was die christlich-klerikale Propaganda in diesem Zusammen-

1 Schlagwörter werden von Machtideologen geschaffen und benützt, um Leute minderer Denkfähigkeit in ihrem Sinn zu beeinflussen.

hang sprachlich angerichtet hat, das läßt sich zum Beispiel an dem zeigen, was der romantische und römisch-katholische Dichter Joseph von Eichendorff zum Liebesthema von sich gegeben hat. Da ist er der Meinung: »Die rechte Liebe ist einfältig und sorglos.«[1] In derartigen Äußerungen zeigt sich in besonders deutlicher Weise, was Menschen mit sich machen lassen, wenn ihre Denkfähigkeit sehr eingeschränkt oder ihre intellektuelle Feigheit sehr ausgeprägt ist, denn dieser Spruch heißt mit anderen Worten nichts anderes als: Wer in richtiger Weise liebt, der ist einfältig und sorglos. Was für ein Unsinn! Zum einen heißt es in ganz typischer Weise wieder *die* Liebe, so, als gäbe es nur diese Einheitsliebe; und dann soll sie auch einfältig sein. Ein Mensch kann einfältig sein wie beispielsweise Herr von Eichendorff, aber doch niemals eine Liebe. Dann soll *die* Liebe auch noch sorglos sein. Man faßt sich an den Kopf und ist sprachlos ob dieses Unsinns.

Die ganze christliche oder besser: die ganze jesuistische[2] Liebelehre ist im Grund eine Unsinnslehre, doch sie eignet sich seit der Entstehung dieser Religion in hervorragender Weise dazu, Stärkerbeschränkte in der Denkfähigkeit, Stärkerbefürchtbare, Stärkerempfindsame und zudem feigere Menschen zum Glauben zu bewegen, sie sei eine wirksame Heilslehre und sie sei ihnen nützlich. Durch solchen Glauben werden solche Menschen zu Gefolgsleuten der Kleriker bis hin zum religiösen Kadavergehorsam.

Im Interesse der Erhöhung des Wissenschaftlichkeitsgrads psychologischer Aussagen im Forschungsbereich des Liebens und damit zur Verbesserung der diesbezüglichen wissenschaftlichen Kultur habe ich mich in dieser Deutlichkeit geäußert. Es sollte allgemein bewußt werden, daß kein anderes Wort in machtspekulativer Absicht stärker vereinseitigt und mißbraucht wurde als das Wort »Liebe«.

---

1 Zit. aus: Joseph von Eichendorff; Ausgewählte Kostbarkeiten. Zusammengestellt von Gottfried Berron, Lahr, 1980.

2 In Entsprechung zu Buddha und zum Buddhismus als buddhistischer Lehre sollte im Fall der Lehre Jesu vom Jesuismus und von der jesuistischen Lehre gesprochen und geschrieben werden.

Das falsche Reden und Schreiben über die Freundschaft. Vom freundschaftlichen Lieben

Auch über die Freundschaft gibt es viel falsches Reden und Schreiben. Dieses falsche Reden und Schreiben ist ein Teil jenes beschämenden sprachkulturellen Gesamtskandals, den ich in diesem ersten Teil beschreibe.

Als typisches Beispiel für die falsche Verwendung des Worts »Freund« und damit auch des Worts »Freundschaft« kann das gelten, was bei Johannes 15,14 steht. Da sagt Jesus:

> »Ihr seid meine Freunde, so ihr tut,
> was ich euch gebiete.«

Dieser Spruch besagt nichts anderes, als daß Jesus daran interessiert war, Menschen zu finden, die sich von ihm gebieten lassen: Untertanen. Doch Freunde sind etwas anderes. Ein Liebhaber der Gebietens- oder Herrschaftsmacht über andere ist kein Freund. Freundschaft ist Wechselseitigkeit der Liebe und des Wohlwollens aus dem Wesenskern. Einer, der anderen gebieten will, wie Jesus im vorstehenden Spruch, ist kein freundschaftlicher Lieber oder Liebhaber.

Richtig formuliert müßte dieser Jesusspruch lauten: »Ich mag es, wenn ihr mir gehorcht«, oder: »Ich habe (als Herrschaftsmachtstreber, der Verfasser) ein Interesse daran, daß sich Menschen von mir als ihrem Herrn gebieten lassen und daß sie tun, was ich ihnen sage.« In dem oben zitierten Jesusspruch wird das Wort »Freund« in falscher, in unzulässiger Weise verwendet, und diese Falschverwendung ist Etikettenschwindel in machtspekulativer Absicht.

An dieser Stelle sei erwähnt, daß nach den Ergebnissen der Leben-Jesu-Forschung das Johannes-Evangelium fast kein echtes Wort von Jesus enthält, ja möglicherweise überhaupt keines[1]. Es handelt sich fast zur Gänze, wenn nicht sogar in Gänze um Erfindungen frühchristlicher Kleriker.

Freundschaftliches Lieben ist wechselseitiges Lieben in allen Stärkegraden allein aus der Wesensart, ist Wesensartharmonie. Freunde und/oder Freundinnen haben gleiche oder ähnliche Ideale und von da her einen gleichen oder ähnlichen Willen sowie einen von da herrührenden Gemeinschaftswillen. Dieser Gemeinschaftswille kann zwar auch der Furcht oder der Angst entspringen, wie dies bei Herdentieren oder bei Herdenmenschen der Fall ist, doch in der Mehrzahl der Fälle ist das freundschaftliche Lieben kein Produkt der Furcht oder der Angst. Freundschaftlich Liebende sind sich wechselseitig aus ihrem So- oder So-Sein der Wesensart nach angenehm.

Freundschaftliches Sichlieben ist durch wechselseitiges Wohlwollen und Wohltunwollen gekennzeichnet. Da Neider zu einem solchen Wohlwollen und Wohltunwollen nicht fähig sind, können sie keine Freunde und/oder Freundinnen sein. Je stärker das freundschaftliche Lieben ist, desto geringer ist die Neidneigung.

Eine Ungleichheit im Besitzen materieller Güter braucht kein Hinderungsgrund für freundschaftliches Lieben zu sein. Wenn ein Freund oder eine Freundin über größere materielle Besitztümer verfügt, hilft er bzw. sie in Notzeiten um so mehr, wie denn überhaupt die Hilfsbereitschaft und Hilfe ein Gradmesser freundschaftlichen Liebens ist. Der oder die freundschaftlich Liebende freut sich mit dem oder der Geliebten, wenn dieser oder diesem etwas Erfreuliches widerfährt, und leidet mit ihr bzw. mit ihm, wenn dem oder der Geliebten etwas Beleidendes zustößt. Die wechselseitige Gunst, das wechselseitige Wohlwollen, das wech-

1 Kurt Reumann; Ist die Mainzer Theologie auch christlich? Frankfurter Allgemeine Zeitung vom 19. 9. 1971.

»Freunde in der Not gehen auf ein Lot« sagt das Sprichwort; doch auch dieses ist insofern falsch, als nur jene, die wirkliche Freunde sind, in der Not helfen. Richtig formuliert müßte dieser Spruch heißen: Nur jene, die in der Not zu einem stehen und helfen, sind Freunde. Alle anderen waren nur spekulative Interessenten. (1 Lot = ganz kleines Gewicht).

selseitige Vertrauen und die wechselseitige Hilfsbereitschaft sind Kennzeichen freundschaftlichen Liebens.

Vertrauen als Grundlage wechselseitigen Liebens entsteht nicht rasch. Es bewährt sich in Notlagen und bedarf darum der Erprobung in längeren Zeiträumen. Darum sagt Aristoteles in seiner Nikomachischen Ethik: »Der Wunsch nach Freundschaft entsteht schnell, die Freundschaft aber nicht.«[1]. Freundschaft bewährt sich im gemeinsamen »Durch-dick-und-dünn-Gehen«.

Wenn jemand sagt, er sei ein Blumenfreund, so verwendet er das Wort »Freund« in unzulässiger Weise, denn Blumen können ihn ja nicht lieben. Zwischen Menschen und Blumen kann keine wechselseitige Liebesbeziehung entstehen. Der oder die Betreffende müßte, um korrekt zu formulieren, von sich sagen: »Ich bin ein Blumenlieber bzw. eine Blumenlieberin.« Die Verwendung des Worts »Freund« in diesem Zusammenhang ist eine Art der Sprachschlamperei, wie es denn überhaupt in der Sprache des »Volks der Dichter und Denker« viel Sprachschlamperei gibt. Man fragt sich, weshalb denn die Dichter und Denker dieses Schlampern nicht verhindert haben oder abstellen.

In seinem Bändchen mit dem Titel »Die Geschichten von Herrn Sommer«[2] schreibt der Schriftsteller Patrick Süskind: »Mein Vater war ein Pferdefreund.« Um sich sprachkorrekt auszudrücken, hätte Süskind schreiben müssen: »Mein Vater war ein Pferdeliebhaber.«

Ein bekannter Spruch lautet: »Wenn's ums Geld geht, hört die Freundschaft auf.« Auch dieser Spruch ist ein Beispiel der Sprachschlamperei, denn folgerichtig gedacht und formuliert könnte er nur so lauten: »Eine Freundschaft, die diesen Namen verdient, hört auch dann nicht auf, wenn's ums Geld geht.« Wenn ansonsten angenehme Beziehungen zwischen Menschen aufhören, wenn's ums Geld geht, waren sie entweder bloß Beziehungen zur Unterhaltung in Gutwetterzeiten oder spekulative Beziehungen von Leuten, die darauf gewartet haben, daß ihnen andere materiell oder in anderer Beziehung nützlich sind, und die insofern ent-

1 Aristoteles (384–322); Nikomachische Ethik, Buch VIII.
2 Patrick Süskind; Die Geschichte von Herrn Sommer, Zürich 1991, S. 31.

täuscht wurden. Man hat bei dem »Freund« eine Nützlichkeit vor allem in der Geldmehrungsabsicht vermutet, war Geschäfts-Interessent aus stärkerer Liebe zum Geld, hat Späßchen gemacht und war höflich, um sich zweckbedingt beliebt zu machen und beliebt zu halten, ist aber enttäuscht worden.

Freunde und Freundschaften sind etwas anderes. Wenn von Geschäftsfreunden oder von Geschäftsfreundschaften gesprochen oder geschrieben wird, wird geschlampt und insofern auch geschwindelt, als Geschäftsleute lediglich am materiellen Nutzen für sich interessiert sind, den andere bewirken können. In solchen Fällen handelt es sich um Geschäftsbeziehungen, um Beziehungen zwischen Menschen zum Zweck des materiellen Nutzens, wie dies auch zwischen den Ameisen und den Läusen der Fall ist. Es ist so wie bei jenen, die einander bloß wegen dem Berühmterwerden oder dem Mächtigerwerden oder dem Reicherwerden heiraten. Sie alle sind Interessenten, denn sie lieben den anderen nicht seiner Wesensart wegen, sondern wegen der Profitmöglichkeit dieser oder jener Art. Man liebt den Ruhm oder die Macht oder das Geld, hat Interesse an der Mehrung des Ruhms oder der Macht oder des eigenen Geldbesitzes und darum am Bekanntwerden mit Leuten, die zur entsprechenden Besserbefriedigung beitragen können. Man hat Interesse, doch Freundschaft ist etwas anderes.

Eine alte, aber falsche Gewohnheit ist es auch, die Wörter Freundin oder Freund nur bei Unverheirateten anzuwenden. Wenn ein unverheirateter Mann von einer Frau als seiner Freundin spricht oder eine unverheiratete Frau von ihrem Freund, weil sie sich wechselseitig lieben, so hört diese Freundschaft ja nicht auf, wenn sie sich heiraten. Gerade bei den ehelich aus tiefem wechselseitigem Sichlieben Gesellten muß von freundschaftlichem Lieben gesprochen und geschrieben werden.

In der Liebe der Geschlechter zueinander aus ihrer Wesensart und dem daraus entstehenden Streben nach optimaler Gemeinsamkeit in der Idealfamilie zum Schutz und zur besten Aufzucht der neuen Generation zeigt und bewährt sich das freundschaftliche Lieben am häufigsten und am besten. Da alles Lebende weiterleben will und dieses Weiterleben bei den zweigeschlechtlichen Arten nur durch die Paarung der Geschlechter und die Geburt neuer Lebewesen sowie deren geschütztere Aufzucht durch die Eltern möglich ist, ist das freundschaftliche Lieben zwischen den Elternteilen so wichtig. Durch die lange Hilflosigkeit des neuen menschlichen Erdenbürgers bis zur wirtschaftlichen Selbständigkeit und bis zur Selbstverteidigungsfähigkeit gegen Freßfeinde hat das »Funktionieren« ehelicher Verbindungen eine so große einzelmenschliche und soziale Bedeutung. Da dem Lebensgrund an nichts so sehr gelegen ist wie an der Fortpflanzung lebenstüchtiger Individuen, hat er den Geschlechtern eine hohe ursprüngliche Potenz zum freundschaftlichen Lieben gegeben. Mann und Frau sollen nicht bloß den Beischlaf zur Besamung und zur Ingangsetzung des Fortpflanzungsprozesses wollen, sondern sich auch als Dauerpartner finden und bewähren. Die Geschlechter lieben sich wohl auch zum Vollzug des Beischlafs, doch zum ständigen Beisammensein als Familie nur aus der harmonierenden Art ihrer Wesenskerne. Goethe dazu in seinem Gedicht »An Frau von Stein«:

> Sag', was will das Schicksal uns bereiten?
> Sag', wie band es uns so rein genau?
> Ach, du warst in abgelebten Zeiten
> Meine Schwester oder meine Frau.

Ich bin mit einer älteren Frau in platonischer Weise befreundet. Diese Frau übt keinen Reiz zur Kopulation auf mich aus, doch ich verstehe mich in besonders guter Weise mit ihr. Wir sind »Ein Herz und eine Seele«, wie man hierzu in begrifflich veralteter Weise sagt. Mit einem jüngeren weiblichen Wesen bin ich dagegen vorwiegend geschlechtlich befreundet. Dieses Wesen ist mir eine ideale Geschlechtspartnerin und ich bin für sie nach deren Bekunden ein idealer Geschlechtspartner, doch im übrigen finde zumindest ich wenig Geliebtwerdenswertes oder Geliebtwerdenswürdiges an ihr. Sie ist in sexueller Hinsicht eine hochbegabte Appetitanregerin und Vollzugskünstlerin, doch nach dem Geschlechtsverkehr möchte ich sie nicht mehr bei mir haben. Beide, meine betagte »Seelenfreundin« und meine jüngere »Sexfreundin« wären zusammen als Person mein idealer weiblicher Lebenspartner.

Zwar will der Lebensgrund die optimale Eintracht der Paare, doch das Sichfinden der Optimalpartner ist nicht so ohne weiteres möglich und dies zum einen wegen der immer noch geringen Möglichkeiten des Sichkennenlernens, und zum anderen wegen der durch die kulturelle Entwicklung immer weitergehenden Individualisierung des Sich-verwirklichen-Wollens. Im urnatürlichen Dasein kann nur der nackte, ungeschmückte Mensch und können nur Naturprodukte sowie die gewachsene Naturlandschaft geliebt werden, was zwischen den Individuen wenig Wahlmöglichkeiten läßt und darum auch wenig Dissensmöglichkeiten bietet. Wir hochkultivierten Heutigen jedoch können uns in nie zuvor gekannten Arten selbst verwirklichen, und mit diesem Sich-mehrfach-verwirklichen-Können aus dem kulturell bedingten Mehrfach-lieben-Können verringert sich die Wahrscheinlichkeit, den optimal zu einem passenden Partner zu finden. Dasselbe gilt auch für die andere Seite. Wenn es in der Urnatur schwarze oder weiße Kleider nicht gibt, gibt es da auch keine Möglichkeit, sich für ein schwarzes oder für ein weißes Kleid zu entscheiden, doch seitdem die kulturelle Entwicklung diese Auswahlmöglichkeit eröffnet hat, ist die Harmonierbarkeit zwischen den Paaren insofern geringer, als sich der eine für das schwarze Kleid entscheiden möchte, der andere jedoch für das weiße.

Freundschaften der tiefer gehenden Art entstehen nicht durch Anpassung oder durch Vorsatz, sondern durch das Sich-kennenlernen derjenigen, die die Voraussetzung dafür besitzen. Unbezweifelbar ist, daß es für jeden Mann die optimal passende Frau irgendwo gibt. Dasselbe gilt für alle suchenden weiblichen Wesen in bezug auf den passendsten Mann. Doch wie ihn oder sie finden? Die Bestpartner sollten leichter zu finden sein. Die hohe Scheidungsrate zeugt auch davon, daß sich einstmals Menschen ehelich gebunden haben, die die Voraussetzung für einen fruchtbaren Lebensbund nicht besaßen. Da die Menschen in ihrer Wesensart, speziell in dem, was sie lieben oder lieben können, so verschieden sind, diese Lieben in absoluter Weise nicht willkürlich veränderbar sind, und weil die Menschen zumeist so wenig Möglichkeiten haben, sich hinreichend kennenzulernen und deswegen auch kaum Gelegenheit besteht, den Gut- oder Bestpartner wechselweise zu finden, ist die Scheidungsrate heutzutage so hoch. Die Verbesserung der Sich-findens-Potenz von Gut- oder Bestpartnern wäre für alle von großem Nutzen. Die Interessierten sollten durch zuverlässige Wesensart-Beschreibungen leichter in der Lage sein, sich zu erkennen, und die Bestharmonierenden sollten sich auch über große Entfernungen finden können. Die Psychologie wäre dann von besonderer Nützlichkeit, wenn mit ihrer Hilfe zuverlässig bestimmt werden könnte, wer die Voraussetzung zum höhergradigen freundschaftlichen Lieben besitzt und wer nicht.

Die Freundschaft hat die gleichen Voraussetzungen und Ursachen wie die einseitige Liebe. Freundschaft setzt wechselseitige Geliebtwerdenswertheit oder Geliebtwerdenswürdigkeit voraus. Freundschaftliche Sympathie, Zuneigung oder Liebe entstehen nur da und können nur da Bestand haben, wo man sich wechselseitig im positiven Sinn eine Menge bedeuten kann, wenn man wechselweise Liebebewirkendes hat, tut oder man sich liebebewirkend verhält. Freundschaftliches Lieben zwischen den Geschlechtern entsteht sofort, wenn die Voraussetzungen dafür gegeben sind; doch ein Rufen nach Freundschaft oder das Bewirkenwollen freundschaftlicher Liebe durch Gebote ist generell ebenso unsinnig wie der Aufruf zur einseitigen Liebe. Gerade die freundschaftliche, also wechselseitige Liebe der Menschen hat bezüglich ihrer Entstehungsmöglichkeiten unüberwindliche Grenzen, die jedoch von machtideologischen »Menschenfischern« bewußt verwischt oder negiert werden. Wer behauptet, das freundschaftliche Lieben sei eine Sache des sogenannten »guten« Willens, der setzt sich dem Verdacht aus, wissentlich zu betrügen oder unwissentlich etwas Falsches und Unsinniges zu sagen.

Auch das wechselweise oder das freundschaftliche Lieben gibt es in allen Stärkegraden. Wenn beispielsweise ein Mann und eine Frau lediglich miteinander kopulieren wollen, besteht zwar eine freundschaftliche Beziehung, eine Bettfreundschaftsbeziehung zwischen ihnen, doch ein derartiges freundschaftliches Lieben wird niemand als tiefergehendes wechselseitiges Lieben bezeichnen wollen.

Die Stärke einer freundschaftlichen Liebe ergibt sich aus der Stärke der geringsten Liebe bei einem der Partner. So gibt es sehr unterschiedliche wechselseitige Zuneigungen, speziell zwischen

Paaren. Wenn nun die Liebe des Mannes zu einer Frau sehr groß ist, die Liebe der Frau zu diesem Mann sehr klein, ist der Stärkegrad der freundschaftlichen Liebe zwischen ihnen sehr klein.

Eine zwischenmenschliche Beziehung freundschaftlicher Art ist um so stärker und damit auch um so dauerhafter, je stärker oder größer das wechselseitige Lieben aus inneren, wesensmäßigen Qualitäten ist. Zur tiefen Wesensartliebe als dem Kern einer dauerhaften Verbindung gehört vor allem das Sichmögen aus der Grundgestimmtheit, aus der Gemütsart, aus den Arten der Lieben, aus der Art des Temperaments sowie aus den Tugenden. Die Warmherzigkeit, die Anspruchslosigkeit, die Heiterkeit, die Tugendhaftigkeit, wie beispielweise die Zuverlässigkeit, die Redlichkeit, die Hilfsbereitschaft, um hier nur diese zu nennen, sind die besten Voraussetzungen für eine dauerhafte wechselseitige Zuneigung.

Das Haupthindernis zum freundschaftlichen Lieben ist der Egoismus oder das selbstische Lieben, das Alles-nur-für-sich-haben-und-nicht-teilen-Wollen. Je selbstischer oder egoistischer ein Mensch ist, desto geringer ist seine Tauglichkeit zur Freundschaft. Je stärker der Selbstverwirklichungswille des einzelnen im Gefolge der kulturellen Entwicklung werden kann und wird, desto geringer wird potentiell die Harmonierbarkeit. Die Ehetauglichkeit im Sinne von Tauglichkeit zur freundschaftlichen ehelichen Dauerbeziehung im besten Sinn wächst mit dem Füreinander-dasein-Wollen der Eheleute in allen Lebenslagen, und sie mindert sich mit der Minderfähigkeit zu einem derartigen Wollen.

Zum Schluß dieses Kapitels sei noch dieser Hinweis gegeben:

Es ist einer jener unzulänglichen, ja falschen Sprüche im »Schatz unserer Spruchweisheiten«, die oftmals besser Spruchdummheiten geheißen und aus dem Gebrauch kommen sollten, wonach sich Gegensätze anziehen. Gegensätzliches ist Widerstrebendes und darum nicht in der Lage, sich anzuziehen. Richtig ausgedrückt müßte dieser Spruch heißen: Unterschiedliches oder Verschiedenartiges kann sich anziehen, und es zieht sich auch an, wenn es sich braucht, um eine höhere subjektive Lebensfülle zu bewirken. Das beste Beispiel für diese Beziehung von Unterschiedlichem oder Verschiedenartigem, das sich anzieht, sind die

Geschlechter. Häufiger jedoch ist die wechselseitige Zuneigung aus gleichen Lieben. Dann heißt der richtige Spruch: »Gleich und gleich gesellt sich gern.« Fußballspiel-Lieber gesellen sich dieser gleichen Liebe wegen gern, Schachspiel-Liebhaber gesellen sich dieser gleichen Liebe wegen gern.

*

Jeder Mann sucht die reizendste Frau und jede Frau den reizendsten Mann, doch sie müssen mit dem zufrieden sein, was sie finden. Je größer aber der Unterschied zwischen ihrem Ideal und dem ist, was sie finden, desto untreuer sind sie potentiell.

*

Je mächtiger und je berühmter oder je reicher einer wird, desto geringer wird die Wahrscheinlichkeit, daß er Freunde oder Freundinnen findet, die diesen Namen verdienen; doch um so größer wird die Wahrscheinlichkeit, daß er Interessenten oder Interessentinnen findet, die von seiner Macht oder von seinem Ruhm oder seinem Reichtum an Materiellem profitieren möchten.

*

Wie die Voraussetzungen zum Geliebtwerden verbessert werden können

Als mein jungmännliches Herz zu jenem zierlichen und so artig wirkenden Jungfräulein mit seinen leuchtenden blauen Augen in Liebe erglühte, war die Liebenspotenz zu einem weiblichen Wesen dieses Typs schon einige Zeit unfixiert und unbewußt in meinem Gehirn vorhanden; sie hat sich auf dieses Mädchen fixiert und wurde in mir gefühlsbewußt, als ich ihm als einer neuen und im Lebensganzen besonders bedeutsamen Geliebten leibhaftig begegnete.

In jeder Liebesbeziehung lassen sich immer zwei Komponenten unterscheiden, und diese Komponenten sollten immer gut unterschieden werden: ein liebender Mensch oder ein anderes Lebewesen einerseits und ein Geliebtes als anderer Mensch, als anderes Lebewesen, als Ding oder sonst etwas andererseits. Zu jeder Liebesbeziehung gehört ein Liebendes und ein Geliebtes, das die Liebe des Liebenden in bestimmtem Umfang befriedigen kann.

Im echten, allein zulässigen Wortsinn einer Liebe können wir an anderen nur dasjenige lieben, das uns fehlt, um unsere unbefriedigten Lieben dieser oder jener Art befriedigen zu können. Wir lieben andere Menschen im echten, allein zulässigen Wortsinn nur in jener Art und Stärke, als sie für uns eine Bereicherung unseres Lebens durch die teilweise oder volle Befriedigung unbefriedigter Lieben ermöglichen; und wir selbst können von anderen nur in jener Art und Stärke geliebt werden, in der wir für sie eine Bereicherung ihres Lebens durch die teilweise oder volle Befriedigung ihrer unbefriedigten Lieben bewirken können, insoweit wir ihnen im weitesten Sinn des Wortes zu nützen in der Lage sind. Auch dann, wenn ein Mensch einen anderen Menschen nur um der Gesellung willen sucht, um in seiner Gesellschaft sein Unbehagen im Dasein aus stärkerer Furchtsamkeit zu mindern, ist der andere ihm im weitesten Wortsinn nützlich und wird er darum geliebt. Jenes Mädchen, in das ich mich als erstem weiblichem Wesen als möglicher Geschlechts- und Lebenspartnerin verliebte, suggerierte mir unbewußt größere Nützlichkeit, als es meine Lieben zu einem weiblichen Geschlechts- und Partnerschaftswesen in einer besonders passenden Weise hätte befriedigen können. Darum wurde es meine Geliebte.

Der schon erwähnte Autor Erich Fromm meint in seinem Bändchen mit dem Titel »Die Kunst des Liebens«[1], Lieben sei eine Kunst, und diese Kunst setze Wissen, Disziplin und Mühe voraus. Da irrt Herr Fromm zunächst insofern, als das Liebenkönnen, die Fähigkeit zu lieben im eigentlichen, allein richtigen Wortsinn des Liebens keinesfalls eine durch Wissen, Disziplin und Mühe mehrbare Kunst ist, wie wir inzwischen wissen. Darum weiß er auch nichts über die Praxis dieser »Kunst« zu sagen. Die Lieben entstehen in unseren Gehirnen ohne jede Beeinflußbarkeit. Unsere Gehirne entscheiden autonom und automatisch über alle Arten und Stärken unserer Lieben. Fromm hätte richtigerweise von der Kunst der Mehrung der Geliebtwerdenswertheit oder Geliebtwerdenswürdigkeit schreiben sollen.

Der oder die Liebende kann seine Liebenspotenz weder der Art noch dem Stärkegrad nach selbst mehren. Die Liebe zu Blondinen oder zu dunkelhaarigen Männern ist nicht erlernbar oder anerziehbar. Man kann nichts dazu tun, eine Frau zu lieben oder in stärkerem Grad zu lieben, wenn dies unser Gehirn in seiner diesbezüglichen Unabhängigkeit nicht zuläßt. Daher ist das Grundgesetz bezüglich der Liebeentstehung:

> Ein Mensch kann nur dann und dann nur insoweit
> einen anderen Menschen lieben, als der andere
> Mensch Eigenschaften besitzt oder schafft, die
> vom ersteren geliebt werden können.

---

1 Erich Fromm; Die Kunst des Liebens, Berlin 1980.

Im echten, allein zulässigen Sinn des Worts »Liebe« kann man von anderen nur insoweit und nur in jener Stärke geliebt werden, als man für diese anderen geliebtwerdenswert oder geliebtwerdenswürdig ist. Die Liebe zu uns läßt sich also der Art und der Stärke nach nur dadurch mehren, daß wir uns für andere geliebtwerdenswerter oder geliebtwerdenswürdiger machen, und dieses Machen kann man auch als eine Kunst bezeichnen, wenn man den Kunstbegriff so weit faßt, als Kunst des Sich-geliebtwerdenswerter-Machens oder des Sich-geliebtwerdenswürdiger-Machens. Eine Liebesbeziehung kann nur durch Liebebewirkendes entstehen, und sie kann der Art und der Stärke nach nur insoweit gemehrt oder verstärkt werden, als man das Liebebewirkende nach Art und Stärke mehrt. Wer etwas anderes glauben machen will, der muß sich unter Umständen gefallen lassen, als ideologischer Spekulant oder Gauner bezeichnet zu werden.

Viele klagen darüber, nicht oder nicht hinreichend geliebt zu werden, ohne sich je zu fragen, ob sie nicht selbst Gründe dafür liefern und ob sie nicht selbst etwas dazu tun können, geliebt oder mehr geliebt zu werden. Geliebt im echten Wortsinn wird nur derjenige, der die Voraussetzung für das Geliebtwerden entweder schon besitzt oder aber diese Voraussetzungen schafft. Wenn er sie schon besitzt, wie das beispielsweise bei schönen Frauen für die entsprechenden Männer der Fall ist, der braucht nichts weiter zu tun, als einem solchen Liebhaber zu begegnen, um geliebt zu werden.

Wer die Voraussetzung zum Geliebtwerden in dieser oder jener Art und Stärke von Natur aus nicht besitzt, der kann sich nur durch künstliche Mittel Gleichwertiges schaffen. Eine andere Möglichkeit gibt es nicht. Wer seine Geliebtwerdenswertheit welcher Art auch mehrt, der wird vom entsprechenden Liebhaber dann automatisch in stärkerem Grad oder in mehreren Arten geliebt und trägt so zur Mehrung des Liebens und damit auch zur Mehrung der Harmonie zwischen sich und anderen bei.

Die Empfehlung kann für all jene, die ein unbefriedigendes Geliebtwerden beklagen, daher nur lauten: sei geliebtwerdenswert bzw. geliebtwerdenswürdig oder mache dich im Sinne anderer geliebtwerdenswerter bzw. geliebtwerdenswürdiger, dann wirst du von all jenen, die aufgrund ihrer Liebenspotenz im Gehirn diese Art der Geliebtwerdenswertheit oder -würdigkeit suchen, automatisch geliebt oder in stärkerem Grad geliebt. Man kann eine natürliche Harmonierbarkeit aus natürlicher Geliebtwerdenswertheit und eine künstliche Harmonisierbarkeit aus der Fähigkeit unterscheiden, sich geliebtwerdenswerter oder geliebtwerdenswürdiger zu machen.[1]

Geliebtwerdenswerter oder -würdiger machen wir uns, wenn wir uns dem Ideal des anderen annähern, wenn wir so werden oder uns so verhalten, wie dies andere haben möchten. Alle Frauen wären von allen Männern sofort in starkem Grad begehrt, weil geliebt, wenn sie für die Männer innere und äußere Schönheiten der von diesen Männern begehrten Art wären. Gleiches gilt natürlich auch umgekehrt für Frauen in bezug auf Männer. Dieses Sich-geliebtwerdenswerter-Machen bzw. Sich-geliebtwerdenswürdiger-Machen für andere kann in Lernprozessen erfolgen, so wie man lernen kann, sich vorteilhafter zu benehmen oder die Fingernägel zu säubern.

Wer als Mann eine Frau sexuell besser befriedigen kann, der wird in diesem Punkt allen weniger potenten gegenüber vorgezogen, für den entsteht insoweit im Gehirn seiner Partnerin eine Vorliebe. Durch seine sexuelle Besserpotenz ist er für diese Frau geliebtwerdenswürdiger. Wer also die Technik der Befriedigung in diesem Bereich lernt und dadurch besser praktiziert, der ist insoweit für jede in dieser Weise liebende Frau ein geliebterer und darum auch begehrterer Liebhaber.

Wer wie ein Bock stinkt, der kann nicht erwarten, daß er von einem geruchsinnlichen Ästheten insoweit geliebt wird. Wer sich rücksichtslos benimmt, der darf nicht erwarten, daß er sich dadurch beliebt macht. Ein Rüpel ist unzweifelhaft weniger beliebt als einer, der sich in angenehm wirkender Weise zu benehmen weiß. Dazu Wilhelm Busch:

---

1 Durch die Schönheitschirurgie lassen sich in gewissem Umfang jene harmonisieren, die natürlicherweise nicht harmonieren. Die Schönheitschirurgie hat die Harmonisierbarkeit im sehsinnlichen Bereich verbessert.

Wer möchte diesen Erdenball
noch fürderhin betreten,
wenn wir Bewohner überall
die Wahrheit sagen täten.

Ihr hießet uns, wir hießen euch
Spitzbuben und Halunken,
wir sagten uns fatales Zeug,
noch eh' wir uns betrunken.

Und überall im weiten Land,
als langbewährtes Mittel,
entsproßte dann der Menschenhand
der treue Knotenknittel.

Da lob' ich mir die Höflichkeit,
das zierliche Betrügen.
Du weißt Bescheid, ich weiß Bescheid,
und allen macht's Vergnügen.

Man kann um so mehr geliebt werden und wird auch um so mehr geliebt, je mehr man in der Lage und willens ist, die unbefriedigten Lieben anderer zu befriedigen. Einen anderen Weg gibt es nicht. Dem sind aber verschiedene Grenzen gesetzt. Da sind zum einen die natürlichen Grenzen, wie beispielsweise die Körpergröße oder die Augenfarbe, die keine Kunst überwinden kann. Wer sich von Natur aus dem Ideal eines anderen nicht nähern kann oder mit künstlichen Mitteln diese Annäherung nicht bewirken kann, der ist am Ende seiner diesbezüglichen Möglichkeiten angelangt.

Jedes Sichanpassen an den Willen anderer durch eine Selbstveränderung des Verhaltens oder des inneren oder äußeren Seins ist jedoch im Grad der Anpassung und der inneren Schwierigkeiten eine Selbstaufgabe. Wer sich dem Wollen oder dem Wünschen eines anderen insoweit anpaßte, als er sich im Extremfall dabei völlig veränderte, der wäre nicht mehr er selbst. Wer nur noch der Willenserfüller des anderen ist, der lebt in der Liebesknechtschaft.

Wer einer Geliebten oder einem Geliebten »jeden Wunsch von den Augen abliest« und diese erfüllt, der ist ein unbezahlter Liebediener höchsten Grades.

Die Voraussetzung für die Dauerhaftigkeit einer Liebesbeziehung, dies sei an dieser Stelle erwähnt, ist die Erhaltung der eigenen Geliebtwerdenswürdigkeit durch ein immerwährendes Bemühtbleiben. Wer »sich gehen läßt«, wie man sagt, der mindert dadurch seine Geliebtwerdenswertheit und wird als Folge davon dann auch weniger geliebt.

Zur Verbesserung der wissenschaftlichen Kultur durch eine Verbesserung des Wissenschaftlichkeitsgrads psychologischer Aussagen im Forschungsbereich des Liebens sollte allgemein begriffen werden, daß es ein falsches Meinen ist, eine Liebesbeziehung könne der Art oder der Stärke nach anders als durch eine Mehrung der Geliebtwerdenswürdigkeit bzw. Geliebtwerdenswertheit nach Arten und Stärken verstärkt werden.

2. Teil

Einführung in die Psychologie des Liebens

Die vielerlei Arten und Stärken der Lieben

Für viele beschränkt sich das, was sie unter »Liebe« verstehen, auf die Liebe zu einem Wesen des anderen Geschlechts, auf Familienangehörige und auf ein höheres Wesen, von dem sie glauben, daß es ihnen hilft. Das Phänomen Liebe umfaßt aber viel mehr. Die Menschen lieben nicht bloß die zuvor genannten Geliebten mehr oder minder stark, sondern eine Vielzahl von Wesen. Die einen sind beispielsweise leidenschaftliche Liebhaber der Freiheit von Obrigkeiten, viele andere dagegen sind lieber Untertanen einer Obrigkeit. Manche haben eine große Liebe zur Jagd, andere dagegen hassen das Jagen. In »Max und Moritz« sagt Wilhelm Busch über die Witwe Bolte, sie liebe den Sauerkohl, und wörtlich: »... wofür sie besonders schwärmt, wenn er wieder aufgewärmt.« Dann gibt es die mehr oder minder große Liebe zum Gemütsfrieden oder zu einer bestimmten Art von Musik oder zum Vaterland oder zum Nichtstun oder zum Tanz oder zur Stille oder zum Alleinsein oder zum Ruhm oder zu bestimmten Tugenden. Manche Männer sind von großen Frauenbusen hingerissen, andere von kleinen, und manche Frauen bevorzugen bekanntlich stämmige Männer, wohingegen andere schlanke lieber sehen, um hier nur diese wenigen Arten des Liebens und des Geliebten zu nennen.

Die Lieben und die Geliebten der Menschen sind der Art und der Stärke nach von großer Vielzahl. Dieser Vielzahl wegen ist es auch nicht leicht, sie zu gliedern. Vergleicht man sie jedoch unter dem Gesichtspunkt ihres entwicklungsgeschichtlichen Entstehens sowie ihrer Bedeutung im Lebensganzen, so lassen sich drei Hauptlieben und eine große Zahl von Folgelieben unterscheiden. In den hier folgenden Kapiteln beschreibe ich das Wesen dieser Lieben in Kurzform.

Leider muß ich der Leserin oder dem Leser eine weniger anschauliche und darum auch weniger leichtverständliche Beschreibung der wichtigsten Lieben und Liebesbeziehungen zumuten. Ich habe mich bemüht, diese wichtigsten oder bedeutsamsten Lieben möglichst verständlich zu beschreiben.

*

Wer in unbefriedigter Weise liebt, der begehrt das Geliebte, wünscht es zu sich und sucht es darum zu bekommen. Dieses Bekommen des Geliebten kann beispielsweise durch ein freiwilliges Kommen des Geliebten aus Gegenliebe geschehen, wie es bei sich liebenden weiblichen und männlichen Wesen der Fall ist, oder durch Kauf oder durch Arbeit oder durch Gewaltanwendung oder durch glückliche Umstände oder in anderer Weise.

*

Die Liebe zum Lebendigsein oder die existentielle Liebe. Die Fundamentalliebe oder erste Hauptliebe

Wenn eine Frau von einem Mann in leidenschaftlicher Weise geküßt wird, so ist dies – vorausgesetzt, er heuchelt nicht –, das Zeichen einer Art des Liebens oder mehrerer Arten des Liebens in ihm. Trennt er sich aber von seiner Geliebten, so ist äußerlich nichts mehr von diesem Lieben zu erkennen, obgleich es in gleicher Art und Stärke noch in ihm vorhanden ist.

Unsere vielen Lieben sind nach ihrer Art und Stärke nicht leicht zu erkennen und zu beschreiben oder zu bestimmen. Diese Erkennens- und Bestimmensschwierigkeit ist der Hauptgrund für das allgemein zu beobachtende geringe Wissen vom Wesenskern aller Lieben sowie von den vielen Arten des Liebens und deren Bedeutung.

Dieses geringe allgemeine Wissen von den Arten des Liebens und des Geliebten zeigt sich insbesondere auch in bezug auf die fundamentale Liebe aller Lebewesen: die existentielle. Es ist die Liebe zum Lebendigsein oder Am-Leben-Sein. Ihrer fundamentalen Bedeutung wegen ist hier zuerst von ihr die Rede.

Vom Wesen der Fundamentalliebe und ihres Geliebten

Um möglichst anschaulich und genau zu beschreiben, was das Wesen dieser Liebe ausmacht, ist es zweckmäßig, daran zu erinnern, daß in der Frühphase der Evolution des Lebens alle Lebewesen eingeschlechtlich waren, sich also durch Teilung vermehrt und fortgepflanzt haben. Sie hatten keine Geschlechtsorgane, wie dies für alle sogenannten höheren Lebewesen kennzeichnend ist. Wenn Sie sich als Leserin oder als Leser nun vorstellen, ein gesundes, lebenstüchtiges Lebewesen ohne Geschlechtsorgane zu sein, dann haben Sie das existentiell Geliebte in Ihrer Vorstellung. Die existentielle Liebe ist die Liebe zum Lebendigsein in einem gesunden und lebenstüchtigen Organismus ohne Berücksichtigung der Fortpflanzungsorgane. Wir lieben zuerst und normalerweise auch am stärksten das Im-Leben-Sein oder das Am-Leben-Sein, das durch ein intaktes und funktionstüchtiges organisches Ordnungsgefüge, durch einen gesunden Leib ermöglicht wird. Unsere bloße leibliche Existenz in voller, gesunder Funktionstüchtigkeit ist unser Fundamentalgeliebtes oder das existentiell Geliebte.

Hier ist eine wichtige Zwischenbemerkung zu machen. Wenn an dieser Stelle von der Liebe zum Lebendigsein und nicht von der Liebe zum Leben die Rede ist, so hat dies einen besonderen Grund. Die Liebe zum Leben ist etwas anderes als die Liebe zum Lebendigsein. Die Liebe zum Lebendigsein oder die existentielle Liebe ist lediglich – wie vorstehend ausgeführt – die Liebe zur Existenz des eigenen gesunden und lebenstüchtigen leiblichen Organismus, wohingegen die Liebe zum Leben von allen Geliebten ausgeht bzw. alle Lieben umfaßt, die in einem Menschen zu einem bestimmten Zeitpunkt in befriedigter oder unbefriedigter Art vorhanden sind. Wir lieben das Leben als unser persönliches Leben im Stärkegrad aller unserer befriedigten und unbefriedigten Lieben.

Ihrer fundamentalen Bedeutung wegen wird die existentielle oder die leibliche Gesundheit auch als höchstes Gut bezeichnet. Drum heißt es im Sprichwort: »Die Gesundheit ist nicht alles, doch ohne Gesundheit ist alles nichts.« Wenn wir uns in unserer Gesundheit beeinträchtigt fühlen, so neigen wir im Stärkegrad unserer existentiellen Liebe sowie im Stärkegrad unserer existentiellen Furcht zu der Annahme, vom Arzt könne ein größerer gesundheitlicher Schaden oder gar Lebensbedrohliches entdeckt werden. Stellt sich dann heraus, daß unsere Sorge oder unsere Furcht unbegründet ist, so fühlen wir uns dem vollen, gesunden Leben zurückgegeben, befreit und beglückt. Wenn wir sagen, gesund und munter zu sein, so meinen wir damit auch, daß die leibliche Gesundheit die Grundlage oder die Voraussetzung der Munterkeit ist. Auch in den Wörtern »Heilmittel« und »Heilung« kommt die hohe Wertschätzung der Gesundheit als einer Art des Heils zum Ausdruck. Heilen meint, durch Heilung zum Heil der Gesundheit zu kommen. Auch wenn wir sagen, heil davongekommen zu sein oder heil geblieben zu sein, meinen wir die leibliche Gesundheit und Unversehrtheit.

Je stärker und je unbefriedigter unsere existentielle Liebe im Bereich der Gesundheit ist, desto größer ist unsere Freude beim Wiedererlangen der Gesundheit. Diese Freude ist um so größer, je rascher und je überraschender wir die Gesundheit wiedererlangen und je empfindsamer wir im existentiellen Bereich sind. Wenn wir gesund sind, empfinden wir daraus keine Freude, kein Glücksgefühl. Als Gesunde sind wir uns unseres Glücks nicht gefühls- oder empfindensbewußt. Es kommt häufig vor, daß Leichtsinnige im existentiellen Bereich Gefahren unterschätzen mit der Folge, daß sie bei deren plötzlichem Auftauchen um so heftiger erschrecken.

Durch unsere Entwicklungssteuerung, durch die unsere leibliche Entwicklung aus den Genen bestimmt wird, wird unsere individuelle existentielle Liebe im höheren Alter in ihrer absoluten Stärke nach und nach geringer. Je geringer sie ist, desto leichter gibt sich ein Mensch dem Tod hin. Die sogenannte Lebensmüdigkeit bei ansonsten leiblich und gemütig[1] Gesunden hat ihre Ursache in einem nur noch geringen Stärkegrad der existentiellen Liebe. Bei einer Selbsttötung aus großer Enttäuschung jedoch ist in der Regel nicht die existentielle Liebe geschmälert, sondern wurde der Unfriede, das Leid im Gemüt so groß, daß der Gemütsfriede im Tod den Qualen dieses Konflikts vorgezogen wurde, wie dies in Fällen sehr starker Lieben zwischen den Geschlechtern vorkommt.

---

1 Die Deutschsprechenden sollten endlich die Wörter »Seele« und »seelisch« aus ihrer Sprache tilgen, wenn das Gemüt als Entstehungsbereich der Empfindungen gemeint ist. Das Wort »Seele« gehört zur unwissenschaftlichen Sprache, zur Sprache jener Gläubigen, die mit diesem Wort einen immateriellen Wesenskern meinen.

Es ist ein besonderes Phänomen in unserer Existenz als lebende Wesen, daß wir nicht nur die normalerweise starke Liebe zum Lebendigsein und zum Leben in uns tragen, sondern zugleich die Steuerung in unseren eigenen Tod. Etwas in uns, auf das wir bisher keinen Einfluß haben, bringt uns um. Unser genetisch fixiertes Entwicklungsprogramm schickt uns alle in den physischen, also auch existentiellen Tod im hier gemeinten Sinn. Mit diesem Ende unserer leiblichen Existenz verlieren auch alle unsere anderen Lieben ihre Existenzbasis, was umgekehrt nicht der Fall ist.

Der damit gegebene Grundkonflikt aus der Lebendigseins- und Lebensliebe einerseits und aus dem In-den-Tod-geschickt-Werden durch etwas in uns andererseits war und ist bekanntlich die Hauptursache religiöser Kulturen. Im Grad ihrer Stärke ist die existentielle Liebe oder die Lebendigseinsliebe immer auch eine Weiterleben-wollens-Liebe, ist Liebe zum Über-den-Tod-hinaus-Sein und dies möglichst in Ewigkeit. Solange wir das Leben, unser Dasein lieben, solange lieben wir auch das Weiterleben über den Tod hinaus, wollen wir unsterblich sein. Diese existentielle Unsterblichkeitsliebe aus der existentiellen Fundamentalliebe hat die Phantasie des Menschen schon früh in starkem Grad angeregt, wie die Kulturgeschichte zeigt. Diese Phantasieanregung war um so stärker, je stärker die Weiterlebensliebe aus der Lebensliebe einerseits und die Furcht vor einem Nicht-mehr-Sein andererseits war. Daß die Weiterlebensliebe keine absolute Liebe ist, geht aus der Tatsache hervor, daß Menschen, deren Lebendigseins- und Lebensliebe gegen null tendiert, auch keine Liebe zum Weiterleben mehr haben.

Die existentielle Liebe oder – wie man auch sagen kann – die Liebe zum gesunden und kraftvoll-lebenstüchtigen Leib als Existenzbasis aller Lebewesen wird in ihrer fundamentalen Bedeutung auch deshalb weithin nicht erkannt, weil sie im Empfinden nicht so auffallend in Erscheinung tritt wie beispielsweise jene zum Geschlechtsverkehr. Dieses geringere In-Erscheinung-Treten im Empfinden war wohl auch der Grund für die einseitige Sichtweise des ansonsten wegen seiner Verdienste geehrten Sigmund Freud. Gerade für das Kind bildet nicht die geschlechtliche Liebe und die zu ihr gehörende Wollust oder Libido die Erlebensbasis in unbewußter oder in gefühlsbewußter Art, sondern die existentielle Liebe und deren Libido. Die orale oder am Mund entstehende Lust und die anale oder am After entstehende Lust sowie die peripher taktile oder an der übrigen Leiboberfläche entstehende Lust, Wollust oder Libido ist beim Kind existentiell begründet. Orale Lust oder Lust am Mund entsteht in erster Linie aus der Befriedigung der existentiellen Folgeliebe zur Aufnahme und zur Einverleibung von fester, breiiger oder von flüssiger Nahrung. Wenn nach dem Eintritt der Geschlechtsreife die Liebe zum Geschlechtsverkehr, also zur geschlechtlichen Betätigung, besonders stark entwickelt ist, kann die orale Lust auch geschlechtsbedingt sein. Wenn beispielsweise eine Frau Lust empfindet, wenn sie das männliche Geschlechtsglied (Penis) nicht in die Scheide befördert, sondern in ihren Mund, und die männlichen Samenzellen schluckt, anstatt diese in die Vagina kommen zu lassen, so ist sie durch eine besonders starke Liebe zum Geschlechtsverkehr oder zur geschlechtlichen Betätigung, von der im folgenden Kapitel ausführlicher die Rede sein wird, übersteuert. Gleiches gilt für die männliche Seite. Wenn ein Mann größere Lust empfindet, wenn er sein Geschlechtsglied nicht in die Scheide, sondern in den After steckt und die Samenzellen im Mastdarm deponiert, so ist er ein Falschliebender aus entsprechendem Übersteuertsein, eine Feststellung, die ich aber nicht als moralischen Einwand mißverstanden wissen möchte.

Auch für die Mutter- oder die Vaterbindung eines Kindes ist die existentielle Liebe und deren Befriedigung von erstrangiger Bedeutung. Je stärker das positive Angemutetwerden eines Kindes aus existentieller Befriedigung durch die Grundversorgung mit Nahrungsmitteln und durch die Sicherung dieses Geliebten ist, desto größer ist die Zuneigung zum Versorger und Sicherer. Bis zur Reifung der Fortpflanzungsorgane will ein Kind in erster Linie aus existentiellen Gründen geliebt werden, und es empfindet dieses existentielle Geliebtwerden vor allem im Gefüttertwerden und in taktilen Zärtlichkeiten (Streicheln oder Küssen).

Die Folgelieben der existentiellen Fundamentalliebe

Die Funktionstüchtigkeit unserer leiblichen Basis wird durch die Befriedigung mehrerer existentieller Folgelieben gewährleistet, die hier kurz erwähnt werden.

Eine dieser existentiellen Folgelieben ist die Liebe zum Licht als einer Miterweckerin und Miterhalterin allen Lebens. Wegen der großen Bedeutung des Lichts für die Entstehung und Erhaltung auch des menschlichen Lebens wird es bis in unsere Zeit in Naturreligionen als Gottheit verehrt und sein Gegenteil, die Finsternis, gefürchtet und gehaßt. Desgleichen lieben wir die Wärme in bestimmten Temperaturbereichen und fürchten und hassen wir die Kälte. Eine Folgeliebe der existentiellen Liebe ist auch jene zum Sauerstoff und zu seiner Einverleibung bei der Atmung (Goethe: »Gnade des Lufteinziehens«). Jede unserer vielen Billionen Zellen, insbesondere jene in unserem Gehirn, benötigen zum Am-Leben-Bleiben dieses Element immerfort. Wenngleich die Befriedigung dieser Liebe beim Luftholen nicht so lustgeprägt ist, wie dies bei anderen Lieben bzw. deren Befriedigung der Fall ist, insbesondere bei der geschlechtlichen, hat sie doch eine große Bedeutung. Die Qualen, die ein Erstickender erleidet, und die Beseligung, die ein Wieder-atmen-Können mit sich bringt, zeigen dies. Folgelieben der existentiellen Fundamentalliebe sind auch jene zu eßbarer oder trinkbarer Nahrung, zum Schlaf oder zur leiblichen Hygiene, wie man sie auch von vielen Tierarten kennt.

Alle Zuneigungen, die wir beim Sehen, beim Hören, beim Riechen, beim Schmecken und beim Anfühlen oder Tasten erleben und die Gesundheit oder die Funktionstüchtigkeit unseres Leibs betreffen, sind leibsinnliche Folgelieben der existentiellen Fundamentalliebe. Insoweit uns das Essen schmeckt oder uns ein Getränk behagt, dienen sie der Befriedigung unserer schmecksinnlich-ästhetischen Lieben als Folgelieben unserer existentiellen. Gleiches gilt für alle leibsinnlich angenehmen Reize, insoweit sie das existentielle Fundamentalbedürfnis oder die Liebe daraus befriedigen und sie nicht künstlich hergestellte Kunstgeliebte sind, wie beispielsweise die von Kochkünstlern hergestellten, von denen in einem später folgenden Kapitel die Rede sein wird. Grundlegend gilt: Wir befriedigen unsere existentielle Fundamentalliebe oder die Liebe zum Lebendigsein, zum Im-Leben-Sein oder Am-Leben-Sein durch die Befriedigung ihrer Folgelieben der vorerwähnten Art.

Mit jeder Neuzeugung von Lebewesen wird die Liebe zum Lebendigsein oder die existentielle Fundamentalliebe fortgepflanzt. Bei dieser Fortpflanzung wird die Lebendigseinsliebe zwar einzelmenschlich in verschiedenem Stärkegrad weitervererbt, in größeren Gesellschaften jedoch bleibt die durchschnittliche Stärke dieser Liebe gleich oder nahezu gleich. Die Richtigkeit dieser Behauptung läßt sich an Personen und an Gruppen prüfen.

Wie zuvor erwähnt, sollte möglichst scharf zwischen der Lebendigseinsliebe und der Lebensliebe unterschieden werden. Diese Unterscheidung gelingt besser, wenn man sich einen Menschen ohne Geschlechtsorgane vorstellt. Kastraten sind solche Menschen. Sie vegetieren nur noch, wie man geringschätzig zu sagen pflegt. Sie haben nur noch das Bedürfnis, das leibliche Leben zu erhalten. Der Kastrat hat nur noch die Liebe zum Lebendigsein und die Folgelieben dieser Fundamentalliebe, und er will nur diese befriedigen.

Die Psychologie des existentiellen Liebens oder die Wissenschaft von der Liebe zum Lebendigsein sucht die existentiellen Folgelieben der Stärke nach zu bestimmen, also die Stärke oder den Umfang des Lichtbedarfs, des Wärmebedarfs, des Sauerstoffbedarfs, des Bedarfs an eßbarer oder trinkbarer Nahrung, des Schlaf- und Hygienebedarfs sowie die Stärke der hierher gehörenden ästhetischen Lieben für jedes Individuum. Hinzu kommt die Bestimmung der Stärke dieser Gesamtliebe aus der Furcht vor dem Lebensverlust, die aber durch die Art und die Stärke der persönlichen Empfindsamkeit nur unter diesem speziellen Gesichtspunkt bestimmt werden kann. Polare Gegensatztypen sind die existentiell Apathischen sowie die existentiell Hysterischen oder Überbefürchteten.

Die Weltbeurteilung sowie das politische und kulturelle Verhalten aus dem existentiellen Lieben

Die existentielle Weltbeurteilung ergibt sich für nicht denkensfähige Individuen aus dem existentiellen Lieben und aus der Art des existentiellen Empfindens, insbesondere des diesbezüglichen Gefahrempfindens. Je stärker und je unbefriedigter zugleich das existentielle Lieben eines Individuums ist, und je empfindsamer es in diesem Bereich ist, desto stärker ist dessen Unbehagen sowie das entsprechende Sichsehnen nach Veränderung zum Positiven oder Befriedigenden hin. Je kränker ein Mensch ist und je furchtsamer er aus existentieller Gefahrempfindsamkeit ist, desto unzufriedener ist er mit seiner diesbezüglichen Lage und desto stärker ist der Wunsch nach einer Gesundung. Wer krank ist, der ist existentiell unbefriedigt und will gesund werden. Ist er gesund, so will er gesund bleiben. Je stärker der Veränderungswille ist, desto progressiver ist ein Mensch in existentieller Hinsicht, und je geringer dieser Veränderungswille ist, desto konservativer ist er in bezug auf seine Weltbeurteilung und das entsprechende politische Verhalten.

Für den existentiellen Progressisten, dessen Urteilen aber auch einer unbegründeten Furcht aus Überbefürchtbarkeit entspringen kann, sind alle Mittel und Wege gute Mittel und Wege bzw. erscheinen als solche, die sein Unbehagen mindern bzw. zu mindern scheinen, und für den existentiellen Konservisten sind alle Mittel gute Mittel bzw. erscheinen als solche, die das existentielle Behagen nicht mindern bzw. nicht zu mindern scheinen, ja dieses existentielle Behagen sichern. Für den Progressisten oder Veränderungsbedürftigen aus Wenigerbefriedigtsein besteht kluges Verhalten also in etwas anderem als für den Konservisten. Gleiches gilt für die Intelligenz als der Fähigkeit, die entsprechenden Mittel und Wege zu finden. Für den existentiellen Progressisten sind andere Verhaltensweisen tugendhaft als für den Konservisten.

Menschen mit einer Gemütsveranlagung, die rascheres und tieferes Gefahrempfinden bei objektiv gleich großen Gefahren bewirkt, sind gesundheitsbewußter bis hin zur Gesundheitspedanterie, Hypochondrie oder Hysterie. Existentielle Hypochonder oder Hysteriker beider Geschlechter empfinden sich schon gefährdet, wenn objektiv keine Gefahr besteht. Der Hypochonder sieht sich schon im Sarg liegen, wenn sein leibliches Unbehagen bloß von einer Blähung herrührt. Bei den zu langsam und zu flach Empfindenden bis hin zu den Apathischen führt die (falsche) Empfindsamkeit zu gegenteiligen Effekten. Menschen mit stärker ausgeprägter existentieller Empfindsamkeit neigen auch zur Tabuisierung oder zur Verdrängung des Sterbens und des Todes.

Beim Auftreten existentieller Nöte oder Gefahren tritt ein Bewertungs- und Wertewandel ein. Das wohl bekannteste Beispiel einer solchen Wandlung oder Umwertung in größerer existentieller Not oder Gefahr ist die Verstärkung der Liebe zum Mitmenschen als möglichem Helfer und Beschützer. Existentielle Nöte und Gefahren verstärken die allgemeine Menschenliebe oder den Herdentrieb. Eine besonders anschauliche Parallele läßt sich bei Zugvögeln beobachten. Vor dem gefährlichen, existenzbedrohenden Flug in den fernen Süden oder Norden bilden die zuvor vereinzelt in Familien lebenden Tiere, wie beispielsweise die Stare oder die Störche, plötzlich Schwärme, um in dieser Formation größere existentielle Sicherheit zu finden.

Wandlungen und Umwertungen als Folge der Zunahme existentieller Gefahr lassen sich an anderen Beispielen zeigen, so beispielsweise bei prominenten Klerikern wie Martin Luther, Thomas von Aquin und Augustinus, dem als Kirchenvater bezeichneten. Blitzschlagerlebnisse mit entsprechender existentieller Erschütterung hatten bei diesen eine spontane Stärkung des Glaubens zur Folge. Auch existentielle Bedrohungen in Träumen können Wandlungen ähnlicher Art bewirken, obgleich sie lediglich Wirkungen größerer diesbezüglicher Empfindsamkeit sind.

Je stärker die existentielle Liebe in einem Menschen ist, desto eher neigt er dazu, Entbehrungen oder Qualen oder Demütigungen zu ertragen, um am Leben zu bleiben. Ohne stärkere Liebe zur Freiheit und daraus sich ergebender Selbstachtung wäre er lieber ein Leben lang ein Knecht als tot. Die Bedeutung der existentiellen Liebe in der Menschheitsgeschichte geht auch aus der Anwendung existentieller Bedrohung als Machtmittel hervor. Die Mächtigen haben immer schon mit dem Entzug des gegnerischen Lebens gedroht, um besser an eigene Willensziele zu kommen.

Aus der unbefriedigten existentiellen Liebe haben sich die frühesten kulturellen Anstöße entwickelt, so das Sammeln von Nahrungsmitteln und die Erfindung sowie Herstellung von Jagdwaffen zur Beutemehrung. Aus der unbefriedigten existentiellen Liebe stammen auch die kulturellen Errungenschaften in der Heilkunst oder Medizin. Auch alle besonderen Hygienemehrungsmittel sind Kinder dieser Liebe und der aus ihr entstandenen Wissenschaft. Auch die Religionen sind aus der existentiellen Liebe entstanden, die ja – wie erwähnt – immer zugleich eine Liebe zum jenseitigen Existieren in möglichst guten, bestenfalls paradiesischen Verhältnissen ist.

Der Mensch erreicht die größte existentielle Lebensfülle, wenn er lebenslang leiblich kerngesund bleibt und in hohem Alter plötzlich stirbt. Die Todesfurcht läßt sich dadurch mindern, daß man sich immer wieder ins Bewußtsein ruft, der Tod sei nicht der Sünde Sold, sondern das natürliche Schicksal aller Lebewesen seit der Entstehung von zweigeschlechtlichen Arten. Der Tod ist eine naturgesetzliche Notwendigkeit.

*

Ich bin. Ich bin für mich unbezweifelbar da, und das nicht nur, weil ich dies schreibe oder weil ich denke, sondern vor allem deshalb, weil mein Vater und vielleicht auch meine Mutter damals aus unbefriedigtem Lieben Lust zum geschlechtlichen Verkehr hatten mit der Folge, daß jene Samenzelle unter Hunderttausenden anderer in die Eizelle meiner Mutter eindringen und mit dieser verschmelzen konnte, aus der ich dann hervorging. So ist auch das ganze Potential meiner Lieben entstanden. Aus ihnen vor allem bin ich das geworden, was ich heute bin, und ich bin heute noch, weil ich seit jener Zeit genügend Sauerstoff sowie genügend zu essen und trinken bekam, und weil ich noch nicht gestorben bin.

*

Die Liebe zum Geschlechtsverkehr oder die sexuelle Liebe. Die zweite Hauptliebe

Als ich mich damals in jenes zierliche und scheue weibliche Wesen mit seinen schönen blauen Augen verliebte, war mir nicht bewußt, daß die Hauptursache dieser Verwandlung meine kurz zuvor erlangte Geschlechtsreife war. Erst viel später wurde mir klar, daß diese Zuneigung zu einem weiblichen Wesen von der genetisch in mir vorprogrammierten Entwicklungssteuerung ausgelöst wurde. Mit meiner Geschlechtsreife, die sich in der Versteifung des Geschlechtsglieds (Penis) und in den entsprechenden Sekretionen bei Nacht, in sogenannten »feuchten« Träumen zeigte, war diese Liebenspotenz sowie die entsprechende Empfindens- und Verhaltenspotenz entstanden. Vom Wesen dieser Liebe und vom Empfinden sowie Verhalten aus ihr im Verkehr der Geschlechter miteinander ist in diesem Kapitel die Rede.

Um Mißverständnisse zu vermeiden, sei die folgende Vorbemerkung über den weiteren Zusammenhang dieser Liebe gemacht: Jeder Mensch mit etwas Denkfähigkeit erkennt eines Tages, daß alle zweigeschlechtlichen Lebewesen altern und sterben und daß der Fortbestand dieser Lebewesen, zu denen auch wir Menschen gehören, nur durch Fortpflanzung möglich ist. Diese Fortpflanzung beginnt mit dem Geschlechtsverkehr, und da wir Menschen normalerweise das Lebendigsein lieben, lieben wir auch den Geschlechtsverkehr bzw. wurde uns die Liebe zum Geschlechtsverkehr eingepflanzt. Wir verdanken unser Dasein der Liebe aller unserer Vorfahren zum Geschlechtsverkehr. Von dieser Liebe sei nachstehend kurz die Rede.

Vom Wesen der Liebe zum Geschlechtsverkehr

Zum Wissen vom Wesen des Menschen gehört, daß er unter allen anderen Lebewesen jenes ist, das weitaus am längsten braucht, um selbstversorgungsfähig und selbstverteidigungsfähig zu werden. In urnatürlichen, kulturell also nicht veränderten Lebensverhältnissen kann der Jungmensch nur dann überleben, wenn sich seine Eltern gemeinsam um seine gesicherte existentielle Aufzucht kümmern, und da eine gesicherte Aufzucht über eineinhalb Jahrzehnte hinweg nur in einer dauerhaften partnerschaftlichen Elternbeziehung möglich ist, ist die eineheliche oder monogame Elternbeziehung ein wesentlicher Bestandteil im psychischen Erbgut des Menschen.

Wenn sich die Geschlechter ineinander verlieben, so ursprünglich nicht bloß der Liebe zum Geschlechtsverkehr wegen, sondern auch zur Bildung einer dauerhaften Gesellschaft mit einem Wesen des anderen Geschlechts. Jeder Mensch ist normalerweise sowohl ein Liebhaber der geschlechtlichen Paarung als auch der dauerhaften familiären Gesellung. Im Interesse der richtigen Wesensbestimmung und des richtigen Umgangs mit den hierhergehörenden Wesenheiten sollten diese beiden Arten des Liebens immer gut unterschieden werden, was bisher nicht der Fall ist.

Zweck und Ziel dieser beiden Liebensarten und damit auch des von ihnen bewirkten Empfindens und Verhaltens sind völlig verschieden, und da sie einzelmenschlich auch in verschiedenem Stärkegrad auftreten, unterscheide ich den Menschen mit vorwiegend geschlechtlicher Liebeveranlagung und jenen mit vorwiegend familiärer Liebeveranlagung. Für den Menschen mit nur geringer familiärer Gesellungsliebe absoluter, also nicht umständebedingter, oder relativer, also umständebedingter Art hört beispielsweise die Neigung und Lust zum Geselltbleiben mit dem weiblichen Paarungspartner nach der Ausstoßung der Samenzellen (männlicher Orgasmus) auf, wohingegen der Wunsch und Wille zum Geselltbleiben beim vorwiegend familiär liebenden Menschen auch nach dieser Ausstoßung bestehen bleibt.

Den vorwiegend sexuell liebenden Menschen heiße ich den Geschlechts- oder Sexmenschen. Er will das Geselltsein mit dem Paarungspartner des anderen Geschlechts lediglich bis zu dieser geschlechtlichen Art der Liebebefriedigung, wohingegen der von mir so genannte Familienmensch das fortdauernde Geselltbleiben mit dem gleichen Partner will.

Das organische Reifsein zu dieser Art des geschlechtlichen Liebens zeigt sich beim Mann – wie erwähnt – in der Versteifung des Geschlechtsglieds und in der Ausstoßung der Samenzellen im sogenannten Höhepunkt oder Orgasmus und bei der Frau in der Monatsblutung oder Menstruation.

Da der Lebensgrund das Weiterleben der Arten will, hat er der Geschlechtsverkehrsliebe eine so große durchschnittliche Stärke gegeben. Ohne die Reifung der Geschlechtsorgane gäbe es keine besondere Liebesbeziehung der Geschlechter. Ohne diese Liebesbeziehung wären sie sich weithin gleichgültig, wie dies bei Kastraten der Fall ist. Das Geliebte der Liebenden im Bereich der geschlechtlichen oder sexuellen Liebe ist das Insgesamt der geschlechtlichen Betätigung oder des Geschlechtsverkehrs.

Ab der abgeschlossenen Geschlechtsreifung liegt die unbefriedigte Geschlechtsverkehrsliebe mit zunehmender Begierde »auf der Lauer«, um ein Wesen des anderen Geschlechts zu finden. Ist ein hinreichend reizvolles Exemplar des anderen Geschlechts gefunden, so wird die Annäherung bis zur geschlechtlichen Vereinigung gesucht. Dieser Prozeß findet in verschiedenen, ineinander übergehenden Phasen statt. Vereinfacht läßt sich eine Suchphase, eine Werbungs- und Annäherungsphase, eine Liebesspielphase und eine Vereinigungs- oder Koitusphase unterscheiden. In diesem Annäherungsprozeß ist das Verhalten des weiblichen Geschlechts bekanntlich durch verstecktes Locken gekennzeichnet.

Die Suchphase endet mit dem Gewahrwerden eines hinreichend reizvollen Wesens des anderen Geschlechts. Je paarungsreizender das Wesen des anderen Geschlechts auf den bedürftigen, also den unbefriedigt Liebenden dieser Art wirkt, desto stärker wird der Paarungsappetit und die Vorlust oder Vorfreude. In der folgenden Werbungs- und Annäherungsphase wird der enge leibliche Kontakt gesucht, ab dessen Erreichtsein die Liebesspielphase beginnt, in der insbesondere die tastsinnlichen Reizgeber (Rezeptoren) beim Betasten, Streicheln und Küssen eine Reiz- und Luststeigerung bewirken. In der Liebesspielphase erfolgt sowohl die Enthemmung als auch eine zunehmende Steigerung der Begierde zum Einführen bzw. Eingeführtwerden des männlichen Geschlechtsglieds in die Scheide als Übergang in die Koitus- und Besamungsphase. Die Befriedigung dieser Liebe hat beim männlichen Partner im Mindestgrad stattgefunden, wenn der Ausstoß der Samenzellen in die Vagina hinein erfolgt ist und dann keine Neigung zum Geselltbleiben mehr besteht, wie dies bei allen Einzelgängertieren zu beobachten ist. Nach erfolgter Kopulation zur Besamung des weiblichen Tiers trennen sie sich auf Nimmerwiedersehen. Insoweit ein Mann oder eine Frau ein Geschlechts- oder Sexmensch ist, wird die Kopulation oder Paarung lediglich zum Zweck der Befriedigung der Geschlechtsverkehrsliebe gesucht.

Am Beispiel der Befriedigung der Geschlechtsverkehrsliebe wird das Steuerungsmittel der Luststeigerung zur Erzielung optimaler persönlicher Lebensfülle im ursprünglichen Sinn ganz deutlich. Bei keiner anderen Art des Liebens ist die Befriedigung so lustbetont und wird der Steuerungscharakter der Lustempfindung zur Fortpflanzung als dem Lebensdienlichen so deutlich.

In diesem Zusammenhang sollte genau zwischen Reizgeberzonen und damit Lustentstehungszonen zum Zweck der Befriedigung der existentiellen Folgelieben und jenen zur Befriedigung der geschlechtlichen oder sexuellen Liebe unterschieden werden, was weithin nicht oder nicht hinreichend geschieht. Orale oder am Mund befindliche und anale oder am After befindliche Reizgeberzonen und die daher rührende Lustempfindung (Wollust) gibt es unbezweifelbar schon, seitdem es einen Stoffwechsel gibt, also eine orale oder mündliche Stoffaufnahme und eine anale oder afterliche Stoffabgabe, wohingegen die geschlechtlichen oder sexuell steuernden Rezeptoren erst seit der Entstehung zweigeschlechtlicher Lebewesen entstanden sind. Die After-Wollust oder die anale Libido, wie die Schüler Sigmund Freuds lieber sagen, hat mit der geschlechtlichen oder sexuellen Liebe im Grunde nichts zu tun, sondern lediglich mit der Kotausscheidung als existentiell notwendigem Stoffwechselvorgang. Wenn die Lustempfindung ausschließlich mit der Sexualität oder dem Geschlechtsleben in Verbindung gebracht wird, wird falsch geurteilt.

Die Neigung zur geschlechtlichen Betätigung als Ausdruck der Stärke der Liebe zum Geschlechtsverkehr ist den Menschen bekanntlich in sehr unterschiedlicher Stärke gegeben. So gibt es Männer und Frauen mit angeborenermaßen verhältnismäßig geringer durchschnittlicher Stärke der Liebe zum Geschlechtsverkehr und daneben solche mit immerzu sehr starker (Erotomanie, Dauergeilheit oder permanente Lüsternheit nach geschlechtlicher Betätigung). Der in sehr starkem Grad paarungsbedürftige, also unbefriedigt liebende Geschlechts- oder Sexmensch wird auch als paarungssüchtig bzw. -gierig oder als manns- bzw. als weibstoll bezeichnet.

Für die relative, umständebedingte Stärke dieser Liebe spielt bekanntlich die Art der Ernährung eine Rolle. Immerwährend hungernde oder in anderer Weise existentiell bedrohte Menschen haben im Durchschnitt weniger Begierde oder Neigung zur geschlechtlichen Betätigung, wohingegen jene, die sicher leben und sich üppig ernähren können, häufiger Begierden dieser Art verspüren. In Analogie zu dieser Beziehung spricht man bei Pferden davon, sie steche der Hafer. Dann steigert eine bequeme Lebensweise bekanntlich die Neigung zur sexuellen Betätigung. Der mit der wirtschaftlichen Entwicklung in den Industrienationen entstandene materielle Wohlstand hat da zu einer größeren durchschnittlichen Stärke der Geschlechtsverkehrsliebe geführt, was sich auch in Umwertungen der diesbezüglichen Sittlichkeit oder Moral hin zu größerer Duldsamkeit oder Toleranz in bezug auf sexuelle Praktiken äußert. Ferner können – wie bekannt – gewisse Bäder die sexuelle Begierde stimulieren. Die stärkste umständebedingte Anregung zur geschlechtlichen Liebespraxis geht jedoch von sexuellen Reizen seitens entsprechend appetitanregender Wesen des anderen Geschlechts aus (sog. Sex-Appeal).

In allen Fällen der regelmäßigen Befriedigung der sexuellen Liebe kann man von einem pulsierenden Lieben sprechen. Ab der Befriedigung oder Erfüllung oder Stillung kehrt die Liebe zum Geschlechtsverkehr – je nach Stärkegrad – zunehmend in den Zustand des Unbefriedigtseins zurück mit der Folge der Heißbegierde oder des Heißhungers oder des quälenden Drängens nach Befriedigung.

Befriedigungspraktiken mit Ersatzgeliebten

Erhebliche Unterschiede im sexuellen Verhalten der Menschen gibt es bekanntlich hinsichtlich der Praxis der Liebebefriedigung außerhalb der Vagina. Vor allem beim Nichtfinden einer Paarungspartnerin neigt die männliche Seite neben der Selbstbefriedigung (Masturbation, Onanie) dazu, das Geschlechtsglied ersatzweise überall da hineinzustecken, wo eine leidliche Passung möglich ist. Zu entsprechenden Ersatzbefriedigungen kommt es auf der weiblichen Seite (Dildo). Wegen der gebotenen Kürze der Darstellung wird hier nicht weiter auf diese Praktiken eingegangen. Nur so viel sei abschließend noch bemerkt: Da der Lebensgrund mit dem Geschlechtsverkehr unbezweifelbar die Erhaltung der Art im Sinn hat, die nur durch eine Ausstoßung der Samenzellen in die Scheide erreicht werden kann, stellen nichtvaginale Befriedigungspraktiken für das Steuerzentrum eine mehr oder minder starke Enttäuschung dar, es sei denn, es würde sich beispielsweise um eine angeborene Homosexualität handeln, eine Feststellung, die keine moralische Wertung darstellt.

Das Angemutetwerden der Menschen vom Außen (Welt) und ihr Verhalten aus der Art ihrer sexuellen Liebe und Empfindsamkeit. Die Folgelieben.

Eingeschlechtliche Lebewesen werden vom Außen nur aus dem Vorhandensein oder Nichtvorhandensein von existentiell Nützlichem oder Schädlichem positiv oder negativ angemutet. Finden sie Nahrung, so werden sie positiv angemutet, müssen sie hungern, werden sie negativ angemutet. Gleiches gilt für die sonstigen existentiellen Folgelieben, die sie haben mögen. Da sie nur eingeschlechtlich leben, gibt es für sie die vielen Anmutungen nicht, wie wir Menschen sie aus unserer Zweigeschlechtlichkeit kennen. Seitdem es zweigeschlechtliche Lebewesen gibt, gibt es aus dieser Wesensart ein viel breiteres Feld des Angemutetwerdens, des Beurteilens und des Verhaltens daraus. Je stärker und je weniger befriedigt beispielsweise die Liebe zum Geschlechtsverkehr ist, desto aufmerksamer registriert das betreffende Lebewesen alle Eindrücke aus dem Außen unter dem Gesichtspunkt der Befriedigungs- oder Nichtbefriedigungsmöglichkeit. Bleibt diese Liebe unbefriedigt, so bleibt auch die negative Anmutung und das Verlangen nach einer Veränderung des Außen hin zu einer Positivveränderung (Progressives Verlangen oder Verhalten), und je befriedigter diese Liebe ist, desto geringer ist dieses Verlangen (Konservatives Verlangen und Verhalten). Ein Mensch mit starker und zudem unbefriedigter Liebe zum Geschlechtsverkehr leidet unter einem solchen Mangel um so mehr, je unmittelbarer und je reizvoller ihm sein Paarungsideal vor Augen steht und er zugleich unfähig ist, sich mit einem entsprechenden Pendant in der Wirklichkeit zu paaren. In solchen Fällen starken Hungers und starken Appetits bei gleichzeitiger Nichtbefriedigungsmöglichkeit ist die Potenz zur Gewaltanwendung am größten und führt bei affektiv veranlagten Menschen zu Vergewaltigungen oder gar zu Morden.

Neben der Liebe zum Lebendigsein gingen insbesondere von der Liebe zum Geschlechtsverkehr starke Impulse zur kulturellen Weiterentwicklung aus. Schon bei vielen Tieren lassen sich besondere Verhaltensweisen aus der Liebe zum Geschlechtsverkehr mit kulturellem Charakter erkennen, so beispielsweise bei jenen Laubenvögeln, die farbige Steinchen, Federn oder andere Gegenstände zusammentragen, um dadurch weibliche Tiere in ihre Liebeslauben zur Paarung zu locken. Diese Laubenvögel können als Vorläufer unserer bildenden Künstler gelten und sollten von diesen eigentlich als Wappentiere verwendet werden.

Alle kulturellen Errungenschaften oder Tätigkeiten, die direkt oder indirekt beim weiblichen Geschlecht Eindruck machen, wie dies bei vielen Kunstprodukten, insbesondere im Feld der sinnlichen ästhetischen Künste der Fall ist, kommen aus unbefriedigtem sexuellem Lieben und höherem Empfinden in diesem Liebensbereich. So ist die Geltungsliebe, von der später ausführlicher die Rede sein wird, weithin eine Folgeliebe der Hauptliebe zum Geschlechtsverkehr. In diesem Zusammenhang sei erwähnt, daß bekanntlich viele junge Frauen bereit sind, sich spontan mit berühmten Schlagerkomponisten oder -interpreten ins Bett zu legen. Jede Art des Balzens im weitesten Sinn ist eine Folge unbefriedigter Liebe zum Geschlechtsverkehr. Im Kapitel über die Liebe zur Geltung gehe ich ausführlicher auf diese Phänomene ein.

Durch den Einfluß anderer Arten des Liebens gibt es mehrere Spielarten in der sexuellen Liebenspraxis. So kann die Liebe zum Erleben, von der in einem folgenden Kapitel die Rede ist, eine stilisierende Rolle spielen, beispielsweise dadurch, daß der Geschlechtsverkehr auf dem Schienenstrang beim Herannahen des Schnellzugs ausgeführt wird oder im Hausflur mit dem Reiz des Entdecktwerdens. Ein riechsinnlicher Ästhet mag eine Reizsteigerung bei der Verwendung entsprechender Duftnoten finden, und ein hörsinnlicher Ästhet wird die Richtigkeit der Verszeile unterstreichen: »Viel schöner ist das Kopulieren, wenn Nachtigallen tirilieren.«

Angeborenermaßen gibt es bei manchen ein sehr starkes Potential zum geschlechtlichen Lieben und bei anderen ein bloß sehr geringes, wie schon erwähnt. So kann ohne weitere Beweisführung festgestellt werden, daß die absolute, also die nicht umständebedingte Liebe zum Geschlechtsverkehr der Stärke nach einzelmenschlich in verschiedenen Graden weitervererbt wird. In größeren Populationen wird diese Potenz jedoch in gleicher oder doch nahezu gleicher durchschnittlicher Stärke an die folgende Generation weitergegeben.

*

Vielfach wird aus Unwissenheit nicht richtig zwischen Hunger und Appetit unterschieden. Wichtig ist, zu wissen, daß der Appetit immer vom Geliebten ausgeht bzw. vom Geliebten angeregt wird, wohingegen Hunger auf Geliebtes immer vom Liebenden ausgeht. Beispiel: Eine sexreizende Frau macht einem liebenden Mann dieser Art mehr Appetit auf Geschlechtsverkehr als eine häßliche. So gibt es Appetitmacherinnen und Appetitzüglerinnen sowie Appetitmacher und Appetitzügler. Appetit auf Geschlechtsverkehr mit einer appetitmachenden Frau kann ein Mann aber nur dann und nur insoweit bekommen, als er – bewußt oder unbewußt – schon in sich Hunger auf Geschlechtsverkehr hat, seine diesbezügliche Liebe unbefriedigt ist.

*

Die leibsinnliche Liebe geht nicht bloß durch den Magen bzw. – richtiger ausgedrückt – durch den Gaumen, sondern auch durch die Augen, die Ohren, die Nase sowie die Haut und letztere vor allem im Geschlechtsbereich.

*

Der Geschlechtsverkehrsappetit wird auch dadurch gemehrt, daß ein Wesen des anderen Geschlechts die Ahnung erzeugt, es sei nicht prüde.

*

Die Liebe zur familiären Gesellung oder die familiäre Liebe. Die dritte Hauptliebe

Wenn meine erste Geliebte nicht schon bald nach meinem Michverlieben mit ihren Eltern auf Nimmerwiedersehen fortgezogen wäre, so hätte ich sie nach längerem und besserem Kennenlernen wohl geheiratet und dies zum einen zur regelmäßigen Befriedigung meiner Liebe zum Geschlechtsverkehr, vor allem aber zur Bildung einer familiären Dauergesellschaft als Lebensbund.

Der Mensch stellt – wie zuvor erwähnt – unter allen Lebewesen auch insofern eine Besonderheit dar, als seine Nachkommen nicht bloß wenige Tage, Wochen oder Monate benötigen, um wirtschaftlich selbständig und selbstverteidigungsfähig zu werden, sondern mindestens eineinhalb Jahrzehnte. In freier Wildbahn, in der urnatürlichen Lebensweise also, ist der Nachwuchs des Menschen wegen dieser langen wirtschaftlichen Unselbständigkeit und wegen der Lebensgefahren, die ihm drohen, auf Unterstützung und Schutz angewiesen. Ohne den Schutz und die Fürsorge der Eltern über wenigstens eineinhalb Jahrzehnte hinweg wäre er nicht überlebensfähig. Die Liebe zur familiären Gesellung bewirkt durch die Bildung einer familiären Gesellschaft als Lebensbund diese unerläßliche Fürsorge und diesen Schutz. Ohne die Treue eines Mannes an ihrer Seite würde ein Geschlechtsverkehr mit nachfolgender Schwangerschaft und der Geburt eines Kindes Mutter und Kind im urnatürlichen Dasein der Vernichtungsgefahr aussetzen. Die im Menschen normalerweise in stärkerem Grad angelegte Liebe zur familiären Gesellung im vollfamiliären Sinn verhindert diese Vernichtung und hilft so, den Fortbestand der menschlichen Art zu gewährleisten.

Vom Wesen und von der Stärke der Liebe zur familiären Gesellung

Wie im vorherigen Kapitel schon bemerkt, sind die Liebe zum Geschlechtsverkehr und die Liebe zur familiären Gesellung zu unterscheiden. Während es der Zweck und das Ziel der Liebe zum Geschlechtsverkehr ist, die Befruchtung der weiblichen Eizelle als Voraussetzung der Fortpflanzung zu bewirken, ist der Zweck und das Ziel der Liebe zur familiären Gesellung in erster Linie, für eine gesunde und gesicherte Aufzucht des Nachwuchses zu sorgen. Die familiäre Liebe ist auf das dauerhafte Geselltsein eines Mannes und einer Frau zur Bewirkung und zur Sicherung der Fortpflanzung als dem Geliebten dieser Liebe gerichtet.

Kein Tier weiß, welche Folgen es haben kann oder hat, wenn es sich geschlechtlich paart. Es gehorcht den entsprechenden Lustreizungen mit der Folge, daß die leibliche Vereinigung samt der Ausstoßung der Samenzellen in die Scheide geschieht. Seine Geliebte ist das Erleben starker Lust, das beim männlichen Partner bei dieser Ausstoßung im Höchstgrad geschieht. Rein subjektiv ist auch beim Menschen das Geliebte für den Liebhaber oder für die Liebhaberin der sexuellen Paarung das Wohlgefühl oder die Lust, die beim Geschlechtsverkehr in steigendem Stärkegrad erlebt wird, wohingegen das Geliebte der Liebhaberin oder des Liebhabers der familiären Gesellung rein subjektiv die Freude oder die Lust ist, die bei der Bildung einer familiären Gesellschaft sowie bei deren harmonischer Fortsetzung entsteht und die mit der berechtigten Hoffnung auf eine Eheschließung beginnt.

Parallel zur Geschlechtsreifung entwickelt sich in jedem Menschen unbewußt die Liebe zur familiären Gesellung und Gesellschaft. Wird dann im Außen ein insofern befriedigungsfähiger und darum geliebter Partner des männlichen oder weiblichen Geschlechts gefunden, so tritt eine personell fixierte Zuneigung oder Liebe zur familiären Gesellung mit ihm ein. Sie zeigt sich im Sichsehnen des oder der Liebenden nach der familiären Vereinigung mit dem Wunschpartner. Der bzw. die familiär Verliebte denkt mit Inbrunst an die Geliebte bzw. den Geliebten, findet sie bzw. ihn besonders sympathisch und möchte sich für den Partner bzw. die

Partnerin sowie für die gemeinsamen familiären Aufgaben mit besonderer Hingabe einsetzen. Die so Verliebten finden Äußerungen oder Verhaltensweisen sympathisch, die sie ohne dieses Verliebtsein weniger sympathisch, wenn nicht gar unsympathisch gefunden hätten.

Im Frühstadium der familiären Gesellungsliebe wird die im Unbewußten auch schon vorhandene Liebe zum Geschlechtsverkehr in ihrer Betätigungsneigung um so eher gehemmt, je stärker sich die familiäre Gesellungsliebe als Ausschließlichkeitsliebe in einem Menschen entwickelt. Die Liebe zur familiären Gesellung, zum familiären Geselltsein und Geselltbleiben bewirkt ab ihrer Entstehung eine Veränderung des individuellen Verhaltens mit dem Ziel, die vollfamiliäre Gesellschaft zur Dauerbeziehung wenigstens bis zur eigenfamiliären Verselbständigung des Nachwuchses zu bewirken. Dieses Verlangen nach einer einzelpaarigen Ausschließlichkeitsbeziehung ist nicht das Produkt einer sogenannten falschen »bürgerlichen« (bourgeoisen) Moral, wie dies von manchen Ideologen und ihren Adepten behauptet wurde und wird, sondern ist in den Genen des Menschen genauso angelegt wie bei vielen Tierarten seit deren genetischer Geburt als Art durch eine Mutation. Die einzelpaarige Ausschließlichkeits-Dauerbeziehung der Eltern ist unerläßlich, um im urnatürlichen Dasein das Überleben und damit das Fortbestehen der menschlichen Art zu ermöglichen.

Je stärker die Liebe zur einzelpaarigen Ausschließlichkeitsbeziehung in einem Menschen angelegt ist, desto eher ist er auch ein Verfechter züchtiger Sexualmoral, d. h. eines Geschlechtslebens (Sexuallebens) nur zwischen den einehelich gesellten Partnern und darum auch allem Zotigen oder Schlüpfrigen abhold. Während der primär geschlechtlich (sexuell) liebeveranlagte Mensch zur Untreue neigt, weil ihm der Partnerwechsel eine Genußsteigerung liefert, liebt der primär familiär Liebende die Partnertreue.

Jeder Mensch mit angeborenermaßen stärkerer Veranlagung zum familiären Lieben ist von daher für die Ausschließlichkeitsbeziehung zwischen einer Frau und einem Mann in geschlechtlicher (sexueller) Hinsicht und für die entsprechende Sittlichkeit (Moral). Der so liebende Mann möchte nicht, daß seine Frau mit anderen Männern ins Bett geht, und die so liebende Frau will nicht, daß ihr

Mann mit anderen Frauen schläft. Man möchte den Partner nicht mit anderen teilen, sondern ein Leben lang für sich allein haben. Da nun der Egoismus das Alles-für-sich-haben-und-nicht-mit-anderen-teilen-Wollen ist, kann man im Fall der monogamen Ausschließlichkeitsliebe auch von natürlichem familiärem Egoismus sprechen, der aber – wie gesagt – urnatürlicherweise überlebensnotwendig ist.

Vertreterinnen und Vertreter der familiären Gesellungsliebe, Geselltseinsliebe und Geselltbleibensliebe wollen die Beständigkeit ihrer Beziehung, und dies vermehrt auf der weiblichen Seite, um als Folge der Untreue des Partners im Überlebenskampf nicht allein mit dem Kind oder den Kindern dazustehen. Daher benützen alle Vertreterinnen der stärkeren Liebe zur familiären Gesellung die voreheliche Zurückhaltung im Geschlechtlichen einem potentiellen Partner gegenüber bewußt oder unbewußt als Stärkeprüfung der familiären Liebe und damit auch der Treue. Hält der potentielle Partner der Verweigerungsprüfung vor der Ehe nicht stand, so war seine familiäre Liebe als Grundlage einer Dauerbeziehung nicht stark genug. Männer mit stärker ausgeprägter Liebe zur dauerhaften familiären Gesellschaft bevorzugen ihrerseits daher ein jungfräuliches Wesen.

Die unbezweifelbar weithin genetisch bedingte Veranlagung zur egoistischen einpartnerschaftlichen (monogamen) Beziehung bewirkt entsprechende Verhaltensweisen und Empfindungen, deren bekannteste das Eifern ist (im stärksten Fall süchtiges Eifern oder Eifersucht).

Da der Lebensgrund als tiefster Beweger des Lebenden in der Gestalt der Gene unbezweifelbar die Fortpflanzung der Arten will, ist das Kind und seine lebenstüchtige Aufzucht das eigentliche Ziel und der Zweck dazu die stärkere familiäre Liebe. Diese Liebe bewirkt große Freude, wenn sich Menschen finden, die sich von ihrer Wesensart her dauerhaft zugeneigt sein können, und diese Freude setzt sich bei der Geburt und bei der gesunden Aufzucht von lebenstüchtigen Kindern fort. Daher lieben alle Liebhaber der familiären Gesellschaft auch alle Tugenden, die zur Idealfamilie hinführen, und hassen sie im Stärkegrad ihrer Liebe auch alles, was das ideale Familienleben beeinträchtigt.

Starkes familiäres Leid zeigt sich an einem Kind, das in Verzweiflung nach seiner Mutter schreit, an einer Mutter, die in Verzweiflung nach ihrem Kind schreit, an der Frau, die in Verzweiflung nach ihrem Mann schreit, und an dem Mann, der in Verzweiflung nach seiner Frau schreit; und starke oder große familiäre Freude, starkes oder großes familiäres Freude-Glück entsteht, wenn sich die scheinbar hoffnungslos Getrennten wiederfinden und zusammenkommen.

Da das Kind ohne den Schutz und die Fürsorge der Eltern sofort verloren wäre, liebt es aus seiner existentiellen Liebe oder aus seiner Liebe zum Lebendigsein und Lebendigbleiben in dieser Entwicklungsphase in besonderem Stärkegrad jene, die diesen Schutz und diese Fürsorge gewährleisten: die sich familiär liebenden Eltern. Dies gilt insbesondere für die existentiell empfindsameren Kinder, also vor allem für jene, die auf existentielle Gefährdungen besonders empfindlich reagieren. Je furchtsamer ein Kind in bezug auf seine Existenz ist, desto eher will es Zeichen der Zuneigung jener Menschen spüren und erleben, mit denen es lebt, und zwar in Form von leibsinnlicher Zärtlichkeit (Küssen, Streicheln) mit der Folge der entsprechenden Lustempfindung.

Aus der dritten Hauptliebe zur familiären Gesellung entstehen einige Folgelieben, so beispielsweise jene zum Nestbau als Brutstätte, also zur Schaffung einer geeigneten Wohnstatt mit den entsprechenden Zutaten.

Für alle Menschen mit angeborenermaßen starker Liebe zur familiären Gesellung ist ein harmonisches Familienleben ein hohes Gut und hat einen entsprechend hohen Wert. Die höchste familiäre Lebensfülle oder den höchsten familiären Glückensgrad des Lebens erreichen solche Menschen in einer lebenslang konfliktarmen, vollfamiliären Idealgesellschaft. Insoweit ein Mensch dieser Wesensart dieses Ideal nicht erreicht, sucht er die sogenannte Welt oder die Verhältnisse in Richtung einer Optimierung zu verändern.

Die Liebe zur familiären Gesellung ist einzelmenschlich in unterschiedlicher absoluter Stärke angeboren, in größeren Gruppen jedoch wird sie in ihrer durchschnittlichen Stärke unverändert oder doch nahezu unverändert von Generation zu Generation weitervererbt.

In der Vollfamilie, in jener also mit wenigstens einem Kind, gibt es zwischen den Familienmitgliedern die folgenden Liebesbeziehungen:

- die Liebe des Mannes zu seiner Frau,
- die Liebe der Frau zu ihrem Mann,
- die Liebe jedes Elternteils zum Kind oder zu den Kindern und
- die Liebe des Kindes bzw. der Kinder zur Mutter bzw. zum Vater,

die bekanntermaßen in ihrer absoluten und relativen Stärke sehr verschieden sein und die sich vor allem in der Kinder-Elternbeziehung während der Verselbständigungsphase der Kinder einzelmenschlich in erheblichem Grad verändern können. Zur erforderlichen Abstoßung kann aus der zuvor dominierenden Liebe zu den Eltern Abneigung oder Haß entstehen. Die individuellen Unterschiede in dieser genetisch bedingten Verwandlung sind in den Wörtern »Nestflüchter« und »Nesthocker« gekennzeichnet. In der Phase des Daseins zwischen dem schützenden Elternhaus und der eigenverantwortlichen Selbständigkeit lieben manche das Leben in einer Kommune mit Gleichaltrigen.

Insoweit das Empfinden aus der familiären Liebe ins Gefühls- oder Empfindensbewußtsein tritt, läßt sich diese Liebe am deutlichsten am Leid bei der Trennung oder beim Getrenntsein von anderen Familienmitgliedern erkennen oder aber an der Vorfreude aus der begründeten Hoffnung auf Wiedervereinigung bzw. an der Freude bei der Wiedervereinigung. Eine genaue Bestimmung sowohl der hierhergehörenden Liebensstärke als auch der Empfindensstärke ist schwierig. Zur Erhöhung des Wissenschaftlichkeitsgrads in diesem Bereich ist jedoch eine Verbesserung der Bestimmungsgenauigkeit unerläßlich.

*

Viele, die als Eheleute gescheitert sind, lebenslang an diesem Zerwürfnis leiden und gegeneinander hadern, könnten miteinander befreundet geblieben sein, wenn sie nicht geheiratet hätten. Der richtige Abstand zueinander ist die beste Voraussetzung für das optimale wechselseitige Lieben. Wenn dieser optimale Abstand unterschritten wird, ist früher oder später Abneigung oder Haß in mehr oder minder starkem Grad die Folge.

*

Die kirchliche und/oder standesamtliche Trauung kann eine Gefahr für die Haltbarkeit einer Ehe sein. Manche empfinden im nachhinein eine solche vertragliche Bindung des bloßen Gezwungenseins wegen als Fessel, vor allem dann, wenn Konflikte zwischen den Partnern entstehen.

*

Für die Bildung des geschlechtlichen Reizes oder des »Sexappeal«, wie manche lieber sagen, ist der Eindruck entscheidend, eine Frau oder ein Mann sei nicht prüde und komme ohne viel Umstände »zur Sache«; für die Bildung des familiären Reizes ist der Eindruck entscheidend, ein Mann oder eine Frau sei zuverlässig sowie opferbereit in bezug auf das familiäre Gemeinwohl und lege nicht zu viel Wert auf die ganz persönliche Selbstverwirklichung.

*

Die Liebe zur Geltung

Seit dem Beginn meiner Zuneigung zu jenem zierlichen und so artig auf mich wirkenden Geschöpf mit seinem Puppengesicht war auch insofern eine Veränderung in meinem Verhalten eingetreten, als ich mich wie nie zuvor im Spiegel in der Absicht kritisch musterte, sympathisch auf sie zu wirken. Ich wollte ihr gefallen, ihr Geliebter werden und bei ihr mehr gelten als alle anderen.

Diese Verhaltensänderung kennt jeder. Mit der Liebe zur geschlechtlichen Paarung und zur familiären Gesellung entsteht auch der Wettbewerb der Geschlechter um den besten Paarungspartner sowie einen guten familiären Dauerpartner und als unmittelbare Folge davon die Liebe zur Geltung und Geltungsmehrung. Vor allem die männliche Seite steht unter erhöhtem Wettbewerbsdruck um Mehrgeltung, wie dies auch bei vielen Tierarten der Fall ist, und wirbt oder balzt um den ersten Rang als Meistbegünstigter beim geliebten Geschlechtswesen, um vor allem Alleinbesamer zu werden und zu bleiben.

Die Liebe zur Geltung hat große Bedeutung in den zwischenmenschlichen Beziehungen und für die zwischenmenschlichen Verhaltensweisen. Dieser großen Bedeutung wegen gehe ich hier etwas ausführlicher auf diese Liebe ein.

Vom Wesen der Liebe zur Geltung

Die Liebe zur Geltung ist nicht auf die Geschlechterbeziehung beschränkt. Sie entsteht überall da, wo durch irgendeine Art des Angewiesenseins auf andere und der Nützlichkeit anderer Wert auf eine gute Meinung über sich gelegt wird. Man möchte geschätzt werden und dadurch gesellschaftsfähig sein, einen guten Ruf haben. Wenn wir Menschen gesellschaftsautarke Wesen sein könnten, wie dies bei allen Einzelgängern der Fall ist, dann entstünde in unseren Gehirnen auch keine Liebe zur Geltung. Da der Mensch aber in mehrfacher Hinsicht ein Gesellschaftswesen ist, spielt die Geltungsliebe in der Skala seiner Lieben eine so große Rolle.

Geltung oder eine positive Meinung anderer über sich beginnt mit dem positiven Beachtetwerden durch andere, mit der Nichtgleichgültigkeit bei jenen, mit denen man zum eigenen Nutzen verbunden sein möchte. Darum ärgern sich all jene, die beachtet werden wollen, wenn sie von anderen nicht beachtet werden. Wer einen anderen keines Blickes würdigt, ihn als »chose négligeable« behandelt, wie Franzosen sagen, der zeigt damit, daß er für ihn keinen Wert hat, er für andere keine Bedeutung hat, er bei anderen keine Geltung besitzt.

Schon Kleinkinder wollen bei den Eltern Aufmerksamkeit für sich erregen und von diesen geschätzt werden, und schon früh lassen Kinder auch Zeichen der Rivalität mit Geschwistern um die Geltung bei den Eltern erkennen. Dieser kindliche Wettbewerb um das Beachtetwerden und um die Geltung bei jenen, von denen die eigene Existenz abhängt, wird aus der Furcht gespeist, man könnte existentiell benachteiligt werden und im Daseinskampf zu kurz kommen. Die kindliche Geltungsliebe hat für die Zuneigung zu einem Elternteil oder zu den Eltern insofern große Bedeutung, als viele Kinder schon in jungen Jahren auf ihre Eltern stolz sein und mit ihnen bei anderen Eindruck machen wollen.

Die vielen Arten der Geltungsliebe

Frühe Arten und Formen des Geltungsdrangs aus der Liebe zum anderen Geschlecht sind die Albernheit im Verhalten oder das auffällige Sichbewegen und Schreien. In Ermangelung besserer Möglichkeiten wird der Jüngling oft ein Angeber oder Aufschneider.

Das mit der Geschlechtsreifung wachsende Geltungslieben können Vierzehnjährige nur ersatzweise befriedigen. So kommt es zur Altklugheit, zur Geschwollenheit im Sichgeben oder Sichausdrücken, zur Wichtigtuerei und Prahlerei. In diesen Formenkreis gehören auch Spinnereien und Verstiegenheiten, skurrile oder deftige Verhaltensweisen, um auf sich aufmerksam zu machen. Bekannte Beispiele dieser Arten des Imponiergehabes sind ausgefallene Haar- und Kleidermoden oder das Nachahmen berühmter Erwachsener, wie des Rock-Idols Elvis Presley. Durch äußere Anpassung eifert man jenen nach, die beim anderen Geschlecht schon besonderen Eindruck machen und etwas gelten. Der anpasserische Angeber oder Aufschneider möchte überall da dabeisein, wo avantgardistische Modernität der schrilleren Art geboten und als Lebensstil zur Schau getragen wird. Vertreter dieser primitiveren Art ahmen gern auch Fremdes und Fremdartiges nach, um Eindruck zu machen und aufzufallen, häufig aus einem sogenannten Minderwertigkeitskomplex. Auch die Vornehmtuerei kommt schon in einem frühen Stadium des Geltungsliebens vor. Der vornehmtuerische Angeber, Aufschneider oder Geltungsstreber bedient sich mit Vorliebe einer gespreizten, gekünstelten Sprech- und Verhaltensweise und benützt Fremdwörter, obgleich bestgeeignete Wörter in der eigenen Sprache zur Verfügung stehen. Ein typisches Beispiel für diese Praxis aufschneiderisch-vornehmtuerischen Verhaltens aus entsprechendem Geltungsdrang bei den Deutschen ist die gerade grassierende Benützung des Wortes »Situation« anstelle von »Lage«. Um gebildeter zu erscheinen, spricht kaum mehr einer von einer schwierigen Lage, sondern statt dessen nur noch von einer schwierigen Situation. Der Anpassungsdruck aus der Herdentiermentalität der meisten sorgt dafür, daß alle hinterdreinreden, um nicht »aus der Reihe zu tanzen«. Diese Feststellung hat mit sprachlicher Deutschtümelei nichts zu tun, sondern allein mit der Entlarvung dieser Art der vornehmtuerischen Geltungsstreberei aus Mindergeltensgefühl.

Ein hierhergehörendes Verhalten ist auch die Widersetzlichkeit. Aus der pubertären Trennungsneigung von den Eltern wird man widersetzlich gegen alles vorgeblich Vorgesetzte, Hierarchische, das für ein Hindernis im Bestreben nach der Mehrung der eigenen Geltung gehalten wird, vor allem dem anderen Geschlecht gegenüber. Der sogenannte Generationenkonflikt entsteht insbesondere aus einer starken Geltungsliebe. Alles Stänkerische oder Querulatorische kommt aus dieser Wurzel.

Eine weitere Spielart des Geltungsliebens ist das Geltungsschwindeln. In diese Gruppe gehören das sogenannte Jägerlatein oder das Seemannsgarn, das Erzählen von Heldentaten in aufgebauschter Art, die falsche Wahrsagerei und Wundererzählerei, das »fromme« Lügen oder beispielsweise die Behauptung junger Leute, einen Freund oder eine Freundin zu haben, obgleich dies nicht wahr ist.

Ein ähnliches Verhalten aus dem Geltungslieben ist das Prahlen oder Protzen, beispielsweise die Potenzprotzerei oder das Aufschneiden als Frauenheld. Hierher gehört auch das Protzen mit sogenannten Statussymbolen wie schnellen oder teuren oder stilistisch auffallenden Autos, mit prunkvoll gebauten und eingerichteten Eigenheimen oder teuren Einrichtungsgegenständen, ferner das betonte Zurschaustellen von Orden und Titeln, von teurem Schmuck oder teuren Kleidern oder schönen Frauen als Ehefrauen oder als Freundinnen. Der Protz will zeigen und in betonter Weise zur Schau stellen, was er an Imposantem besitzt. Prototyp dieser Art der Geltungsliebe ist der sogenannte Neureiche.

Andere Formen des Imponiergehabes aus stärkerem Geltungslieben sind das Geheimnisvolltun oder Hineingeheimnissen, das Schulmeistern, die Anmaßung, das Moralisieren, der leere Reformismus oder die leere Alternativität. Auch der Schwätzer oder der verbale Radikale will aus Geltungsliebe beeindrucken.

Auch das Heilslehrertum und Heilsbotschaftertum und der Wille, sich mit vorgeblich Erleuchteten gesellen oder deren Jünger sein zu wollen, gehören in diesen Formenkreis. Das Streben nach vorgeblich Höherem ist zumeist ein Kind besonderen und stärkeren Geltensdranges. Als ein Beispiel dieser Art der Geltungsliebe sei die folgende Leserzuschrift an ein Nachrichtenmagazin[1] zitiert:

»Gibt es Gott? Eine sehr gute Frage angesichts der Zustände auf dieser Welt. Als Mystikerin, begnadet durch zahlreiche übersinnliche Erlebnisse, muß ich sagen: Ja, trotz allem. Gott ist

1 DER SPIEGEL, Ausgabe 44/1988.

unser Wissen über die Anfänge dieses Universums völlig schnuppe.

Renata Leuffen, Kulturschaffende, Philosophin.«

Ein interessantes Dokument für den engen Zusammenhang von starkem Geltungsdrang aus entsprechendem Geltungslieben im sozusagen »geistigen« Bereich, finden Sie nicht auch, meine Leserin oder mein Leser? Da ernennt sich ein weibliches Wesen aus dieser Art »Geistigkeit« zur Mystikerin, zur Begnadeten, zur Kulturschaffenden sowie Philosophin und dokumentiert zugleich ihre Unfähigkeit, zu denken. Diese Mischung aus hohem Geltungsanspruch und oft großem Dünkel daraus sowie erheblicher Beschränktheit in der Denkfähigkeit ist weit verbreitet.

Viel Wille zum Herausgehobensein aus starker Geltungsliebe manifestiert sich auch im religiösen Bereich. So sagte beispielsweise der Kirchenlehrer Johannes Chrisostomos (354–407): »Das Predigen macht mich gesund.« Dieses Gesundwerden entstand durch das Befriedigen einer sehr starken klerikalen Geltungsliebe, die offenkundig so stark war, daß sich der gute Kirchenlehrer Chrisostomos schon krank fühlte, wenn er sie durch Predigen nicht befriedigen konnte. Vielfach ist das Predigenkönnen zu einer andächtig lauschenden Menge von der Kanzel herab als einer Art des Befriedigenkönnens eines starken Geltungsdrangs aus entsprechender Geltungsliebe das Motiv hinter einem vorgeblichen Sich-gerufen- oder Sich-berufen-Fühlens zum Geistlichen.

Geltungsliebende möchten über sich sagen hören, man sei großartig, um sich sagen zu können, man sei ein großartiger Kerl. Nicht selten weisen noch die Arten und Inschriften von Grabdenkmalen auf den starken Geltungsdrang von Verstorbenen oder von deren Angehörigen hin.

Die Abwertung von Geltungskonkurrenten zur Befriedigung der eigenen Geltungsliebe

Der Anblick von Geltungskonkurrenten ist für Geltungsstreber aus stärkerer Geltungsliebe um so unbehaglicher, je stärker und je unbefriedigter die eigene Geltungsliebe ist. Aus diesem Grund ist der Geltungsverlust oder die Geltungsminderung von Wettbewerbern in diesem Feld immer ein relativer Geltungsgewinn und darum wohltuend, erfreulich, Schadenfreude im Geltensbereich bewirkend, was man natürlich nicht offenbart, wenn eine solche Offenheit einem schaden könnte. Niemand möchte das eigene Ansehen oder Gelten, das eigene Prestige mindern oder sich gar lächerlich machen, doch im Stärkegrad der eigenen und unbefriedigten Geltungsliebe möchte man, daß sich die Geltung oder das Ansehen von Wettbewerbern mindert oder daß sie sich lächerlich machen.

Diese Zusammenhänge sind bekanntlich nicht nur ein weites Feld für die Entstehung von Belustigungen oder Vergnügen (der Tölpel oder der dumme August in aufschneiderischer Bekleidung), sondern sie spielen auch im Bereich der Politik eine bedeutende Rolle. Ein großer Teil der menschlichen Neugierde in bezug auf das Tun oder Lassen anderer – insbesondere von Prominenten – und der diesbezügliche Klatsch kommt aus unbefriedigtem Geltungslieben, das überall nach Entdeckungen sucht, um andere abwerten zu können und dadurch selbst relativ aufgewertet zu werden. So braucht man in Gesprächen oder bei anderen Gelegenheiten nur etwas in die Vorstellung anderer zu bringen, was anderen in ihrem Ansehen, ihrem Prestige oder in ihrer Würde schadet, um zufriedene Mienen, wenn nicht gar schallendes Gelächter als Ausdruck der Schadenfreude gemäß dem Sprichwort zu bewirken: »Wer den Schaden hat, braucht für den Spott nicht zu sorgen.« Der Geltungsneid, der anderen keinen Vorteil gönnt, ist auch ein unversiegbarer Quell der Kraft in der politischen Auseinandersetzung. Die Kabarettisten leben auch davon. Sie leben von der Herabsetzung von Politikern, weil dies bei allen Neidern ankommt. Auch die Entrüstung im Feld der Moral entspringt vielfach einer unbefriedigten Geltungsliebe und dem Wunsch nach der Abwertung anderer zur eigenen Befriedigung.

Bei der Beurteilung derartiger Praktiken muß Recht und Unrecht gut unterschieden werden. Zu den unberechtigten Praktiken gehören die unbegründete und darum unberechtigte Rufschädigung bis zum sogenannten Rufmord, die unberechtigte Schmähung, Verhöhnung, Verleumdung oder Ehrabschneiderei sowie das unberechtigte Stänkern oder Nörgeln. Berechtigte Kritik in den Formen Satire, Ironie oder Sarkasmus dient dagegen der Entlarvung oder Bloßstellung unberechtigter Höhergeltung.

Eine besondere Art der Befriedigung einer sehr starken und unbefriedigten Geltungsliebe sind Attentate auf Berühmte in der Kunst oder in der Politik, wie beispielsweise auf John Lennon oder Präsident Reagan. Sie werden insbesondere von jungen Männern in der sogenannten spätpubertären Phase verübt, in der der Neid auf Mehrgeltende aus entsprechend empfindlicher Geltungsliebe besonders stark ist.

Aus dem immerwährenden Wettbewerb unter den Geltungsliebenden sucht jeder alles zu vermeiden, was seiner Geltung, seinem Ansehen, seiner Würde in den Augen seiner Mitmenschen abträglich sein könnte. Insbesondere die empfindlichen Liebhaber oder Liebhaberinnen im Bereich der Geltung, also die Geltungsallergischen, Würdepedantischen oder Ehrenkäsigen, hassen deshalb jeden Klatsch, mit dem Nachteiliges über sie verbreitet werden könnte. Auch die Scham ist ein Kind der Liebe zur Geltung. Wenn sich ein Mensch schämt, so deshalb, weil er etwas getan hat, das ihn in den Augen anderer herabsetzt. Besonders würdeempfindliche oder geltensempfindliche Bereiche sind der Analbereich und der Geschlechtsbereich, was auch darin zum Ausdruck kommt, daß man jene, denen man schaden möchte, als »Arschloch« bezeichnet und daß man vom Intim- und Schambereich spricht. Wir gehen allein aufs »stille Örtchen« und schließen die Tür hinter uns zu, um beim Wasserlassen oder beim Koten nicht beobachtet und dadurch in unserem Würdeempfinden beeinträchtigt zu werden. Gleiches gilt fürs Schlafzimmer, wenn damit der Ort des Geschlechtsverkehrs gemeint ist. In Kriegen werden Feinde oftmals dadurch entwürdigt, daß man deren Frauen vergewaltigt oder daß man Gefangene schändet. So haben Türken bei der Belagerung Wiens gefangene österreichische Offiziere als Repräsentanten ihrer Feinde dadurch entwürdigt, daß sie diese durch Analverkehr massenhaft gefoltert haben.

Die Prüderie kann eine Folge übergradiger Würdeempfindlichkeit im Schambereich, aber auch scheinheiliger Schamhaftigkeit und Züchtigkeit sein.

Die intellektuelle Angeberei und Aufschneiderei

Liebe zur Geltung und ein entsprechender Geltungsdrang zeigen sich auch in intellektueller Angeberei und Aufschneiderei, wie man sie nicht selten bei prominenten Intellektuellen und in der Schar ihrer Bewunderer findet. Kennzeichnend für diesen Typus ist der wichtigtuerische Schein-Gelehrte und Begründer einer intellektuellen Mode samt dessen Schülern oder Schülerinnen. Arthur Schopenhauer meint zu solchen Fällen:

> »In den Wissenschaften (oder in Ideologien, der Verfasser) will jeder, um sich geltend zu machen, etwas Neues zu Markte bringen. Dies besteht oft bloß darin, daß er das bisher Richtige umstößt, um seine Flausen an die Stelle zu setzen. Bisweilen gelingt es auf kurze Zeit, und dann kehrt man zum alten Richtigen zurück.«[1]

Dunkle und darum für Beschränkte besonders bedeutsam erscheinende Sprüche, Geistreicheleien oder scheinbar geistreiche Phrasen sind hier typische Ausdrucksformen. In weise scheinenden Sprüchen, in sogenanntem »Tiefgeschwätz« oder Weisheitskitsch versuchen solche »Gurus«, ihrem andächtig und bewundernd lauschenden oder lesenden Publikum zu imponieren. Sie vermögen damit all jene zu beeindrucken, die sich aus Beschränktheit in der Denkfähigkeit von solchem Glitzern blenden lassen. Vertreterinnen oder Vertreter dieser »geistigen« Variante des Geltungsdrangs sprechen dann auch gern von »geistigen«

---

1 Arthur Schopenhauer; Sämtliche Werke, Herausgegeben von Wolfgang Frhr. v. Löhneysen, Band 5 »Parerga und Paralipomena«, Wissenschaftliche Buchgesellschaft Darmstadt 1965, S. 592.

oder »höheren« Dingen oder Welten, denen sie sich verwandt oder zugehörig fühlen.

Die gesellschaftliche Geltungsliebe

Die Liebe zur Geltung kann auch in gesellschaftlicher Art in Erscheinung treten, beispielsweise in familiärer oder in nationaler Art.

Im familiären Bereich gibt es das Hochstilisieren der eigenen Familie als sogenannte »bessere« Familie, auch durch das spekulative Verklären oder Überrühmen von prominenten Angehörigen oder durch das Herausstellen von Nobilitätsmerkmalen, wie Ahnengalerien oder von Familienwappen oder von langen Ahnenreihen mit berühmten Mitgliedern. Dann gibt es Mütter und Väter, die ihre persönliche und familiäre Geltungsliebe mit deutlichen Hinweisen auf die Begabtheit von Kindern zu befriedigen suchen.

Zur volklichen oder nationalen Geltungsliebe gehört die Behauptung von einer angeblichen Auserwähltheit des eigenen Volks als Gottesvolk, wie es bei Juden der Fall ist, oder die Kennzeichnung der eigenen Nation als »Grande Nation«, wie man es von Franzosen kennt. Das besondere Betonen oder Hervorheben volklicher oder nationaler kultureller Leistungen ist für diese Art der Geltungsliebe ebenso kennzeichnend wie das Bevorzugen der eigenen Leute zum Nachteil anderer.

Ein Produkt der starken durchschnittlichen Liebe zur Geltung, die für den Menschen kennzeichnend ist, ist auch die Behauptung, der Mensch sei ein Ebenbild Gottes oder er sei weit mehr als die Tiere, da nur er eine »Seele« habe. Hierher gehört auch die Behauptung, mit dem Menschen habe es eine besondere, höhere Bewandtnis, er sei die Krönung oder der Endzweck der Schöpfung oder der Evolution (Anthropozentrismus).

Zu diesem Formenkreis der gesellschaftlichen Geltungsliebe läßt sich auch die moralische Abwertung der sogenannten Kapitalistenklasse zugunsten des sogenannten Proletariats durch Karl Marx rechnen, deren pauschale Diffamierung als Ausbeuter und Schmarotzer, Ehebrecher und Diebe oder die pauschale Verleumdung der Hohepriester, der Schriftgelehrten, Rabbiner und orthodoxen Gläubigen im jüdischen Volk als Otterngezücht und übles Pack durch Jesus.

Da das Ärmersein als andere auch als unverdientes Mindergelten empfunden wird, hat der materielle Vermögensunterschied bekanntermaßen eine große politische Bedeutung erlangt.

Die Geltungsliebe beim weiblichen Geschlecht

Die Liebe zur Geltung ist in vielerlei Ausprägungen auch beim weiblichen Geschlecht zu finden. Wenn sie da im Kindesalter noch ganz dem Bedürfnis nach der Erhaltung und der Sicherung des eigenen Lebens entspringt, wird sie ab der Geschlechtsreife in erster Linie ein Antriebsmittel bei der Absicht, die »beste Partie zu machen«, wie man früher zu sagen pflegte, oder aber, sich in anderer Weise zu profilieren.

Die Freude und der Stolz, die sich bei jenen Mädchen zeigen, die schon früh einen Freund haben und sich mit diesem zeigen können, sind ein Zeichen insoweit befriedigter Geltungsliebe. So sind auch das Nichtbefreundetsein mit einem Mann und das Nichtverheiratetsein bei entsprechenden Geltungsliebenden ein immerwährender Stachel im Gemüt. Schmuck und schöne Kleider sind insbesondere aus Geltungsliebe beliebt. Das Sich-schmücken-Wollen kommt aus dem Gefallen-Wollen, um einen möglichst ansehnlichen und geschätzten oder gar berühmten Mann als Partner zu finden. In genauer Entsprechung zum männlichen Geschlecht entsteht beim weiblichen ein Wettbewerb um die Gunst des männlichen, eine Konkurrenz oder Rivalität um den günstigsten Paarungs- und Ehepartner.

Je ansehnlicher und angesehener ein Mann ist, desto eher ist er in der Lage, entsprechende weibliche Geltungsliebe zu befriedigen. Eitelkeit in bezug auf das »Wie« oder »Was« des Mannes an ihrer Seite im Spiegel der Meinung der Mitmenschen ist ein im Durchschnitt des weiblichen Geschlechts hervorragendes Motiv für die Stärke der Zuneigung. Es gibt viele Frauen, für die das Gelten ihres männlichen Partners in der Gesellschaft eine entscheidende Voraussetzung für sexuelle Genußfähigkeit ist. Das mögliche Berühmtwerden, Berühmtsein oder das mögliche Noch-berühmter-Werden eines Mannes fördert die Zuneigung der Geltungsliebenden stärker als alles andere. Sie »fliegen« auf potentiell oder effektiv Berühmte »wie die Bienen auf den Nektar«. Welche Wirkungen besondere Leistungen im Sport, in den Künsten, in der Politik, der Wissenschaft oder in anderen Bereichen bei entsprechenden Geltungsliebenden bewirken können, das wird an den vielen Verehrerinnen deutlich, die sich an solche Männer heranmachen, sich schriftlich oder mit anderen Mitteln um die Bekanntschaft oder Freundschaft mit diesen bemühen, mit einem solchen ins Bett gehen oder viele Kinder mit ihm bekommen wollen. Nicht wenige Frauen haben Mann und Kinder verlassen, um sich mit einem Berühmteren zu verbinden, immer mit »Liebe« im Sinn von edler Zuneigung motiviert. In Wahrheit ging es um die Befriedigung von unbefriedigter Geltungsliebe. Insoweit ein Mann Ruhm verkörpert, liebt ihn eine Geltungsliebende aus ihrer Geltungsliebe. So verdanken viele ihr Dasein der Geltungsliebe ihrer Mutter, die durch das Zusammensein mit einem Berühmten befriedigt wurde.

Beispiele der Geltungsliebe auf der weiblichen Seite sind auch jene Mütter, die ihre Kinder unbedingt zu Wunderkindern in irgendeinem Bereich machen wollen und weder Mühe noch Aufwendungen scheuen, um dieses Ziel zu erreichen.

Der Leistungsehrgeiz als Art der Geltungsliebe

Neben der Formengruppe der minderbemittelten oder auch mehrbemittelten Angeberei oder Aufschneiderei sowie des Trotzes gibt es jene Geltungsliebe, die man die des Strebens nach Leistungsgeltung nennen kann. Es ist die Art der Geltungsliebe, die von jenen repräsentiert wird, die sich bleibendes Ansehen, bleibende Geltung oder bleibenden Ruhm erwerben durch die Schaffung geschätzter und fortwirkender Werte nach dem Ausspruch Faustens: »Es kann die Spur von meinen Erdentagen nicht in Äonen untergehn«, wie z. B. geniale Künstler, Staatsmänner, Erfinder, Wissenschaftler oder auch Freiheitshelden. Auch Höchstleistungen im Bereich des Sports können hierzu gerechnet werden. Je mehr Leistungen der Allgemeinheit zugute kommen oder die Allgemeinheit wegen ihrer Außergewöhnlichkeit beeindrucken und je weniger sie mit Geld abgegolten wurden oder werden, sie also große Geschenke an eine bestimmte Gesellschaft oder die Allgemeinheit sind, desto größer ist der Leistungsruhm, den sie begründen oder erhalten.

In dieser Form stellt die Geltungsliebe eine erstrangige Kraft zur Schaffung von kulturellen, politischen oder anderen Höchstleistungen dar. Auch in Herrschergestalten hat sie eine große Antriebsrolle gespielt und damit auch eine bedeutende Rolle in der Menschheitsgeschichte. Was da weithin aber als Größe im Sinne von Erhabenheit oder Übermenschlichkeit gewertet wird, ist gewöhnlich nichts anderes als eine Folge starker oder gar sehr starker und insoweit unbefriedigter Geltungsliebe. So wollte beispielsweise Friedrich II. von Preußen, genannt der Große, seinen Namen in den Gazetten lesen, also seiner Mitwelt imponieren. Die von ihm bewirkte Geschichte Preußens war auch ein Produkt seiner Geltungsliebe. Der Geist Friedrichs und der anderer Geschichtsgrößen war nicht der Weltgeist bzw. sein Wirken, sondern unbefriedigter Geltungsdrang aus starker Geltungsliebe. Die Geltungsbedürftigkeit macht die Geltungsliebe, und diese den Geltungswillen oder Geltungsdrang, und dieser ist ein erstrangiger Bewirker der kulturellen Entwicklung in vielen Arten.

Wie schon im Abschnitt über die geschlechtliche Paarungsliebe ausgeführt, können solche Leistungen auch als besondere Arten des Balzverhaltens angesehen werden. Was auch als Sublimierung der (genitalen) Liebe bezeichnet wird, das ist der Versuch des Sich-werter-Machens und damit zugleich Geliebtwerdens-werter-Machens seitens des männlichen Geschlechts dem weiblichen gegenüber durch öffentlich anerkannte Leistungen. Bekanntlich sind Kastraten unfähig zu kulturellen Hochleistungen. Der sogenannte »Geist« kommt also aus den Hoden. Mit den Hoden verschwindet jeder »geistige« Höhenflug, weil damit der Antrieb zum Imponierenwollen dem weiblichen Geschlecht gegenüber verschwindet.

Das Gegenteil der starken Geltungsliebe ist die schwache Geltungsliebe oder die Geltungsbescheidenheit. Je schwächer die Geltungsliebe ist, desto eher kann ein Mensch über sich selbst lachen. Die Geltungsbescheidenheit ist kennzeichnend für den Humorvollen, der »sich selbst zum Besten halten kann«, wie sich Goethe ausdrückt. Die Unbeliebtheit des Humorlosen kommt aus dessen Ansprüchlichkeit im Bereich der Geltungsliebe.

Je größer die Geltungsliebe ist, desto geringer ist potentiell die Fähigkeit zur Selbstkritik. Sobald die Kritik seiner selbst eine Minderung des Selbstwertgefühls bewirkt oder eine Minderung des Befriedigtseinsgrads der Geltungsliebe, wird sie entweder nicht bewirkt oder diese Konsequenz verdrängt. Es gibt eine Beschränktheit in der Fähigkeit zur Selbsterkenntnis aus Eitelkeit.

Je empfindlicher ein Mensch im Bereich des Geltungsliebens ist, desto ehrenkäsiger, mimosenhafter, humorloser ist er.

Je stärker und je weniger befriedigt die Geltungsliebe in einem Menschen ist, desto befreudbarer, aber auch beleidbarer ist er in dieser Hinsicht. Er beobachtet das Außen ständig unter dem Gesichtspunkt der Nützlichkeit oder Schädlichkeit für sein Gelten. Sein Gefühlsbewußtsein und auch sein Denkbewußtsein, insoweit er zu letzterem fähig ist, werden ganz von seinem Geltenswillen und dessen Schicksal bestimmt. Für einen Menschen mit sehr starker Geltungsliebe sind das weltweite Bewundertsein und Berühmtsein die höchsten Güter und die höchsten Werte.

Die Liebe zur Geltung ist einzelmenschlich bekanntlich in verschiedenen Stärkegraden ausgebildet. Beim Geltungssüchtigen ist sie unersättlich.

Die Liebe zur Geltung ist eine Folgeliebe aus allen Hauptlieben. Der Mensch möchte seine Geltung sowohl zur Besserbefriedigung seiner existentiellen als auch seiner geschlechtlichen als auch seiner familiären Liebe mehren. Als Folgelieben der Liebe zur Geltung können vielfach auch die Liebe zu materiellen Gütern und die Liebe zur Macht bezeichnet werden. Es gibt Männer und Frauen, die sich nur zur Befriedigung ihrer Geltungsliebe für ihre Geldmehrung und ihre Machtmehrung interessieren.

*

Eitle Frauen möchten einen Vorzeigemann finden, einen, mit dem sie ihre Geltungsliebe dieser Art befriedigen können. Aus diesem Grund und zu diesem Zweck lieben sie ihn. Doch diese Liebesbeziehung währt nur so lange, als der Vorzeigemann diese Befriedigung ermöglicht. Kann er diese »Leistung« für sie nicht mehr erbringen, so stirbt diese Art Liebesbeziehung.

*

Beispielhaft für den gesellschaftlichen Wertewandel im Bereich des Geltens sind die Wertsteigerungen, die Unterhaltungskünstler im Zuge der allgemeinen Wohlstandsmehrung erfahren haben. Früher hielt man sie zur Belustigung als Narren bei Hofe, weil man da viel Geld und viel Langeweile hatte, heute jedoch sind sie die Lieblinge von Herrn und Frau Jedermann, die nun viel Langeweile und zudem viel Geld haben. Ein berühmter Schauspieler oder ein anderer berühmter Künstler erfährt heute bei seinem Tod mindestens ebensoviel Beachtung und Würdigung wie ein großer Politiker.

*

Die Liebe zu materiellen Gütern

Im Alter von etwa vierzig Jahren lernte ich eine Frau kennen, die mich in anderer Weise reizte als jenes süße kleine Mädchen mit seinen strahlenden blauen Augensternen von damals. Sie war in ihrem Auftreten, in ihrer Kleidung und in anderen äußeren Merkmalen ganz damenhaft. Unser Bekanntwerden geschah rein zufällig. Durch die Umstände kam ich in einem Speiselokal an einem kleinen Tisch ihr gegenüber zu sitzen und dadurch zu einem Gespräch mit ihr. Dabei stellte sich auch heraus, daß wir gemeinsame Bekannte hatten. Mein Interesse, mit ihr bekannt zu werden, wurde immer stärker, und so geschah es dann, daß sie einer Einladung folgte und wir uns des öfteren trafen. Doch je länger die Bekanntschaft währte und je besser ich sie in der Folge kennenlernte, desto deutlicher wurde, worauf sie es in erster Linie abgesehen hatte: aufs sogenannte Materielle. Sie bot das Damenhafte im Stil sowie die Kopulationsbereitschaft und wollte dafür einen vorzeigbaren und zahlungskräftigen Mann als Ehemann haben, genau wie jenen, den sie zuvor gehabt, überlebt und beerbt hatte.

Vom Wesen der Liebe zu materiellen Gütern

In mehr oder minder starkem Grad lieben wir alle das sogenannte Materielle in der Form von Geld oder von anderen mobilen oder immobilen materiellen Vermögenswerten. Das Geliebte dieser Liebe ist das Eigentum an diesen Gütern, die deshalb so beliebt sind, weil das Eigentum oder die Verfügungsfähigkeit über sie Kaufmacht verleiht, Kaufmacht über alles Käufliche, und das ist bekanntlich nicht wenig. Mit Geld können alle käuflichen Güter erworben werden, so auch Arbeitsleistungen und in gewissem Umfang sogar Gesundheit, und da wir uns mit solchen Gütern im

Leben insgesamt besser stellen, sprechen wir auch vom Wohlstand als einem Zustand der Wohlbefindlichkeit durch Wohlhabenheit. Mit dem Grad des materiellen Eigentums oder des Reichtums an materiellen Gütern ist bei vielen Menschen immer auch eine bestimmte Gemütsbefindlichkeit verbunden. Materielles Vermögen ist ein Glücksgut, nach dem die meisten Menschen immer gestrebt haben und nach dem sie heute in besonders starkem Grad streben. Zu dieser Liebe meint das Gretchen im »Faust«:

> Am Golde hängt
> nach Golde drängt doch alles,
> ach wir Armen,

und den armen, aber großen Liebhaber dieser Art läßt Goethe in seinem Gedicht »Der Schatzgräber« sagen:

> Arm am Beutel, krank am Herzen,
> Schleppt ich meine langen Tage.
> Armut ist die größte Plage,
> Reichtum ist das höchste Gut!

Die Liebe zu materiellen Gütern läßt sich schon sehr früh in der Menschheitskultur nachweisen. Ein Ausdruck und Symbol dieser Liebe ist der biblische Tanz um das Goldene Kalb. Vor der Erfindung und Einführung des Geldes waren tauschbare Vorräte Formen materieller Güter. Ein Ausdruck für materielle Vermögenswerte sind bis heute auch die Mitgiften bei Eheschließungen. Eine Art der Mitgift ist bei Eingeborenen in Afrika die Wohlbeleibtheit von Frauen. Um das materielle Vermögen beim Heiraten nicht zu mindern, haben wohlhabende Eltern früher ihre Kinder schon im Kindesalter verheiratet. So wurde verhindert, daß sie auf »dumme« Gedanken kamen und ein Kind armer Leute heirateten, wie es heutzutage aus romantischem Verliebtsein nicht selten vorkommt.

Eroberungskriege sind weithin zur Mehrung der materiellen Güter geführt worden. Die Beute waren dann Ländereien oder Bodenschätze oder Kunstschätze oder andere materielle Schätze.

Die Liebe zu materiellen Gütern hat in der Menschheitsgeschichte eine große Rolle gespielt. Sie war weithin eine Geschichte der Befriedigungsversuche oder der Befriedigung dieser Liebe, bis hin zu den sozialistischen und kommunistischen Bewegungen, und nicht das Wirken eines sogenannten Weltgeists.

Wohlhabenheit beginnt, wenn der Mensch mehr an materiellen Vermögenswerten erwirbt oder erzeugt, als er verbraucht. Kern der sittlich einwandfreien Erwerbstüchtigkeit dieser Art ist die Arbeit, der Arbeitsfleiß einerseits sowie die Sparsamkeit andererseits, ferner der Einfallsreichtum in bezug auf die Steigerung der Arbeitsproduktivität. Im Bestreben, seine materiellen Güter zu mehren, hat der Mensch schon immer »die Welt verändert«.

Die Liebe zu materiellen Gütern als Folgeliebe

Die Liebe zu materiellen Gütern ist eine Folgeliebe aller drei Hauptlieben. Mit materiellen Gütern läßt sich sowohl die existentielle Liebe als auch die geschlechtliche Liebe als auch die familiäre Liebe besser befriedigen. Materielles Vermögen kann die existentielle Sicherheit mehren oder ein sexreizendes Wesen zur Kopulation bewegen und das familiäre Dasein in der sogenannten Wohlhabenheit angenehmer gestalten. Mit Geld oder mit anderen materiellen Gütern als Geldäquivalenten läßt sich – wie gesagt – in gewissem Umfang auch Gesundheit und damit die Befriedigung der Liebe zum Lebendigsein als Fundamentalliebe bewirken. Ferner können materielle Güter vom Zwang zur Arbeit befreien. Im höheren Alter schätzt der Mensch den materiellen Wohlstand auch der größeren Sicherheit wegen, die er verleihen kann.

Größeres materielles Vermögen verleiht auch Ansehen oder Geltung. Die Wörter Geld und Geltung kommen aus derselben Wurzel. Geld verleiht Geltung. Für viele ist das Imponierenkönnen durch größere Geld- und Sachwertvermögen der Antrieb zum Gelderwerb, insbesondere auch das Imponierenkönnen dem weiblichen Geschlecht gegenüber. Bekannt ist der Spruch: »Hast du was, so bist du was«, so giltst du erst etwas, insbesondere bei den Liebhaberinnen des Materiellen beim weiblichen Geschlecht.

Imponiergehabe dieser Art zeigt sich auch im »Streckelegen« bei den Jägern.

Die Liebe zu materiellen Gütern bewirkt auch eine Art der Gesellungsliebe als Folgeliebe. Im Stärkegrad dieser Liebe wollen sich Menschen zur Mehrung ihres Ansehens oder ihres materiellen Vermögens mit anderen gesellen. Man sucht sich dieserhalb nützlich zu sein, wie es auch in allen Arbeitsgesellschaften der Fall ist. Größere materielle Vermögen bewirken andererseits eine Befreiung von dieser Art der Abhängigkeit. Sie kommt in der gestiegenen Freizeit zum Ausdruck. Eine Folge der größeren diesbezüglichen Freiheit ist heute auch die Massen-Individualisierung des Lebensstils. In den reichen Industrienationen kann sich jeder in viel größerem Umfang »selbstverwirklichen« als dies früher der Fall war.

In absoluter Stärke ist die Liebe zu materiellen Gütern bekanntlich von Mensch zu Mensch sehr verschieden. Die einen sind von Natur aus anspruchslos, andere dagegen gierig, geldgierig. In relativer Stärke entstehen Wandlungen durch sogenannte Appetitmache seitens anderer. Man will gleichziehen.

Ein Maß für die Stärke dieser Liebe ist auch die Zeit, die für Erwerbsarbeit aufgewendet wird. Ein anderes Maß ist die kriminelle Energie beim Streben nach Reichtum.

Bekanntlich ist die Begabung oder das Talent zum Erwerb materieller Güter bei den Menschen sehr verschieden. So gibt es Menschen mit beinahe untrüglichem Instinkt fürs Gelderwerben, mit angeborener Intelligenz, materielle Güter zu erwerben, und daneben viele andere, die keine derartige Begabung haben, wohl aber eine starke und unbefriedigte Liebe zu materiellen Gütern sowie die Begierde, sie zu besitzen. Solche inneren Verhältnisse können erhebliche Auswirkungen auf die Weltbeurteilung und die politischen Energien haben. So wurden viele zum Beispiel zu Marxisten bzw. Kommunisten, weil sie mangels entsprechender Talente und Neigung keine »Kapitalisten« werden konnten.

Im Stärkegrad seiner unbefriedigten Liebe zu materiellen Gütern will der Mensch eine Veränderung der sogenannten Welt oder der sogenannten »Verhältnisse« bzw. Gesellschaft (Marx) und im Stärkegrad seiner befriedigten Liebe will er sie nicht. Das Empfindensbewußtsein des Menschen aus dieser Liebensart ist einerseits von seinem diesbezüglichen Besitzstand und andererseits von seiner materiellen Liebe bestimmt. Auch im Bereich dieser Liebe entsteht der innere Friede um so eher, je eher sie befriedigt wird. Eine solche Befriedigung mit entsprechender Zufriedenheit läßt sich um so eher erreichen, je kleiner die absolute sowie relative Stärke dieser Liebe ist.

Positiver Pol dieser Liebe ist der große Reichtum, negativer die große Armut oder – mehr noch – das große Verschuldetsein. Das Beleidendste, Erschütterndste ist für den großen Lieber oder Liebhaber materieller Güter ein plötzlicher, unerwarteter Sturz aus großem Reichtum in großes Verschuldetsein, wie es bei Konkursen vorkommen kann, nicht selten mit der Folge der Verzweiflung, in der der Tod als kleineres Übel gesucht wird.

*

Man sagt, Geld mache nicht glücklich, doch es beruhige. Auch dieses Sprichwort ist insofern nicht richtig, als der Gelderwerb, beispielsweise durch einen Lottogewinn, kurzzeitig freudeglücklich machen kann, wie sich immer wieder beobachten läßt, und eine beruhigende Wirkung kann vom Geld nur dann ausgehen, wenn es nicht in Gefahr ist, geraubt, gestohlen oder vernichtet zu werden.

*

Die Liebe zum (leibsinnlich) Schönen

Um Mißverständnisse zu vermeiden, sei zu Beginn dieses Kapitels gesagt, daß hier mit dem Schönen jene Schönheiten gemeint sind, die wir durch die »klassischen« Leibsinne als Schönheiten empfinden, also durch den Gesichtssinn, den Geruchssinn, den Gehörssinn, den Geschmackssinn und den Gefühlssinn[1].

Wenn ich mich an jenes artige und zierliche weibliche Wesen erinnere, in das ich mich als erstes verliebte, so erinnere ich mich auch daran, daß die ersten Liebreize, die ich empfand, von ihrem Gesichtchen ausgingen. Meine Augen transportierten das Bild von ihrem Gesicht in mein Gehirn, das da eine sehr angenehme Empfindung entstehen ließ. So fängt in der Mehrzahl der Fälle eine Zuneigung oder Liebe zu einem Wesen des anderen Geschlechts an, eine Liebe durch den Gesichtssinn zum gesichtssinnlich Schönen.

Vom Wesen des sinnlich Schönen

Die ersten sinnlichen Liebreize, die der Mensch nach seiner Geburt erlebt, gehen aber nicht von einem Wesen des anderen Geschlechts ab der Geschlechtsreifung aus, sondern in den ersten Tagen von der Wölbung der Mutterbrust und von deren höchstem Punkt, der Brustwarze. Bekanntlich bekommt der im Mutterleib heranwachsende Mensch seine Nährstoffe noch automatisch aus dem gemeinsamen Blutkreislauf mit der Mutter, doch ab der Geburt muß er seine Nahrung selbst finden, und er findet sie durch Lustreize in den Fingerspitzen (taktil) beim Formfühlen der Mut-

1 Das Wort »Gefühl« wird häufig für »Empfindung« benützt, doch richtiger wäre, es nur für Empfindungen der Haut zu verwenden.

terbrust sowie am Mund (oral) beim In-den-Mund-nehmen der Brustwarze und beim Gaumengenuß (gustatorisch) der Milch. Diese ersten leibsinnlichen Schönheitsreize nach der Geburt sind eine direkte Folge der Liebe zum Lebendigsein als Fundamentalliebe. Diese Steuerungsreize sind angeboren. Der Gefühlssinn oder Fühlsinn dürfte der erste oder der frühestentwickelte bei Lebewesen überhaupt sein, zeitlich gefolgt vom Geschmackssinn oder Schmecksinn.

Das leibsinnliche Schönheitsempfinden war und ist nichts anderes als ein Orientierungs- und Steuerungsmittel in der Fülle der Erscheinungen aus dem Außen. Farben und Formen, Geräusche oder Töne, Düfte und andere Eindrücke leibsinnlicher Art werden in den Gehirnen als angenehme oder unangenehme, anziehende oder abstoßende beurteilt. Unser Gemüt als »Ort« des inneren Wahrnehmens und Beurteilens verwandelt die von den Leibsinnen Gesicht, Geruch, Gehör, Geschmack und Gefühl in diesen Reizgeberzellen (Rezeptoren) erfaßten und über die Nervenbahnen weitergeleiteten Außenreize je nach Lebenszuträglichkeit oder -nützlichkeit bzw. Lebensabträglichkeit oder -schädlichkeit in Empfindungen angenehmer oder unangenehmer Art verschiedener Stärkegrade, in Empfindungen der Zuneigung oder Abneigung.

Wenn es im Sprichwort heißt, die Liebe gehe durch den Magen, so stimmt auch dieses nicht, denn zum einen dürfte es – wie schon erwähnt – nicht *die* Liebe heißen, sondern *eine* Art der Liebe, nämlich die geschmacksinnlich-ästhetische zum Blumenkohl oder zu einer Frucht oder aber zur Kochkunst eines Kochs, und dann kommt sie nicht aus dem Magen, sondern vom Gaumen. Richtig formuliert müßte dieses Sprichwort lauten: Eine Art der Liebe oder Zuneigung ist jene zum Gutschmeckenden oder zu demjenigen, der Gutschmeckendes zubereiten kann, und sie entsteht in um so höherem oder stärkerem Grad, je mehr es sich beim Schmekkenden um einen Liebhaber dieser Art handelt.

Das Zusammentreffen mit leibsinnlich Schönem bewirkt Lust oder Freude in entsprechenden Stärkegraden. So sprechen wir entweder von der Sehlust durch Augenschönes oder von der Hörlust durch Ohrenschönes, von der Riechlust durch Nasenschönes oder von der Schmecklust durch Gaumenschönes bzw. der Fühllust durch Hautschönes, oder aber von der Lust der Augen, der Ohren, der Nase, des Gaumens oder der Haut in allen möglichen Stärkegraden. Das leibsinnlich Schöne befriedigt die leibsinnlich-ästhetische Liebe entweder als Augen-Liebe oder als Ohren-Liebe oder als Nasen-Liebe oder als Gaumen-Liebe oder als Haut-Liebe.

Das entsprechende Empfinden oder Angemutetwerden ist bekanntlich von Mensch zu Mensch verschieden. Der eine hält eine Musik für herrlich, die ein anderer nicht hören mag, um nur dieses Beispiel zu nennen. Diese Verschiedenheit des Empfindens oder Angemutetwerdens ist durch die im Laufe der kulturellen Weiterentwicklung entstandenen, künstlich geschaffenen Geliebten oder Kunst-Geliebten außerordentlich vermehrt worden. In der ursprünglichen Natur oder Urnatur gab es nur Windgebraus oder Bachesrauschen, Tierstimmen oder menschlichen Gesang als mögliche Ohrengeliebte, wohingegen durch die Erfindung der Musikinstrumente und die Schöpfungen der Komponisten heutigentags eine Fülle von Kunstschönheiten als künstlich geschaffene Liebensmöglichkeiten gegeben sind.

Es ist *auch* ein Merkmal des Menschen, daß er die ästhetische Kunstwelt, die Künstler als Maler oder Komponisten oder Parfümeure oder andere geschaffen haben, schöner finden kann und findet als die urnatürliche, in die er ursprünglich hineingeboren wurde. Es ist eine von Verkünstlichern geschaffene Neuwelt sehsinnlicher, hörsinnlicher, riechsinnlicher, schmecksinnlicher und fühlsinnlicher Art, die mit praktischen Bezügen und entsprechenden Steuerungen nichts mehr zu tun hat. Es ist eine reine Genußwelt um des ansonsten unnützen Genusses willen. Die Liebe zu leibsinnlichen Schönheiten der erwähnten Art waren ursprünglich ausschließlich Folgelieben aus den drei Hauptlieben und hatten keine andere Funktion als die, zur Gesunderhaltung und leiblichen Lebenstüchtigkeit oder zu geschlechtlichen Paarungspartnern oder zu familiären Dauerpartnern hinzuführen.

Positiver Pol der leibsinnlich-ästhetischen Lieben ist die große diesbezügliche Schönheit oder Herrlichkeit, negativer Pol die ekelerregende Häßlichkeit. Je schönheitsliebender im leibsinnlichen Sinn ein Mensch ist, desto befreudbarer, aber auch beleidbarer ist er. Darum beobachtet der Schönheitsmensch oder Ästhet dieser Art auch das Außen im Stärkegrad seiner unbefriedigten leibsinnlichen Liebe unter dem Gesichtspunkt der Mehrbefriedigungsmöglichkeit oder unter dem der Gefahrvermeidung bzw. -minderung. Sein Gefühlsbewußtsein und Denkbewußtsein, insoweit er zu diesen konstitutionell befähigt ist, wird ganz von seinen diesbezüglichen inneren und äußeren Gegebenheiten und Möglichkeiten bestimmt. Im Stärkegrad seiner unbefriedigten leibsinnlichen Lieben dürstet der Ästhet nach einer Veränderung der äußeren Verhältnisse, und im Stärkegrad seiner befriedigten Lieben dieser Art will er keine Veränderung.

Die Schönheit gibt es weder der Art noch der Stärke nach. Die Liebe zum blauen Himmel oder zu einer blühenden Wiese kann in allen Stärkegraden unter den Menschen gegeben sein, so ab dem Stärkegrad null, also der Gleichgültigkeit, bis zum Entzükken als dem sehr hohen Grad. Gleiches gilt für die Abneigungen oder Hasse leibsinnlich-ästhetischer Art. Es gibt das Sich-leicht-Sattsehen-Können und das Sich-nicht-leicht-Sattsehen-Können, ja das Sich-nicht-Sattsehen-Können. Gleiches gilt für die anderen Sinnesarten. Es gibt das leibsinnlich Häßliche und darum Gehaßte in allen Stärkegraden bis zum unüberbietbaren Ekel einerseits und das leibsinnlich Liebliche und darum Geliebte in allen Stärkegraden bis hin zur sogenannten himmlischen Herrlichkeit.

Eine exakte Bestimmung der hier vorkommenden Stärken ist der Veränderlichkeit dieser Phänomene und der schwierigen Erfaßbarkeit wegen nicht leicht. Als Maßstab kann in einigen Fällen auch die Menge des Geldes genommen werden, das für einen Genuß dieser Art investiert wird.

Wie die anderen Lieben, so sind auch die leibsinnlich-ästhetischen der absoluten Stärke pro Lebensalter nach angeboren, desgleichen die entsprechende Empfindsamkeit. Ihrer absoluten Stärke nach können sie sich im Lauf eines Lebens erheblich ändern. Die Arten und Stärken der leibsinnlichen Lieben sind ebensowenig anerziehbar wie die entsprechenden Empfindsamkeiten.

Im Stärkegrad dieses Liebens und Empfindens hat das Geliebte

Macht über den Liebenden, Herrschaftsmacht, die bis zur Konsumsklaverei gehen kann. Man denke an die Alkohol- oder Tabaksüchtigen im gustatorischen Bereich und an die Musiksüchtigen im akustischen Bereich.

Mängel im Sprachgebrauch

Seitdem wir sprechen gelernt haben, sind wir es gewohnt, von einem schönen Gesicht oder von einer schönen Blume zu sprechen, und seit dieser sprachlichen Gewöhnung widerstrebt es uns, zu sagen, etwas rieche schön oder fühle sich schön an, obwohl es sich dabei auch um leibsinnliche Eindrücke handelt. Im Süddeutschen ist es nicht üblich, von einem schön schmeckenden Essen zu reden, wohingegen eine solche Redeweise im nördlicheren Deutschland umgangssprachlich durchaus üblich ist.

Nun ist es aber nicht folgerichtig, wenn der einen Sinnesart die Fähigkeit eingeräumt wird, etwas als schön zu empfinden, und der anderen nicht. Neben dem sehsinnlich oder visuell Schönen und dem hörsinnlich oder akustisch Schönen sollte folgerichtigerweise auch vom riechsinnlich oder olfaktorisch Schönen sowie vom schmecksinnlich oder gustatorisch Schönen gesprochen und geschrieben werden. Nicht bloß ein Gesicht kann schön aussehen und eine Stimme kann schön klingen, sondern auch ein Braten kann schön schmecken, eine Blume kann schön riechen und bestimmte Dinge können sich schön anfühlen. Diese Mängel unserer Sprache sollten bewußt werden und verschwinden.

Ferner möchte ich an dieser Stelle auf die folgende Ungereimtheit aufmerksam machen: Wir verwenden das Wort »schön« nicht bloß für leibsinnliche Eindrücke, sondern wir sprechen und schreiben auch davon, das Leben, die Freiheit, der Ruhm, der Reichtum, die Macht oder eine Seele seien schön und die Krankheit, die Unfreiheit, die Schande, die Ohnmacht oder die Armut seien unschön. Die Freude wird als »schöner Götterfunken« bezeichnet, und wir können sagen, wie schön es wäre, wieder im Familienkreis oder zu Hause zu sein. Folgerichtigerweise sollten wir alles als schön bezeichnen, was uns in irgendeinem Stärkegrad angenehm ist, was wir sympathisch oder geliebtwerdenswert finden, und alles als unschön oder häßlich, was wir in irgendeinem Stärkegrad als unangenehm, als unsympathisch oder abstoßend empfinden.

Alles Geliebte ist lieblich und angenehm und schön, und alles Gehaßte ist häßlich und unangenehm und unschön. Lieben ist Gefallenfinden an etwas, das wir dann als Geliebtes bezeichnen und das uns schön anmutet. Es ist schön, gesund zu werden, und schön, ein Wesen des anderen Geschlechts zu finden, mit dem man kopulieren oder eine dauernde Verbindung eingehen kann. Die Ästhetik als Lehre vom Schönen sollte nichts anderes sein als die Lehre vom Lieben und Hassen und vom entsprechenden Empfinden.

*

Alles Reizvolle ist schön und wird darum geliebt, um welchen Reiz es sich auch immer handeln mag. Häßliches übt keinen Reiz aus und wird darum auch nicht geliebt. Da, wo's stinkt, da gibt es keine Geruchssinn-Liebe.

*

Die Liebe zur Macht

Bei einem Empfang wurde ich mit einer Frau bekannt, die mich aus mehreren Gründen für sich einnahm. Sie sah sehr gut aus, hatte jenes gewisses Etwas, das den geschlechtlichen Appetit anregt, und war außerdem gerade in jenen Bereichen wissensgebildet, die mich interessierten. Meine Zuneigung zu ihr wuchs im gleichen Grad, in dem ich sie kennenlernte, und darum wünschte ich, sie des öfteren um mich zu haben oder bei ihr zu sein. Diese Wunscherfüllung fand aber an ihrer großen Liebe zu einem anderen Mann ihre Grenze. Dieser Mann konnte ihre Lieben so gut befriedigen, daß für mich kein »Platz in ihrem Herzen« mehr war. Meine Gewinnensmacht reichte nicht aus, um sie mehr für mich einzunehmen, als dies der andere für sich konnte. So kam ich nicht zum Zug.

Vom Wesen der Macht und von ihren Arten

Das Geliebte dieser Liebe ist die Macht. Macht ist die Fähigkeit, Geliebtes zu machen oder zu bekommen oder zu erhalten. Wenn wir als Mann eine Frau lieben oder als Frau einen Mann und wir diese oder diesen nicht für uns gewinnen können, dann sind wir insofern nicht mächtig genug und darum bestrebt, die erforderliche Mehrmacht zu finden oder zu beschaffen. Je mächtiger wir sind, desto eher sind wir in der Lage, unsere Lieben zu stillen oder zu erfüllen. Macht hat, wer das Geliebte machen, bekommen oder erhalten kann, und da jeder das Geliebte in der eigenen Liebensstärke haben und behalten möchte, möchte jeder entsprechend mächtig sein. Ein Ohnmächtiger ist außerstande, seine Liebensziele als Willensziele zu erreichen, wohingegen einem Allmächtigen jederzeit alles zu erreichen möglich ist. Die Allmacht ist darum auch das höchste Gut.

Da uns Macht in die Lage versetzt, das Geliebte zu bekommen oder zu bewirken, lieben wir sie wie das Geliebte selbst. Wer das Geliebte in gewünschtem Umfang hat, der will insoweit keine Mehrmacht; er ist machtbefriedigt. Im Zustand des unbefriedigten Liebens ist der Liebende ein Mehrmachtsuchender, hat er einen entsprechenden Willen zur Macht, zur Mehrmacht.

Alle unbefriedigten Lieben zeugen von entsprechendem Machtmangel; und da der Mensch von Natur aus im Durchschnitt das unbefriedigtste und auch brutalste Lebewesen ist, war und ist er auch der brutalste Machtstreber wenn nicht Machträuber. Die Menschheitsgeschichte belegt dies.

Bekanntlich gibt es mehrere Arten der Macht. Die ursprünglichste Macht ist die leibliche oder physische. Sie setzt uns instand, uns zu bewegen oder Früchte zu pflücken oder Beutetiere zu ergreifen. Bei größeren Raubtieren kommt diese Macht besonders auffällig zum Ausdruck, weshalb sie auch als Symbole der Macht verwendet wurden und werden, so die Löwen oder die Adler.

Eine andere Art der natürlichen Macht ist die äußere Schönheit, von der zuvor die Rede war. Schöne Frauen oder schöne Männer sind von daher gewinnensmächtiger und haben es deshalb leichter, Partner zu finden.

In den hier folgenden Kapiteln gehe ich auf mehrere weitere Arten der Macht ein.

Vom Empfinden aus dem Grad des Mächtigwerdens und des Mächtigseins

Jede Machtmehrung bewirkt die Empfindung des Dem-Lebenbesser-gewachsen-Seins und der Freude. Jede Mehrmächtigkeit bewirkt ein Besser-zumute-Sein und jedes Mindermächtigkeitsempfinden das Gegenteil. Die Munterkeit, die wir am Morgen nach erquickendem, stärkendem Schlaf empfinden, kommt aus der gesteigerten Lebensbewältigungs-Mächtigkeit. In diesem Zustand stehen wir darum auch lieber und darum leichter auf. Wir tun jenes lieber, zu dem wir uns befähigt, also bemächtigt fühlen. Die Machtmehrung beglückt, macht – für kurze Zeit – freudeglücklich, die Machtminderung bedrückt, macht leidunglücklich.

Die Empfindung der Mindermächtigkeit, des Nicht-hinreichend-gewachsen-Seins hinsichtlich der Bewältigung irgendwelcher Aufgaben und Anforderungen, die das Leben stellt oder die man sich stellt, bewirkt ein schlechteres Zu-Mute-Sein. Das Empfinden des In-der-Lage-Seins, Liebensziele und darum auch Willensziele zu erreichen, hebt das Gemütsempfinden, den Lebensoptimismus. Darum ist alles Leben nicht bloß ein Erkenntnis suchender Prozeß (Konrad Lorenz), sondern überhaupt ein Mehrmacht suchender Prozeß. Alles Niedergedrücktsein oder Deprimiertsein hat seinen Grund letztlich im Empfinden der Mindermächtigkeit, wenn nicht gar der Ohnmacht. Jeder rasche und überraschende Machtzuwachs ist für alle Mehrmachtsuchenden ebenso erfreulich und beglückend wie das Bekommen des Geliebten selbst als der Befriedigung einer unbefriedigten Liebe.

*

Je weniger ein Mensch aus eigener Kraft oder Macht in der Lage ist, seine starken und unbefriedigten Lieben zu befriedigen, desto stärker ist sein Wünschen, Hoffen und zumeist auch Glauben, das Geliebte zu bekommen. Hat ein Mensch sehr starke und gänzlich unbefriedigte Lieben, wie beispielsweise die Liebe zum Weiterleben über den Tod hinaus, und dazuhin angesichts des sicheren Todes das Empfinden der eigenen Ohnmacht, so wünscht und hofft und glaubt er potentiell auch, sich mit einem Allmächtigen verbinden zu können oder mit einem Allmächtigen verbunden zu sein, wie es Gläubige im Gebet zu sein meinen.

*

Die Liebe zur gewaltherrschaftlichen Macht

Alle christlichen und sonstigen Schöpfungsromantiker sind insoweit Selbstbetrüger, als sie die Grundtatsache nicht wahr haben wollen und verdrängen, daß viele pflanzliche und fast alle tierischen Lebewesen seit ihrer Schöpfung oder Entstehung nur durch die Schädigung oder Vernichtung anderer Lebewesen überleben oder in Fülle leben können. Aus naturgesetzlichen Gründen – und nicht als Folge eines vorgeblich geschehenen Sündenfalls durch vorgeblich erste Menschen – haben insbesondere tierische Lebewesen einen schmarotzerischen Grundcharakter. So fallen beispielsweise bei Seuchen wie der Pest Viren und Bakterien als älteste Lebewesen zum eigenen Besserleben oder zur eigenen Vermehrung massenhaft – und natürlich unbewußt – über viele Menschen her und bringen sie um. Auch der Mensch, der ja erst am Ende der bisherigen Evolution erschienen ist, ist als Geschöpf eines göttlichen Wesens oder der Natur ein Schmarotzer, und zwar der größte. Er überlebt oder er lebt dadurch besser, daß er andere Lebewesen tötet und sich einverleibt oder daß er sie zur Mehrung der eigenen Lebensfülle einspannt. So läßt er Pferde oder Esel oder andere Tiere für sich arbeiten, und im Erbgut des Menschen gibt es bekanntlich auch das Bestreben, den Willen, andere Menschen in einseitiger Weise und gegen deren Willen für sich nutzbar zu machen.

Ein Mittel zur Mehrung des eigenen Lebensfüllenutzens ist die herrschaftliche Gewaltausübung, ist die gewaltsame Dienstbarmachung anderer Menschen zur Erreichung eigener Willensziele. Verkörpert wird diese Liebe zur gewaltherrschaftlichen Macht und Machtausübung durch gewaltherrschaftliche Machtstreber und Machthaber. Die Menschheitsgeschichte, die ja weithin eine Räubergeschichte ist, zeigt, wie stark dieses Lieben und Streben daraus potentiell ist. Der Liebhaber der gewaltherrschaftlichen Machtausübung zieht zwar die freiwillige Untertänigkeit vor – und alle Knechts- und Magdnaturen haben sich seit je freiwillig unterworfen und haben gedient –, doch im Falle der Nichtfügung wird Gewaltausübung bis zur leiblichen Vernichtung des Nichtfügsamen angedroht nach dem Motto: »Und bist du nicht willig, so brauch' ich Gewalt« (Goethe: »Der Erlkönig«). Herrschaftsmachtstreber dieser Art suchen ihre Lebensfüllemehrung durch die gewaltsame Unterwerfung und Dienstbarmachung anderer. Geschichtliche Beispiele heausragender Art sind insbesondere die großen Eroberer wie Alexander, genannt der Große, viele römische Cäsaren, Dschingis-Khan und andere.

Gewaltherrschaftliches Dominieren zeigt sich im mehr oder minder unfreiwilligen Dienen der Untertanen. Der Gewaltherrscher sagt zum Beherrschten: »Du tust, was ich dir sage, oder ich muß dich dazu zwingen.« Gewaltherrschaftliche Macht ist um so größer, je umfangreicher das Bestimmenkönnen über andere gegen deren Willen ist, je mehr der Wille des Herrschenden über den Willen des Beherrschten dominiert. Die Menschheitsgeschichte ist weithin die Geschichte der freiwilligen oder unfreiwilligen Unterwerfung unter Herrschernaturen dieser Art und deren Mitnutznießer. Jeder Machthaber, der nicht mit breiter Zustimmung einer Gesellschaft Macht ausübt, ist in gewissem Umfang ein gewaltherrschaftlicher Machthaber und Machtausüber.

Liebhaber dieser Art der Machtmehrung und Machtausübung streben nach der Alleinherrschaft. Die Alleinherrschaft liefert potentiell die größte persönliche Lebensfüllemehrung. So konnten die gewaltherrschaftlichen Machthaber aller Zeiten die besten Ärzte zur Erhaltung oder Wiederherstellung ihrer Gesundheit zu Rate ziehen, zur Jederzeitbefriedigung ihrer geschlechtlichen Paarungsliebe die größten Harems mit den schönsten Frauen unterhalten (der Nabob von Awadh, Vajid Ali Schah, hatte angeblich einen Harem mit 3500 Schönen), die meisten Kinder zeugen (August der Starke von Sachsen soll mehr als 200 direkte Abkömmlinge gehabt haben), das bequemste Leben führen (Kutschen, Diener), sich die größten leibsinnlichen Genüsse leisten (zur Zubereitung von Speiseeis ließ sich Kaiser Nero Gletschereis per Stafette aus den Alpen nach Rom bringen), zu ihrem Gaudium Hofnarren halten, die unterhaltsamsten Spiele spielen, die prächtigsten Feste veranstalten, ganze Länder als materielles Vermögen erpressen, sich ganz nach Belieben gesellen, Krieg oder Frieden erzwingen und sich für ihre Unsterblichkeit im Andenken der Menschen oder für ihren Nachruhm riesige Denkmäler setzen (Pyramiden, Schlösser).

In seiner Ballade »Der Ring des Polykrates« drückt Friedrich Schiller den Zusammenhang zwischen herrschaftlicher Machtfülle des gewaltpolitischen Machtbeuters und dem Glück wie folgt aus:

> Er stand auf seines Daches Zinnen,
> Er schaute mit vergnügten Sinnen
> Auf das beherrschte Samos hin.
> »Dies alles ist mir untertänig«,
> Begann er zu Ägyptens König,
> »Gestehe, daß ich glücklich bin«.

Die Liebe zur Herrschaftsmacht kann so groß sein, daß die völlige Unterwerfung aller angestrebt wird. In solchen Fällen handelt es sich um absolutistisches oder monopolistisches Gewaltherrschaftsstreben, dessen Verkörperung im Sinn reiner Gewaltherrschaft der Tyrann oder Despot ist. Das egoistische und potentiell machtschmarotzerische Herrschafts-Machtstrebertum oder Herrschafts-Machtbeutertum ist durch den Willen zum gewaltsamen Machtbeuten oder zur Usurpation gekennzeichnet und verwirklicht sich in Staatsstreichen und anderen Eroberungen der gesellschaftlichen Macht.

Die Liebhaber der gewaltpolitischen Herrschaftsmacht können nicht allein zur gesellschaftlichen Herrschaft kommen. Sie benötigen entsprechende Helfer aktiver oder passiver Art. Alle Liebhaber der gewaltsamen Herrschaftsmacht neigen dazu, sich mit anderen zusammen herrschaftsmachtpolitische Vorteile zu verschaffen. Es sind die Mitkämpfer zur Errichtung von Herrschaftsmacht-Hierarchien und die Mitprofiteure nach deren Errichtung. Kollektives Machtbeuten ist dadurch gekennzeichnet, daß die Vorteile der ausbeuterischen Machthabe oder der Machtschmarotze nur oder doch überwiegend einer bestimmten Gruppe zugute kommt (Adelsherrschaft, Einparteien- oder Funktionärsherrschaft, Imperien).

*

In beiden Geschlechtern gibt es Liebhaber bzw. Liebhaberinnen der uneingeschränkten Bestimmensmacht über andere. Die Selbstverwirklichung dieses Typs besteht im zwangsweisen Dominieren anderer.

*

Die Liebe zur ideologischen oder religiösen Herrschaftsmacht

Viele haben Grund zur Klage, die einen mehr, die anderen weniger. Vielen ist das Leben ein Jammertal. Sie leiden in besonderem Grad unter Konflikten und Nöten und als Sterbliche unter der Vorstellung, daß es mit ihnen früher oder später zu Ende geht. So suchen sie nach dem Heil, nach einer besseren Zukunft, und sie finden auch Heilslehrer oder Ideologen, die sich auf diese Art der Nachfrage spezialisiert haben.

Unter diesen Heilslehrern oder Ideologen gibt es seriöse und unseriöse. Es gibt jene, die zwar vorgeben, nur das Wohl oder Heil der Menschen zu wollen, denen es aber vor allem oder nur um ihre persönliche Herrschaftsmacht oder Mit-Machthabe in einer entsprechenden Macht-Hierarchie geht, was sie natürlich zu verbergen suchen. Es sind die Liebhaber der ideologischen oder religiösen Herrschaftsmacht, des herrschaftlichen Gebietenkönnens nach dem vorgeblich von Jesus stammenden Spruch: »Ihr seid meine Freunde, so ihr tut, was ich euch gebiete« (Johannes 15,14). Sie suchen nach Menschen, die sich gebieten lassen, und die Menschheitsgeschichte zeigt, wie erfolgreich sie bisher waren. Ihre Herrschaftsmacht ist um so größer, je größer die Zahl derer ist, denen sie gebieten können.

Höchstes Ziel aller ideologischen oder religiösen Herrschaftsmachtstreber aus Herrschaftsmachtliebe ist das Machtmonopol, die Uneingeschränktheit der Herrschaft, der Alleinherrschaft im Weltmaßstab (ideologischer oder religiöser monopolistischer Internationalismus). Im Machtmonopol oder in der Alleinherrschaft besteht beliebige Verfügungsfähigkeit über die Beherrschten und damit auch die höchste individuelle Lebensfülle des Herrschaftsmachthabers.

Die wirksamsten Mittel zur Befriedigung ideologischer oder religiöser Herrschaftsmachtliebe sind das vorgebliche Wahrheitsmonopol sowie der Hoffnungsbetrug, die moralische Unterdrükkung, die Einschüchterung und die Anmaßung. Wenn herrschaftliche Machthabe durch Betrug oder Druck (Terror) erworben wird, handelt es sich um Machtbeuterei.

Beispiele ideologischer oder religiöser Hoffnungsbetrügerei sind Lehren illusionärer Liebemehrbarkeit oder Friedfertigkeit, höherer Menschlichkeit oder gar Heiligkeit, von Gottesreichen oder Paradiesen auf Erden oder sonstwo. Hierher gehören auch Behauptungen, der Mensch sei ein reines Erziehungs- und Umweltprodukt, und es sollten darum lediglich »die Verhältnisse« verändert werden, um an das ersehnte Ziel einer besseren Welt zu kommen.

Eine Methode zur Mehrung der ideologischen oder religiösen Herrschaftsmacht aus entsprechender Liebe ist die Herabwürdigung der entsprechenden Gegner oder Feinde bis zur Pauschalverteufelung, wie dies den Schriftgelehrten und Pharisäern gegenüber durch Jesus geschah.

Ein weiteres Mittel zur Mehrung ideologischer oder religiöser Herrschaftsmacht aus entsprechender Liebe ist die moralische Unterdrückung, wie dies beispielsweise mit der Lehre von der Erbsündhaftigkeit des Menschen geschieht, oder jener, wonach der Tod eine Folge der Sünde sei (»Denn der Tod ist der Sünde Sold.« Römerbrief des Paulus 6,23) oder durch mehr oder minder starken Glaubensterror (»Wer da glaubet und getauft wird, der wird selig werden; wer aber nicht glaubet, der wird verdammt werden.« Markus 15,16–28). In die gleiche Kategorie gehört das Furchtmachen oder Einschüchtern. Es findet seinen stärksten Ausdruck in der Androhung ewiger göttlicher Strafe fürchterlicher Art in einer Hölle (»Sie werden in den Feuerofen geworfen: da wird sein Heulen und Zähneklappern«). (Matthäus 13,42).

Ein Zeichen für das Vorhandensein einer Liebe zur Herrschaftsmacht im ideologischen oder religiösen Feld ist auch die Anmaßung. Sie äußert sich beispielsweise in der Behauptung, den einzigen Gott und seinen Willen zu kennen (Monotheismus) und von da her das Recht zu besitzen, über alles richten zu können, oder in der Behauptung, in Kenntnis der wissenschaftlichen Wahrheit in bezug auf den Gang der Geschichte zu sein, wie das Marx und seine Anhänger behaupteten.

Je stärker die Liebe zur ideologischen oder religiösen Herrschaftsmacht in einem Menschen ist und je größer eine entsprechende Macht wird, desto bedenken- und rücksichtsloser werden die Mittel gewählt, um ans Ziel der größten Machtfülle zu kommen. Der vorgeblich gute Zweck soll dann auch die übelsten Mittel oder Methoden rechtfertigen, ja heiligen nach dem Spruch: »Der Zweck heiligt die Mittel«. »Höchste« Form solcher Herrschaft ist die Machtschmarotze, der rein egoistische Mißbrauch der unumschränkten Herrschaftsmacht, wie er sich in den Hexenprozessen, im Verbrennen Tausender unschuldiger Frauen bei lebendigem Leib und in vielen anderen Formen im Mittelalter gezeigt hat.

Die Liebhaber der ideologischen oder religiösen Herrschaftsmacht sind selbstsüchtige Machtgeschäftemacher mit dem Heilsverlangen der Menschen. Diese Art des Machtstrebens führt um so eher zum Erfolg, je geringer die Freiheitsmündigkeit der Menschen ist, und diese Freiheitsmündigkeit ist um so geringer, je größer die Naivität, die Einfalt, die Wehleidigkeit, insbesondere im Gemütsbereich, die Furchtsamkeit oder Ängstlichkeit und die Feigheit der Menschen ist.

*

Persönliche Herrschaftsmacht ist Beherrschungsmacht über das Tun oder Lassen anderer. Wer so bestimmen kann, der ist der herrschaftliche Herr, und wer so über sich bestimmen läßt, der ist der Untertan oder der Knecht. Der Freie kann sagen und sagt: Ich will; der Unfreie muß sagen: Der über mir will, ohne mich zu fragen, ob ich auch will, und ich gehorche.

*

Die Liebe zur Freiheit von gewaltherrschaftlicher Macht

Der Liebhaber oder Lieber der Freiheit von gewaltherrschaftlicher Macht über sich ist der Gegentypus zu demjenigen, der gewaltherrschaftiche Macht über andere anstrebt und dem zur Erreichung dieses Ziels jedes Mittel recht ist. Der Liebhaber oder Lieber dieser Art widersetzt sich gewaltherrschaftlichem Machtstreben und kämpft gegen derartige Machthaber und Machtschmarotzer bis zum Mord, bis zum Tyrannen- oder Despotenmord.

Der Liebhaber oder Lieber der Freiheit von gewaltherrschaftlicher Macht über sich will weder ein Herr über andere noch der gezwungene Untertan eines herrschaftlichen Herrn sein. Für den Menschen dieses Typs ist die Freiheit, ist das Freisein von gewaltherrschaftlicher Macht über sich eine Grundvoraussetzung zur Erlangung höchster individueller und gesellschaftlicher Lebensfülle. Mit allen Liebhabern dieser Art widersetzt sich dieser Typus jedem Versuch von einzelnen oder von Gruppen, durch herrschaftliche Machthabe direkt oder indirekt schmarotzerischen Nutzen zu ziehen. Die Menschheitsgeschichte kennt bekanntlich viele Beispiele des Kampfs gegen gewaltherrschaftliche Machthaber und deren Gefolgschaft und viele aus diesen Kämpfen hervorgegangene Freiheitshelden.

Wer die Freiheit von gewaltherrschaftlicher Macht über sich liebt, für den ist diese Liebe ein Maßstab für den Freiheitsmündigkeitsgrad und den Persönlichkeitsgrad eines Menschen. Bei sehr großer Freiheitsliebe dieser Art ist dieser Liebenstypus lieber tot als ein Sklave.

Ein Mensch dieser Art des Liebens kann einen Mitmenschen nur insoweit lieben, als dieser für diese Art der Freiheit, des Freiwerdens oder Freibleibens eintritt. Der Liebhaber der Freiheit von gewaltherrschaftlicher Macht über sich haßt und verachtet die

Knechtsnatur, die den Gewaltherrscher unterstützt oder aber kuscht und sich duckt. Für alle Liebhaber dieser Art kann auch eine göttliche Wesenheit niemals als eine herrschaftliche gedacht werden, als eine Wesenheit, die fromme Knechte sucht und die im Fall des Nichtgehorsams mit ewiger Höllenpein bestraft. Für alle Liebhaber der Freiheit dieser Art kann ein göttliches Wesen nur ein freundschaftliches Wesen sein, ein Wesen, das nicht über die Menschen herrschen, sondern ein gütiger Freiheitsfreund mit ihnen sein will.

Für all jene, die weder Untertanen, noch Obertanen sein wollen, ist die Allianz von herrschaftlichen Machtstrebern gewaltpolitischer Art einerseits und willigen Knechten oder Mägden andererseits die unheiligste. Für alle Liebhaber oder Lieber der Freiheit dieser Art kann das Recht auf Führerschaft nur durch freie Wahlen und nur zeitlich begrenzt erworben werden.

Für den Liebhaber der Freiheit von herrschaftlicher Machthabe über sich beginnt jede Menschlichkeit vor allem mit der Liebe zu dieser Freiheit und mit dem kämpferischen Einsatz für sie, und ist jede Untertänigkeit ein Zeichen der Unmenschlichkeit sowie der Freiheits-Unmündigkeit. Für alle Freiheitsliebhaber dieser politischen Art kann dieser Spruch des Paulus niemals ein Gottesgebot sein:

> »Jedermann ist untertan der Obrigkeit, die Gewalt über ihn hat, denn es ist keine Obrigkeit ohne von Gott; wo aber Obrigkeit ist, da ist sie von Gott verordnet. Wer sich der Obrigkeit widersetzt, der widersetzt sich Gottes Ordnung.«
> (Brief an die Römer Kapitel 13,1–2.)

Für den Liebhaber der Freiheit von gewaltherrschaftlicher Macht über sich ist dieser Paulusspruch keine göttliche Weisung, sondern eine Verhaltensanweisung für Feiglinge ohne Freiheitsmündigkeit, die direkt in die Knechtschaft führt.

*

Ein Freiheitsmündiger liebt die Freiheit nicht weniger als den Frieden und setzt sich für den Frieden nicht in stärkerem Grad ein als für die Freiheit. Freiheit von selbstangemaßter und machtmißbrauchender Machthaberschaft kann es nur in einer Gesellschaft geben, in der es hinreichende Freiheitsliebe und hinreichenden Willen daraus gibt, diese Freiheit zu erringen und zu verteidigen, also hinreichende Freiheitsmündigkeit.

*

Die Liebe zur Erkennens- und zur Schöpfensmacht

Von Archimedes heißt es, er habe freudig »Heureka!«, »Ich habe (es) gefunden!« gerufen, als er entdeckte, daß das Gewicht des von einem schwimmenden Körper verdrängten Wassers dem Gewicht des Körpers entspricht (Archimedisches Gesetz oder hydrostatisches Grundgesetz). Seitdem spricht man auch vom Heurekaglück als jener Freude, die bei der Entdeckung naturgesetzlicher Wirkbeziehungen oder Zusammenhänge im Entdekkenden entsteht.

Seit dieser Entdeckung des Archimedes in Syrakus im 3. Jahrhundert vor der Zeitwende war die Menschheit um die Fähigkeit oder Macht bereichert, genau berechnen zu können, wie groß ein Schiffsrumpf sein muß, um beim Transport von 10 Tonnen Ladung vom Wasser nicht überflutet zu werden und dann unterzugehen. Archimedes war einer von jenen Menschen, die eine stärkere Liebe zur Erkenntnis der wirklichen Wesenheiten und ihrer Wirkbeziehungen durch die Denkfähigkeit haben, wie dies für alle wissenschaftlichen Forscher und Entdecker kennzeichnend ist. Man spricht auch vom faustischen Menschen nach dem Ausspruch des Faust in Goethes gleichnamiger Tragödie: »Daß ich erkenne, was die Welt im Innersten zusammenhält, schau' alle Wirkenskraft und Samen und tu' nicht mehr in Worten kramen.« Ursprung der Liebe zur Erkennensmacht ist die Begierde als Neugierde, den Dingen »auf die Schliche zu kommen«, um sie im eigenen Willenssinn beeinflussen zu können.

Die Liebe zur Erkennens- und zur Schöpfensmacht hat die kulturelle Entwicklung in Gang gesetzt, die bekanntlich mit den Entdeckungen und Schöpfungen einfacher Werkzeuge und Verbesserungsmethoden im Bereich der Jagd und des Ackerbaus ihren Anfang nahm.

Die Macht, die der Menschheit im Lauf der Kulturgeschichte durch die Liebe zur Erkennens- und Schöpfensmacht einzelner durch deren Denk- und Schöpffähigkeit zugewachsen ist, geht über die ursprüngliche natürliche leibliche Verfügbarmachungsmacht des Menschen bekanntlich heute ungeheuer weit hinaus. Mit diesen intellektuellen Mächten hat sich der Mensch durch die Jahrtausende jene verkünstlichte Natur oder Kunstnaturwelt geschaffen, die heute für die Lebenswelt des Menschen insbesondere in den fortgeschrittenen Kulturen kennzeichnend ist. Durch die Fähigkeit zu kultivieren hat der Mensch die ursprünglich vorgefundene Urnaturwelt in eine Kunstnaturwelt[1] verwandelt, um viele Lieben besser befriedigen zu können, als es in der urnatürlichen, in der vorkulturellen Lebenswelt des Menschen möglich war. Denkensmächtige und schöpfensmächtige Menschen, die erfolgreichen Forscher, Entdecker und Erfinder, haben alle kunstnatürlichen Bewirkensmächtigkeiten und Neugeliebten als Kunstprodukte hervorgebracht und damit der Menschheit einen großen Dienst geleistet, zu erkennen an der Beliebtheit dieser Erzeugnisse. Durch die Kulturschöpfer aller Arten ist die Anzahl der künstlich geschaffenen Geliebten oder der Kunstgeliebten und mit ihnen bekanntlich auch der Umfang der sogenannten Selbstverwirklichung mit allen Folgen auch negativer Art im gesellschaftlichen und einzelmenschlichen Bereich erheblich gewachsen.

---

1 Ein Kunstprodukt besteht genauso aus natürlichen Bestandteilen, den chemischen Elementen, wie ein rein urnatürliches. Daher kann nur zwischen urnatürlichen und kunstnatürlichen Erzeugnissen sowie zwischen Urnatur und chemisch oder physikalisch veränderter Kunstnatur unterschieden werden, was aus entsprechender Unkenntnis weithin nicht geschieht. Die Erkennensmacht eines Menschen oder einer Gesellschaft zeigt sich auch an der Art der jeweils angewandten Sprache. Die Deutschen könnten eine höhere Erkennensmacht in sprachlicher Hinsicht dadurch beweisen, daß sie endlich damit aufhörten, immer nur von *der* Liebe als Einheitsliebe zu reden oder zu schreiben, und dafür entweder von der existentiellen oder von der sexuellen oder von der familiären Liebe oder von den anderen hier beschriebenen redeten oder schrieben. Die Selbsterkennensfähigkeit der Deutschen in bezug auf ihre Sprachkultur ist so lange gering, wie sie nicht fähig sind, diese wichtigen Unterscheidungen zu treffen. Dies gilt insbesondere für deren sogenannte »geistige« Elite, die Denkensintellektuellen – zum Unterschied von den Schöpfensintellektuellen (Erfindern, Künstlern) und den Gedächtnisintellektuellen.

Zum Schluß dieses Kapitels sei die folgende Bemerkung gemacht: Aus einem Mangel an selbständiger Denkfähigkeit oder/und aus Anpassungsfeigheit haben sich die Deutschen angewöhnt, nur bei leibsinnlich-ästhetischen (musischen) oder bei literarischen Erzeugnissen von Kultur und bei deren Machern von Kulturschaffenden zu sprechen oder zu schreiben. Diese sprachliche Fehlleistung bewirkt ein gänzlich einseitiges und damit falsches Bild. Nicht zu bezweifeln ist doch, daß jeder technische Erfinder in gleicher Weise ein Kulturschaffender ist, wie es die Erfinder der Hacke und der Sense im agrikulturellen Bereich waren. Es ist unbezweifelbar, daß es seit der Erfindung des Rads oder des Boots die verkehrstechnische Kultur mit den entsprechenden Kulturleistungen gibt und ebenso eine waffentechnische Kultur seit der Erfindung der ersten Waffen. Alle technischen Erfinder sind in gleicher Weise bis zum heutigen Tag Kulturschaffende wie Architekten oder Musiker oder Dichter oder Maler. Sie sind alle Verkünstlicher, Artefaktoren.

Bemerkt sei noch, daß mit der Kultivierung auch das kultivierende Arbeiten entstanden ist im Unterschied zur urnatürlichen Arbeit etwa beim Pflücken von Früchten von natürlicherweise gewachsenen Sträuchern oder Bäumen, wie man es auch von Tieren kennt.

*

Es ist falsch, und es sollte eigentlich nicht zugelassen werden, pauschal von *der* Kunst und von *der* Kultur zu reden oder zu schreiben. Es gibt Neuschöpfer und Nachschaffende in allen Bereichen des Kultivierens. Es wäre eine bedeutende sprachkulturelle Leistung, wenn es gelänge, diese Grobheiten abzustellen.

*

Die Liebe zum Erleben und zur Unterhaltung

Wir Menschen lieben unser Leben auch aus dem Gefühl des Lebendigseins, des Im-bewegten-Leben-Seins, wie es beispielsweise bei einem Kind der Fall ist, das aus Freude oder Lust schreit, wenn wir es zum Spaß in die Luft werfen, oder wie es auch bei Erwachsenen der Fall ist, wenn das Autofahren als bloßes Fahrerlebnis Spaß macht. Dieses Freude-, Lust- oder Spaßmachen entsteht bei der Befriedigung der Liebe zum Erleben der Lebendigkeit.

Die Erlebensliebe oder die Liebe zum Erleben des Lebendigseins zeigt sich auch bei manchen Tierarten, so beispielsweise bei Dohlen, wenn ihnen das bloße Fliegen im Wind Spaß macht, wie dies an diesen Vögeln auf Berggipfeln beobachtet werden kann. Aus der Liebe zum Erleben des Lebendigseins schrieb Friedrich Nietzsche sein Gedicht »An den Mistral«, das so beginnt:

> Mistralwind, du Wolkenjäger,
> Trübsalmörder, Himmelsfeger,
> Brausender, wie lieb' ich dich ...

Die Liebe zum Erleben der Lebendigkeit zeigt sich vielfach in stärkerem Grad in der Entwicklungsphase der Geschlechtsreifung und in der frühen Geschlechtsreife. Insbesondere Jungmänner suchen da den Nervenkitzel, die stärkere Gemütsbewegung oder den Rausch, um zu erleben, worauf es dieser Art des Liebens ankommt. Der starke Liebhaber dieser Art möchte Von-Sinnen sein und Gruselndes oder Erschreckendes, ja Schmerzendes erleben, wenn es ihm die geliebte Gemütsbewegung verschafft, die für diese Liebenden wie eine Droge sein kann oder ist. Lieber dieser Art lieben den Krach, das Geknalle, den Krawall, den Radau oder »Rabatz«, ja, den im Grunde leeren Aktionismus oder Radikalismus. Schlägereien oder gar Zerstörungen (Vandalismus) sind oft die Mittel, sich im Bereich der Erlebensliebe zu befriedigen. Die Befriedigung dieser Liebe kann auch in radikaler politischer oder ideologischer Stellung- oder Parteinahme ohne eigentlich begründete Gegnerschaft oder Feindschaft gesucht werden, in der so entstehenden Rauf- und Kampfgelegenheit gemäß dem Soldatenlied: »Ich habe Lust, im weiten Feld zu streiten mit dem Feind, . . .«

Mit zunehmendem Unverständnis und Mißbehagen verfolgen die besorgten Eltern das diesbezügliche Umgesteuertwerden ihres Sohnes oder ihrer Tochter aus der genetisch fixierten Entwicklungs-Steuerung. Die Jugendlichen werden erlebensgieriger und neigen mehr und mehr zur Ungebundenheit, zur Begierde nach gemütsbewegendem, rauschhaftem Treiben, weshalb sie in dieser Entwicklungsphase auch besonders anfällig für Nikotingenuß, Alkohol- und Drogenkonsum sind. Es ist die berühmt-berüchtigte Sturm- und- Drang-Zeit, die Zeit des Drängens zum Erleben intensiveren Lebendigseins, die Zeit des Generationenkonflikts zur Abstoßung einerseits und des Fernwehs aus größerer Erlebensliebe andererseits. Der Geschwindigkeitsrausch Jugendlicher zwischen 15 und 25 Jahren, der eine Ursache vieler Verkehrsunfälle ist, ist eine Folge sowohl der gesteigerten Erlebensliebe als auch des gesteigerten Eigenmachtfühlens. Gleiches gilt für Rüpeleien aller Arten.

Erlebensliebe zeigt sich auch im ganzen Erwachsenenalter und in vielerlei, auch indirekten Arten, z. B. im Erlebenwollen spannender Abenteuer- , Grusel-, Katastrophen- oder Kriminalfilme. Die sogenannte Sensations- oder Boulevardpresse lebt insbesondere von der Erlebensliebe, desgleichen die entsprechende Literatur. Hierher gehören jede Art der Unterhaltung, jedes sogenannte »Happening« oder die Ereigniskunst und jede Schau, desgleichen der Klatsch über Bekannte, insbesondere Prominente, sowie das Sich-bewegen-Lassen von bewegenden mitmenschlichen Schicksalen, das Miterleben von Kämpfen oder Kampfsiegen, das Tanzen, Reisen, Spazierengehen, das Wechseln in den Stilen der Künste oder der Kleidermode, der »Tapetenwechsel« jeder Art oder Geschwindigkeitserlebnisse. Auch

Rennen und alle Kampfspiele, wie beispielsweise der Fußball, gehören hierher.

In den »Unterhaltungen deutscher Auswanderer« äußert sich J. W. Goethe auch wie folgt:

> Was gibt einer Begebenheit den Reiz? Nicht ihre Wichtigkeit, nicht der Einfluß, den sie hat, sondern die Neuheit. Nur das Neue scheint gewöhnlich wichtig, weil es ohne Zusammenhang Verwunderung erregt und unsere Einbildungskraft einen Augenblick in Bewegung setzt, unser Gefühl nur leicht berührt und unseren Verstand völlig in Ruhe läßt. Jeder Mensch kann, ohne die mindeste Rückkehr auf sich selbst, an allem was neu ist, lebhaften Anteil nehmen; ja, da eine Folge von Neuigkeiten immer von einem Gegenstand zum anderen fortreißt, so kann der großen Menschenmasse nichts willkommener sein als ein solcher Anlaß zu ewiger Zerstreuung und eine solche Gelegenheit, Tücke und Schadenfreude auf eine bequeme und immer sich erneuernde Weise auszulassen.

Die Liebe zum Erleben der existentiellen Lebendigkeit ist gegen jede Gleichförmigkeit oder Eintönigkeit. Sie will den Wechsel, die Andersartigkeit, die sich unterscheidende Eigenart, die Besonderheit des Herausgehobenen, Sichunterscheidenden, Individuellen. Der Liebhaber des existentiellen Erlebens liebt jede Änderung gleichförmiger Zustände und haßt jede Gleichartigkeit.

Im Stärkegrad seiner Liebe ist dem Lieber oder Liebhaber des existentiellen Erlebens die Intensität seines Erlebens oder des Sichereignens der Puls des Lebens und die Voraussetzung seiner Beglückung, die im dionysischen Rausch oder in der Ekstase ihren Höhepunkt hat. Der Gegenpol, das Gegenteil der Ekstase ist die Erlebens- oder Ereignislosigkeit. Mit der Abnahme der Ereignis- oder Erlebens-Intensität erlischt ihm sozusagen das Leben selbst. Langeweile ist für ihn die Ursache der Niedergedrücktheit. Man spricht dann von tötender Langeweile. Unterdrückte sehr starke Erlebensliebe kann sich in rücksichtslosen Angriffen und Zerstörungen oder in maßlosem Verhalten äußern.

Vom Lieben seiner selbst

In Kürze noch einige Sätze zum Lieben seiner selbst oder zur Selbstliebe, die aus christlicher Beurteilung als etwas Ungutes, Verwerfliches, Lasterhaftes gilt, was sie jedoch nicht ist. Sie wird da mit dem Egoismus gleichgesetzt, doch ein Mensch, der sich selbst mag und nicht »zum Kotzen« findet, der ist deshalb noch kein Egoist. Ein Egoist oder in selbstsüchtiger Weise Besitzgieriger ist etwas gänzlich anderes als einer, der gegen sich nichts einzuwenden hat und sich insofern liebt. Eine solche Liebe seiner selbst ist auch nicht dasselbe wie Teilnahmslosigkeit oder Selbstzufriedenheit. Die Liebe seiner selbst im Normalgrad und die Liebe zu Hilfsbedürftigen schließen sich nicht aus. Selbstsucht ist das besitzgierige Mehr- oder Alleinhabenwollen eines Geliebten, das andere auch haben wollen. Das ist etwas völlig anderes als das Sich-selbst-Mögen, und der Sich-selbst-Mögende ist dieses Nichttadelns seiner selbst wegen noch nicht blind gegen das ungute Schicksal anderer.

Die Menschen sollten mit sich zufrieden sein, wenn sie nicht Gründe haben, es nicht zu sein. Das heißt keinesfalls, daß sie deswegen gefühllos gegenüber den Nöten und Leiden ihrer Mitmenschen sind. Das Mit-sich-zufrieden-Sein oder das Sich-Mögen ohne teilnahmslose Selbstzufriedenheit ist gut und richtig. Die Liebe des Menschen zu sich selbst oder die Selbstliebe sollte weder unterentwickelt noch überentwickelt sein. Sie sollte weder unterdurchschnittlich schwach noch überdurchschnittlich stark sein, wie letzteres beim Selbstverliebten oder Narziß der Fall ist.

Wer sich selbst »zum Kotzen« findet, der kann kein angenehmer Mitmensch sein. Das angemessene Mit-sich-zufrieden-Sein oder Sich-Mögen ist eine Grundvoraussetzung der Zufriedenheit bis hin zur Heiterkeit. Wer mit sich unzufrieden ist oder sich gar haßt, der kann niemals heiter sein. Die angemessene, also die weder unterdurchschnittlich noch überdurchschnittlich starke Selbstliebe in Verbindung mit angemessenem Mitempfinden ist gut.

Andere Arten des Liebens und des Geliebten

Jede Frau, die ich bisher kennen- und schätzengelernt habe, hat ihre Vorzüge. Ich finde alle sympathisch, doch jede aus einem anderen Grund. Eine Verkörperung aller dieser besonderen Vorzüge in einer wäre meine Idealfrau.

Vielleicht ist es auch gut, daß ich dieser Traumfrau nicht begegnet bin. Sie hätte zuviel Macht über mich gewinnen, ich hätte ihr hörig werden können. So ergeht es jedem: Unsere Lieben sind der Art und Stärke nach verschieden, und wir empfinden diese Unterschiede um so mehr, je anspruchsvoller und je empfindsamer wir sind.

Neben den in den vorstehenden Kapiteln genannten, hauptsächlichen Arten der Liebe und des Geliebten gibt es in uns noch eine Vielzahl anderer. Die einen lieben das Alleinsein mehr als das Geselltsein, andere das Geselltsein aus diesem oder jenem Grund mehr als das Alleinsein. Wir lieben in der Regel das sonnige Gemüt bzw. dessen Ausdruck mehr als das mürrische, die Zuverlässigkeit mehr als die Unzuverlässigkeit, die Pünktlichkeit mehr als die Unpünktlichkeit, die Tapferkeit mehr als die Feigheit, den Wagemutigen mehr als den Furchtsamen, den Warmherzigen mehr als den Kaltherzigen, die Sparsamkeit mehr als die Verschwendung, die Sauberkeit mehr als die Unsauberkeit. Manche haben bekanntlich eine Vorliebe für ihre engere Heimat oder für ihr Vaterland oder für das Schachspiel, für eine energische oder eine temperamentvolle oder eine beschauliche oder für eine romantische Wesensart. Manche Menschen haben eine Vorliebe zum Nichtstun oder zu Drogen oder zu anderen Genußmitteln. Es würde zu weit führen und die Leserinnen oder Leser langweilen, wenn alle denkbaren Vorlieben hier aufgeführt würden. Ein paar zusätzliche seien jedoch erwähnt.

*

Über kein anderes Wort dürfte im Laufe der sogenannten Geistesgeschichte so viel Falsches, Unsinniges, ja Törichtes geredet und geschrieben worden sein wie über das Wort »Liebe«. Der Grund: Mit dem Zauberwort »Liebe« lassen sich alle konfliktallergischen und gefährdungsallergischen Herdenwesen in Menschengestalt leicht ködern und zu spendierfreudigen Glaubensgehorsamen machen.

*

Die Liebe zum (leiblichen) Nichtstun oder zum Faulenzen

Leibliche oder körperliche[1] Bewegung entsteht durch unbefriedigtes Lieben. Jede derartige Bewegung ist aber in gewissem Grad ein Müssen, das bei der erfolgenden Liebebefriedigung durch Lust oder Freude belohnt wird. Wenn wir von der gelegentlichen Liebe zur leiblichen Bewegung zum Zweck der Beweglichhaltung der Gliedmaßen oder der Bewegungsmuskulatur absehen, bewegen wir uns ohne unbefriedigte Liebe nicht. Das kann leicht an Tieren beobachtet werden, wenn sie satt sind. Die Liebe zum Nichtstun oder zum Faulenzen sorgt dafür, daß die leiblichen Anstrengungen, die wir ausführen, zur Verhinderung von Überbeanspruchungen gebremst werden.

Wir bewegen uns leiblich immer nur dann und strengen uns nur dann an, wenn unsere Liebe zur leiblichen Ruhe kleiner ist als eine andere, wenn der Bewegungsimpuls aus einer anderen Liebe bzw. deren Unbefriedigtsein unsere Trägheits- oder Beharrungsliebe übersteigt. So kann beispielsweise ein in mittelstarkem Grad das Faulenzen liebender Mensch mit zugleich stärkerer Geltungsliebe, Geldliebe oder Machtliebe sehr fleißig werden, wenn er eine Gelegenheit zur Geltungs-, Geld- oder Machtmehrung wittert. Menschen mit gleich starker Liebe zum Faulenzen und einer anderen Liebe, die durch leibliches Tätigwerden befriedigt werden kann, befinden sich im Stärkegrad dieser Lieben in einem inneren Konflikt.

Jeder Mensch ist im Stärkegrad seiner Liebe zum Faulenzen ein Faulmensch bzw. hat einen solchen in sich. Wäre diese Liebe nicht, so würden wir leibliches Tätigsein niemals als Arbeit empfinden.

1 Körperliche Bewegungen können alle Körper im allgemeinsten Sinn ausführen, leibliche Bewegungen jedoch nur Leiber. Die heutigentags zu beobachtende Bevorzugung des Worts »Körper« ist eine Art der Sprachschlamperei.

Die Liebe zum Faulenzen neutralisiert oder vernichtet automatisch immer einen Teil der Freude oder Beglückung, die wir bei der Erlangung eines Geliebten oder Glücksguts aus einer anderen Liebe empfinden und dies dann im Stärkegrad dieser Liebe.

Verkörperung der stärkeren Liebe zum Faulenzen ist der Träg- oder Faulmensch. Für ihn ist die stärkere bis sehr starke Neigung zur leiblichen Ruhe, zum leiblichen Nichtstun kennzeichnend. Menschen mit immer sehr starker Liebe zum Faulenzen heißen wir Faulpelze. Sie werden hierzulande auch als Penner, in Frankreich als Clochards und in Italien als Lazzaroni bezeichnet. Das »Dolcefarniente«, das für sie besonders süße Nichtstun, ist für sie kennzeichnend.

Gegentypisch zum Träg- oder Faulmenschen ist der leiblich Leicht-und-mühelos-Bewegliche oder der leibdynamische Mensch. Ihm fällt es leicht, sich zu bewegen und leiblich tätig zu sein, also auch zu arbeiten. In extremer Form wirken solche Naturen rastlos ohne eigentlichen Grund. Sie sind durch ein Sich-bewegen-Müssen gekennzeichnet, durch leibliche Unstetigkeit oder Ruhelosigkeit, durch an sich sinnlosen Bewegungs- und Betätigungsdrang.

Bei reichen Leuten gilt Nichtstun als ein Zeichen von Vornehmheit, bei armen Leuten von Untugend oder Laster. »Müßiggang ist aller Laster Anfang« gilt für die Ärmeren. Da leibliche Anstrengung den Denkens- und Schöpfensprozessen hinderlich ist, wird die Muße von Denkern und Schöpfern als schöpferische Muße gelobt. Wenn wir sagen, jemand ruhe sich auf seinen »Lorbeeren« oder auf ererbtem Vermögen aus, so meinen wir vor allem das leibliche Ausruhen, und wenn wir singen: »O wie wohl ist mir am Abend ...«, so meinen wir damit, daß wir aus unserer Liebe zum Faulenzen heraus beglückt sind, die anstrengende leibliche Arbeit des Tages hinter uns zu haben. »Nach des Tages Müh' und Plagen ...« meint dasselbe.

Die Liebe zum Faulenzen kann auch als Untätigkeitsliebe im leiblichen Bereich bezeichnet werden. Sie ist in mehr oder minder starkem Grad in jedem Lebewesen vorhanden und war beim Menschen schon immer ein starker wirtschaftskultureller Antriebsfaktor. Die vielen Mittel, deren wir uns bedienen, um durch leibliches

Wenigertunmüssen bequemer leben zu können, sind unübersehbar. Sogenannte Knochenarbeit von einst lassen wir heute von Maschinen ausführen. Rolltreppen oder Fahrstühle benützen wir nicht, um schneller voranzukommen, sondern weil's bequemer ist, obgleich das Treppensteigen wohl gesünder wäre. Die Diener und Lakaien der Könige oder sonstiger »Herrschaften« von einst sind heute die Motoren oder die motorisch angetriebenen Werkzeuge und Geräte des Herrn Jedermann. Unser großer Energieverbrauch dient in hohem Grad der direkten oder der indirekten Befriedigung der Liebe zum Faulenzen. Welche Bedeutung der Liebe zum Nichtstun, der Liebe zum Untätigsein beigemessen wird, geht auch daraus hervor, daß ein Arbeiten in Paradiesvorstellungen nirgends vorkommt.

*

Obgleich die Liebe zum Nichtstun oder zum Faulenzen leiblich am liebsten nichts geschehen ließe, ist sie doch eine Liebe, die insofern Geschichte macht, als sie das Tätigsein um so mehr haßt, je mehr es sich der Arbeitswut oder der Hast oder dem hektischen Fleiß nähert, wie man es im gewerblichen oder industriellen Bereich antrifft. Insofern hat diese Liebe gerade in jüngerer Zeit ideologisch ihre deutlichen Spuren hinterlassen. Auch da zeigt sich die Konflikthaftigkeit der menschlichen Gesellschaft aus der natürlichen Grundveranlagung der Menschen im Liebens- und Hassensbereich.

*

Vom Anpassungslieben

Manche werden mit meiner Behauptung nicht einverstanden sein, die Lieben seien im absoluten Sinn nicht anerziehbar, und beispielsweise auf die Liebe frommer Christen zu Jesus verweisen. Man wird sagen, die Liebe zu Jesus, der als Christus, also als Gottessohn, geglaubt wird, könne nun unbezweifelbar nicht angeboren oder aus der Langzeit-Entwicklungssteuerung entstanden sein. Doch dieser Jesus ist ja nichts anderes als das Symbol für einen als Gottessohn geglaubten Heilslehrer. Die Liebe gläubiger Christen zu Jesus ist in Wahrheit die Liebe jener, die im Leben gar kein Heil oder nicht genug sehen zu einem Heilsbringer oder Heiland als solchem. Der Name Jesus ist austauschbar mit Mohammed oder Buddha oder anderen.

Wenn ich mich an die Bilder schreiender, in schwarze Kleider gehüllter Frauenmassen erinnere, die für Allah und den Ajatollah Chomeini oder Saddam Hussein durch die Straßen zogen, wird mir immer wieder vor Augen geführt, wie leicht sich der Herdenmensch beeinflussen läßt; wie leicht er sich anpaßt, um sich nicht im mindesten auszugrenzen. Er meint dann wirklich, diese Führer zu lieben wie jene vielen, die Hitler in zum Teil hysterischer Weise vergötterten. Doch in solchen Fällen handelt es sich vielfach um Anpassungslieben von Herdenmenschen, in ihrem Ausdruck durch Begeisterungsfähigkeit verstärkt.

Kinder lieben ihre Eltern mehr oder minder stark aus einem existentiell begründeten Identifikationszwang, und sie sind dann von jenen leicht zu beeinflussen, wie jeder weiß, der hinreichend erkennens- und denkensfähig ist. Wenn Kinder sozusagen in die weltanschaulichen Fußstapfen der Eltern treten, so kann es zwar auch sein, daß sie aus echter Überzeugung die gleichen Ansichten vertreten, doch ihre Sichtweise und damit auch ihr Lieben kann aus einer totalen oder teilweisen Anpassung kommen. Wer selbst außerstande ist, sich eine eigene Meinung zu bilden, und wer zudem ein Herdenmensch ist, der bildet sich aus seiner Anpassungsliebe ein, ein Liebhaber der Idole jener zu sein, mit denen er ganz im Einklang sein möchte.

Wenn es in einem Teil der Erde nur Moslems gibt, in einem anderen nur Christen und in wieder einem andern nur Buddhisten, so allein der Erziehung und Anpassung wegen, doch was diese Gläubigen in Wahrheit lieben, ist ihr Heil oder ihre Lebensfüllegradmehrung, von der bzw. dem ihnen von entsprechenden religiösen Autoritäten oder den Eltern gesagt wurde oder wird, sie könnten es nur in deren Glauben oder in deren Gefolgschaft und Gehorsam erreichen. Wären sie in einem anderen Glauben erzogen worden, wäre die Wahrscheinlichkeit außerordentlich groß, daß sie sich auch innerlich diesem Glauben anschlössen und die Andersgläubigen für Ungläubige oder Teufel hielten, wenn ein »Guru« sagte, sie seien Ungläubige oder Teufel.

Ich hatte schon früher von jenen geschrieben, die in selbstsuggestiver Weise lieben. Das Anpassungslieben gehört in diesen Kreis. Die Anpassungs-Liebe zu Jesus ist anerziehbar, doch die Liebe zu einer höheren Macht oder zum Heil, das diesen Anpassungen zugrunde liegt, ist in absoluter Stärke nicht anerziehbar.

Bekanntlich gibt es einen alten Gelehrtenstreit über den Einfluß der Umwelt, der Verhältnisse, des Milieus auf das Gefühlsbewußtsein und das Verhalten des Menschen. Die Extremisten der einen Seite, so beispielsweise auch die Marxisten, sagen, der Mensch sei in seinem Gefühlsbewußtsein und Verhalten zur Gänze ein Erziehungsprodukt, wohingegen die Extremisten der anderen Seite das Gegenteil behaupten. Die Marxisten gingen sogar so weit, alle Eigenschaften der Lebewesen durch entsprechende Verhältnisse für beliebig veränderbar zu halten. In diesem Zusammenhang sei an den Biologen Lyssenko unter Stalin erinnert, der Weizen durch entsprechende Umweltbedingungen so verändern wollte, daß er auch im hohen Norden gedeihen sollte, und der »Andersgläubige« brutal verfolgte und in ihrer beruflichen Existenz vernichtete. Seine Macht erhielt dieser Apostel der beliebigen Veränderbarkeit von den Veränderungsgläubigen, und deren Einfluß ist im ideologischen Feld noch heute sehr groß.

Man wundert sich nachgerade, daß von denen, die den Umwelteinflüssen eine besonders starke Wirkung in bezug auf das Verhalten der Menschen zusprechen, nicht auch die Meinung vertreten wird, der Alterungsprozeß und der Tod seien Umweltprodukte. Hoffentlich bringt die Forschung in diesem Bereich bald gesicherte Erkenntnisse, um allen ideologischen Spekulanten und allen, denen das Glaubenkönnen an die beliebige Veränderbarkeit der Menschen durch die Verhältnisse so wichtig bzw. nützlich ist, mit wissenschaftlicher Wahrheit entgegnen zu können.

*

Aus stärkerer angeborener Ängstlichkeit verhalten sich die meisten Menschen wie Schwarm- oder Herdentiere. Aus dem Herdentrieb aus überdurchschnittlicher Ängstlichkeit sind sie anpasserisch oder einpasserisch und unterwürfig und leisten der gesellschaftlichen Knechtschaft Vorschub. Es wäre ein großer Fortschritt, wenn Herdenmenschen begreifen und erkennen könnten, daß ihr Wesen weithin ein Herdenwesen, daß ihre »Seele« weithin eine Herdentierseele ist, mögen sie ansonsten noch so gut sein.

*

Das Lieben von Ersatzgeliebten

Jeder will im Leben das bekommen können, was er liebt. Kann er dieses Geliebte nicht bekommen, liebt er notgedrungenermaßen den liebsten Ersatz und befriedigt eine Liebe oder mehrere Lieben mit einem Ersatzgebliebten.

Das Lieben von Ersatzgeliebten ist im Bereich der zweiten und dritten Hauptliebe, im Bereich des geschlechtlichen und des familiären Liebens also, am häufigsten anzutreffen. In diesen Kreis des ersatzweisen Liebens gehört beispielsweise die erworbene Homosexualität. Sie ist eine Art der Ersatzbefriedigung beim weiblichen und beim männlichen Geschlecht, die im Gefolge des Auseinanderdriftens der Geschlechter in unserer Zeit immer häufiger vorkommt. Formen der Ersatzbefriedigung sind auch die Liebenspraktiken mit Tieren oder mit entsprechenden Gegenständen.

Im Bereich des familiären Liebens werden Tiere als Ersatz für eigene Kinder geliebt oder Freundinnen als Ersatz für einen Mann als Ehemann oder als ständigen Begleiter. Viele Frauen betätigen sich im Bereich der sozialen Dienste als Ersatz für das Tätigsein im familiären Bereich. Ein hierher gehörendes Beispiel ist auch das vorgebliche Verlobt- oder Verheiratetsein von Nonnen mit Jesus. Jesus ist für sie der Ersatzgeliebte.

Diese wenigen Beispiele sollen hier genügen.

Vom romantischen und utopischen Falschlieben

Jenes kleine, zierliche Wesen mit seinen blauen Augen, das ich mit sechzehn Jahren in schwärmerischer Weise zu lieben begann, hielt ich für einen Engel. In meinem schwärmerischen Verliebtsein glaubte ich, es sei ein höheres Wesen.

Der schwärmerisch Liebende ist von der Wirklichkeit hinweggesteuert. Stendhal: »Der entflammte Mann sieht alle Vollkommenheiten in seine Geliebte hinein. Von dem Augenblick an, da er liebt, sieht auch der klügste Mann kein Ding mehr, wie es wirklich ist.« Der in schwärmerischer Weise Liebende liebt ein Trugbild, etwas, das es gar nicht gibt. Seine Geliebte erscheint ihm in übermäßigem, unangemessenem Glanz oder Reiz. Goethe: »Der liebt nicht, der die Fehler der Geliebten nicht für Tugenden hält.« Richtigerweise hätte der Herr Rat Goethe sagen müssen: Derjenige liebt in schwärmerisch-verrückter Weise, der die Fehler der Geliebten für Tugenden hält. An anderen Stellen ist vom Liebeszauber, von Verzauberung oder dem Zauber *der* Liebe die Rede.

»Liebe macht blind«, sagt das Sprichwort. In dieser schwärmerischen Art macht sie in der Tat blind und bewirkt absonderliche, gefährliche Arten des Urteilens und Verhaltens. Alle in dieser Weise Liebenden sind Falschgesteuerte. In ihrem eigenen Interesse und in dem ihrer menschlichen Umgebung sollten sie sich der Bedenklichkeit, der Selbstgefährlichkeit und oft auch Gemeingefährlichkeit ihres Liebens bewußt sein oder werden. Doch dieses Bewußtwerden ist um so weniger der Fall, je stärker das Verzaubertsein einerseits und je geringer das Denkvermögen andererseits ist. Die in dieser Art Liebenden sind überzeugt, auf dem allein richtigen Weg ins Glück oder im Recht zu sein und schwelgen gern in ihrem süßen Rausch. In Wahrheit sind sie durch die Sexualhormone sowie eine höhere Empfindsamkeit und Einbildungskraft übersteuert.

Von den sogenannten großen Liebenden der Weltgeschichte, die gemeinsam in den Tod gegangen sind, hätten sich vermutlich manche später getrennt, wenn man sie daran gehindert hätte, sich in ihrer törichten Liebe umzubringen. Viele von jenen, die einmal in dieser Weise ineinander verliebt waren, haben sich später scheiden lassen, weil sie ihrer Selbsttäuschung gewahr wurden. Schwärmerische, romantische Naturen täuschen sich in ihren »tiefen« Gefühlen, im innigen Gefühlsüberschwang des »Herzens« oder der »Seele«, wie es bei Dichtern und in der vorwissenschaftlichen Sprache unsachlich heißt, über das wahre Wesen des Geliebten mit der häufigen späteren Folge leidvoller Erfahrungen aus bitteren Enttäuschungen. Im Überschwang des Liebens drängt man sich zum Geliebten und ins vermeintlich ewig währende Lebensglück, bis man merkt, daß man nicht im Himmel, sondern in der Wirklichkeit gelandet ist, was für solche Gemüter sehr leidvoll, wenn nicht gar lebensgefährlich ist. Wenn sich Eheleute »auseinanderleben«, so zumeist deshalb, weil der frühere romantische Zauber oder Rausch vorüber ist.

Viele Ehedramen und Ehescheidungen sind die Folge falscher Partnerwahl aus törichtem Überlieben dieser Art. Es bringt viele gerade dann um den Verstand, wenn sie ihn am dringendsten brauchten: beim Heiraten. Solche Enttäuschungen werden oft dadurch noch viel bitterer, daß versucht wird, die Schuld daran anderen anzulasten mit der Folge, daß Feindschaften entstehen.

Die Lieberomantiker schwärmen von der Liebe und rühmen sie aus ihrem geliebten Gefühlsüberschwang. Sie sprechen oder singen oder dichten dann von *der* Liebe als der herrlichen, der himmlischen, der göttlichen und glauben felsenfest daran, in der einzig wahren Welt zu leben und ihr Wirklichsein ganz direkt zu empfinden. In Wahrheit jedoch lieben sie ein Trugbild, ein Phantasma, eine Illusion. Es handelt sich um ein Falschlieben aus einer besonderen Art der Empfindsamkeit. Der Liebesromantiker beider Geschlechter liebt die Liebeslaube, die Idylle, das liebliche Arkadien. Liebesromantiker täuschen sich selbst aus einer besonderen Art der Gehirnbeschaffenheit. Ein Lieben dieser romantisch-schwärmerischen Art führt oft zu falschen, zu irrigen, zu nicht tragfähigen, weil illusionären zwischenmenschlichen Beziehungen mit der Folge der Enttäuschung und Trennung.

Für jede zwischenmenschliche Beziehung gibt es einen günstigsten Abstand der Menschen zueinander. Je stärker, echter und darum auch dauerhafter ihre Liebe ist, desto kleiner darf dieser Abstand sein, und je weniger stark und je weniger echt und darum weniger tragfähig die Liebe wechselseitig ist, desto größer sollte der Abstand zwischen ihnen bleiben. Viele Konflikte entstehen dadurch, daß aus schwärmerischem Lieben dieser günstigste Abstand zwischen zwei Menschen unterschritten wird. Auch das Glaubenmachen der Mehrbarkeit zwischenmenschlichen Liebens durch bloßes Wünschen oder Wollen und damit durch Vorsatz, wie es von christlichen Klerikern im Eigeninteresse geschieht, fördert häufig das törichte Unterschreiten des optimalen Abstands.

Eine Art des romantischen Falschliebens ist das nostalgische Lieben vergangener Zeiten oder Zustände. Wenn der Mensch dieser Art Gemütsbeschaffenheit in der Gegenwart und in der Zukunft nichts Erstrebenswertes erkennen kann, beispielsweise durch eine wesensartbedingte Abneigung gegen den technischen und wirtschaftlichen Fortschritt, dann wendet er sich in seiner romantischen Liebenspotenz der Vergangenheit zu, die er dann verklärt und die dann zu seinem Traum wird, zu einer vergangenen Traumzeit. Die Suche nach dem romantischen Glück in der Vergangenheit (Nostalgie) bewirkt dann in derartigen Köpfen das Reden von »der guten alten Zeit« oder den Glauben an einen in ferner Vergangenheit gewesenen Garten Eden oder an ein damals gewesenes goldenes Zeitalter, Epochen, die es auf Erden nie gegeben hat. Solche Welten oder Pseudo-Wirklichkeiten sind Produkte romantischen Phantasierens von Leuten, die eine besondere Empfindsamkeit dieser Art besitzen. Der Rückwärts-Romantiker, wie man den Nostalgiker auch heißen kann, ist ein Rückwärts-Aussteiger aus einer Art ästhetischer Enttäuschung in der gegenwärtigen Wirklichkeit.

Eine Art des romantischen Empfindens ist auch jenes, das die süße Wehmut oder die süße Traurigkeit hervorbringt, eine schmerzhafte Lebensliebe.

Wer am Leben oder an der Welt leidet, der hofft, aus diesem Leben oder dieser Welt »aussteigen« zu können oder aber seine Daseinsempfindung durch eine Veränderung dieser Welt in seinem Wunschsinn verändern zu können. Dementsprechend groß ist die Bereitschaft dieser Menschen, an die Veränderbarkeit der Umstände, der Menschen oder der sogenannten gesellschaftlichen Verhältnisse zu glauben. Bei diesem Hoffen und Wünschen laufen solche Menschen aber Gefahr, sich selbst zu betrügen und sich betrügen zu lassen.

Wenn Sie, meine Leserin oder mein Leser, ein solcher Leidensmensch sind, dann neigen Sie dazu, unwahre Geschichten für wahre zu halten oder an Versprechungen von falschen Heilslehrern und Hoffnungsbetrügern zu glauben. Alle Selbstbetrugsgefährdeten neigen zum Für-wahr-Halten von Unwahrem, an das Wirklichsein oder Wirklichwerden von Unwirklichem, an die Verwirklichungsmöglichkeit von Utopischem oder Illusionärem. Selbstbetrüger wollen die Menschen, die Gesellschaft oder die Welt in einer Art und Weise verändern, wie sie nicht veränderbar sind. Selbstbetrügermenschen können sich als solche um so weniger erkennen, je weniger selbstkritisch sie aus entsprechender Beschränktheit sein können oder aus entsprechender Feigheit sein wollen. Menschen dieser Art sind in Gefahr, ideologischen Betrügern »auf den Leim zu gehen«, denen es selbst aber nur um ihr eigenes Bessergehen als Machthaber über diese Leute geht, eine Absicht, die sie natürlich zu verbergen suchen, indem sie betont machtbescheiden, geltungsbescheiden, geldbescheiden und gemeinnützlich erscheinen.

Je angenehmer das Leben als Ganzes von einem Menschen erlebt bzw. empfunden wird, desto geringer ist sein Geneigtsein zum Ausstieg aus diesem Leben oder zu einer Veränderung. Bei entsprechender Gehirnbeschaffenheit jedoch entsteht die Liebe zur Veränderung in der gewünschten Weise oder die Liebe zum Ausstieg aus diesem Dasein in unerfüllbarer Art. Unerfüllbare oder nicht zu befriedigende Lieben sind utopische oder illusionäre Falschlieben. Sie zeigen sich in unerfüllbarem Glauben, beispielsweise im Glauben an den ewigen Frieden unter den Menschen oder im Glauben an die Erreichbarkeit eines irdischen Paradieses oder im Glauben an die Möglichkeit, zugleich frei von irgendeiner Bevormundung oder Unterdrückung und gleich in bezug auf materielle Besitzstände zu sein oder im Glauben an eine unbeschränkte schwesterliche oder brüderliche Liebe unter den Menschen, also an die schon erwähnte Mehrbarkeit des zwischenmenschlichen Liebens in stärkerem Grad. In diesen Zusammenhang gehört auch die Lehre und der Glaube, der Mensch sei von Natur aus ein guter Mensch, der nur durch bestimmte gesellschaftliche Verhältnisse böse geworden sei.

*

Das Ewig-Weibliche zieht die Männer nicht eigentlich »hinan«, wie der Herr Geheime Rat Goethe in romantischem Überschwang meinte, sondern hinein. Es mag ja sein, daß manche zuvor »hinangezogen« werden, dies dann aber doch bloß, um aus einer höheren Position besser oder leichter hineinzukommen.

*

Viele verdanken ihr Dasein dem strammen Busen oder dem üppigen Hintern der Frau Mama respektive der dichtbehaarten Brust oder beeindruckenden Potenz des Herrn Papa.

*

Literarische oder bildnerische oder schauspielerische oder andere Künstler sind gewöhnlich in einem Liebensbereich oder in mehreren Liebensbereichen ästhetisch überdurchschnittlich stark empfindsam. Aus dieser stärkeren Empfindsamkeit heraus, die auch die Voraussetzung ihrer neu- oder nachschöpferischen Potenz ist, neigen sie aber auch häufiger zu utopischen oder illusionären Weltbeurteilungen und zu Empfindens-Überreaktionen mit der Folge von Enttäuschungen bei sich und/oder bei anderen.

*

Die künstlich gemachten Geliebten oder die Kunstgeliebten

Wir sind in vielerlei Hinsicht dem Schlaraffen-Paradies nähergekommen. Im urnatürlichen Dasein gibt es nur das Wasser aus Quellen oder Bächen oder den Saft von Früchten, um den Durst zu löschen; heute jedoch kann jeder bei uns unter einer Vielzahl von Tees, Säften, Bieren, Weinen, Schnäpsen, Wässern und anderen Getränken wählen. Gleiches gilt für viele andere Bereiche. Wer Beethoven liebt, der kann ihn leicht in Fülle bekommen, und auch die »Rocker« finden ihre Idole. Unsere Möglichkeiten bezüglich der höchsten Gaumengenüsse sind kaum mehr zu übertreffen, und unsere vielen Museen der Bilder- oder Bildhauerkunstwerke sind mit dem Schönsten randvoll gefüllt, um nur diese Beispiele zu nennen.

Die Tiere wollen nur das, was zur Erhaltung ihrer selbst und ihrer Art gerade erforderlich ist. Sie vegetieren, wie der Mensch geringschätzig zu sagen pflegt. Doch uns Menschen genügt dies weithin nicht. Wir lieben vieles und oft in sehr starkem Grad, was die gewachsene Natur zumindest so nicht bietet. Es sind künstlich geschaffene Geliebte, die wir den Künstlern oder Verkünstlichern, den Kultur- oder Zivilisations-Machern im weitesten und nicht nur im eingeschränkten Sinn von Kultur verdanken[1]. Die Künstler oder Verkünstlicher in allen Bereichen des Kultivierens, also auch im technischen Bereich, machen die Kunstgeliebten aller Arten, die Kunstnatur aus natürlichen Mitteln und werden dafür gerühmt oder bezahlt oder beides.

1 Eine Unterscheidung von Kultur und Zivilisation ist irreführend und im Grund auch unzulässig. Das Unterscheiden einer angeblich höherwertigen Kultur und einer weniger hoch anzusiedelnden Zivilisation entstammt dem Versuch einer elitären Selbst-Höherbewertung sogenannter Kultur- oder Geistesschaffender.

Vor allem in den klimatisch weniger begünstigten Bereichen der Erde empfand der Mensch sein Dasein in mehrfacher Hinsicht weniger behaglich. Dieses Unbehagen in der Urnatur gab die Impulse zur vielfachen Umwandlung von Urnatur in kultivierte Natur. Insoweit ein Mensch künstlich erzeugte Geliebte bevorzugt, ist er ein passiver oder aktiver Verkünstlicher und Umsteiger von der naturgewachsenen Welt in eine verkünstlichte. Er ist übrigens nicht der erste Urnaturveränderer. In gewissem, geringem Umfang gibt es das Umwandeln von gewachsener Natur in veränderte schon seit langer Zeit vor dem Erscheinen des Menschen durch gewisse Tierarten. So graben bekanntlich die Füchse oder andere Erdhöhlenmacher unterirdische Gänge und Höhlen, weil sie sich da sicherer fühlen, also aus existentiellem Folgelieben.

Die kulturelle Entwicklung, die vom Menschen in Gang gesetzt wurde, hat mehrere Wurzeln. Sie kommt aus den Überlieben und der Über-Empfindsamkeit. Dabei spielt das geschlechtliche Überlieben und das daherrührende Imponierenwollen eine besondere Rolle. Diesen Impuls und die entsprechende Wirkung gab es bei gewissen Tierarten schon lange vor dem Erscheinen des Menschen. Ein solcher Vorläufer des Menschen als Kulturschöpfer aus geschlechtlicher Paarungsliebe ist beispielsweise jener Laubenvogel, der bunte Steinchen und andere farbige und glitzernde Gegenstände zusammenträgt, um dadurch eine Partnerin in seine künstlich geschmückte Liebeslaube zur Paarung zu locken. Alle jene weiblichen Wesen sind in dieser Beziehung gleichgesteuert, die allen wirklichen oder angeblichen Künstlern nachlaufen und sich diesen in oft schamloser Weise anbieten. In den dichteren Siedlungen des Menschen hat sich die Geltungsliebe wesentlich verstärkt. Sie kam bei den Mächtigen in besonders auffälliger Weise zum Ausdruck. Man denke bloß an die Pyramiden oder die Tempelbauten der Pharaonen. Sie sind Denkmale eines sehr starken Geltens- und Imponierdrangs aus entsprechdem Überlieben.

Die kulturellen Errungenschaften unserer Tage haben einen ungeheuren Appetit im Weltmaßstab erzeugt. Selbst die vor kurzem noch in gänzlich unberührter, steinzeitlicher Welt lebenden Papuas auf Neuguinea sind davon erfaßt und zu appetitbedingt Überliebenden geworden. Eine große künstliche Appetitanregung ist weltweit in Gang gekommen. Wachsendes Wohlstandsstreben und zunehmende Verkünstlichungen sind dafür kennzeichnend. Sie scheinen kein Ende zu finden. Jeder irgendwo erreichte, höhere Stand bewirkt unverzüglich Appetit bei den anderen, die dann sofort bestrebt sind, es den »Fortgeschrittenen« gleichzutun.

Diese Entwicklung bringt bekanntlich auch erhebliche Nachteile mit sich. Geradezu menschheitsbedrohlich ist die Bevölkerungsexplosion. Sie ist die größte Herausforderung in der Folge der kulturellen Entwicklung. Eine negative Folge des wachsenden Wohlstands ist auch die Minderung der zwischenmenschlichen Harmonierbarkeit, insbesondere zwischen den Geschlechtern. Die kulturelle Entwicklung mindert die Fähigkeit des Menschen, sich wechselseitig lieben zu können. Dies ist kein Zeichen des Verfalls der mitmenschlichen Liebe als Produkt des sogenannten Kapitalismus, sondern die Folge jeder Wohlstandsentwicklung[1] und Vermassung.

Durch die Entwicklung seines Schöpf- und Denkvermögens als Machtmehrungsmittel ist der Mensch zu einem kultivierenden Monstrum geworden, das mit jeder Weiterverkünstlichung die Reste unveränderter, gewachsener Natur zunehmend mindert. Viele meinen, durch sein Schöpf- und Denkvermögen sei der Mensch ein kleiner Gott. Angesichts der Entwicklungsfolgen läßt sich leicht erkennen, daß diese Einschätzung ein Produkt des Größenwahns ist. Die Menschheit wird diese aus den Überlieben entstandene Entwicklung nur bei erheblicher Minderung ihrer Ansprüchlichkeit ohne schwere Schäden überstehen. Es hat den Anschein, als sei der Mensch eine genetische Mißgeburt aus dem Überlieben und der Überempfindsamkeit.

Sigmund Freud und seine Schüler sind der Meinung, extreme Triebhaftigkeit sei die Folge behinderter Triebbefriedigung, doch dieser Sichtweise ist wegen ihrer Einseitigkeit zu widersprechen. Überdurchschnittlich starkes Lieben und Empfinden, auch im Bereich des Gefahrempfindens, bewirkt höhere Ansprüchlichkeit

1 Erich Fromm; Die Liebe und ihr Verfall in der heutigen westlichen Gesellschaft, In: Die Kunst des Liebens, Berlin 1980.

und/oder Triebhaftigkeit dieser oder jener Art. Dieses Überlieben und Überempfinden ist als Potenz im Menschen angelegt.

Alles Kultivieren, alle Kultur- oder Kunstprodukte sind Zeichen dafür, daß der Mensch aus der Urnatur aussteigen wollte und weiter will, daß er sich in der Urnatur unbehaglich und in der kultivierten Natur wohler fühlt. Ist er deshalb eine Perversion der Natur, eine Art Mißgeburt? Bis zur langsamen Entwicklung seines Denk- und Schöpfvermögens, im urnatürlichen Dasein also, war das Lust- oder Freudemachende ausschließlich ein Hinweisendes und Hinführendes zur richtigen Lebensfülle. Seitdem es jedoch Erfindungen der Schöpfer und Entdeckungen der Denker gibt, die zu neuen Welten geführt haben, kann gefragt werden, was es damit eigentlich auf sich hat, denn die Wucherung des Menschen, erkenntlich an den Megastädten und den sonstigen Übervölkerungen oder am Luxus, können wirklich nicht mehr als Nützlichkeiten im eigentlichen Sinn bezeichnet werden. Kulturpessimisten meinen ja, die negativen Folgen der kulturellen Weiterentwicklung deuteten auf ein genetisches Mißgeborensein des Menschen als Schicksal hin, das zu seinem Verschwinden als Lebensform in nicht allzu ferner Zukunft führen werde.

*

Als sehsinnlicher Schönheitslieber oder Ästhet mag ich es, wenn sich meine Hübsche durch entsprechende Künste noch hübscher macht, und was gibt es da heutigentags nicht alles an modischer Kleidung und an Schminkmitteln und an anderen künstlichen Verschönerungsmitteln! Doch ich halte mir zugute, daß ich um das rein Äußerliche solcher Reize und um deren Vergänglichkeit, daß ich um diese Art des süßen Selbstbetrugs weiß.

*

Unsere Lieben machen unsere Konflikte

Als junger Mann mit 19 Jahren kam ich eines Abends mit einer um etwa 10 Jahre älteren, gut aussehenden und allem Anschein nach unverheirateten Frau ins Gespräch. Wir unterhielten uns angeregt, wobei sie auch bemerkte, Studienrätin im Sudetenland zu sein. Da wir Gefallen aneinander fanden, verabredeten wir ein Wiedersehen. Es fand nur wenige Tage später statt. Mit einem kurzen Spaziergang in die laue Frühlingsnacht hinaus wollten wir es zu später Stunde beenden. Dabei geschah es dann, daß wir uns küßten. Plötzlich machte sich meine Begleiterin an meinem Hosenschlitz zu schaffen in der Absicht, da einzudringen. Ich war schockiert. Zum Glück kam ein Auto mit aufgeblendetem Licht daher und näherten sich Menschen. Wir kehrten um, und ich verabschiedete mich kühl und sicher enttäuschend für meine Begleiterin.

In mir war ein Konflikt zwischen der in mir damals noch vorherrschenden familiären Liebe und der in meiner Begleiterin vorherrschenden sexuellen oder genitalen entstanden, der mich auch noch in späteren Jahren beschäftigte. Er war sicher kein Erziehungsprodukt. Ich trug aus meiner Wesensart das Wunschbild der züchtigen, edlen Frau und späteren treuen Mutter in mir, die ich als Lebenspartnerin wünschte und zu der ich eine Beziehung im Sinne dieses Gedichts von Theodor Storm haben wollte:

Ich bin mir meiner Seele
In deiner nur bewußt.
Mein Herz kann nimmer ruhen
Als nur an deiner Brust!

Mein Herz kann nimmer schlagen,
Als nur für dich allein.

Ich bin so ganz dein eigen,
So ganz auf immer dein.

Ohne Bewußtsein der Hintergründe oder Zusammenhänge psychischer Art war ich zum Entstehungs-»Ort« eines fundamentalen natürlichen Konflikts geworden, des Konflikts zwischen verschiedenen Grundveranlagungen des Menschen. Diese Verschiedenheit der Grundveranlagungen im geschlechtlichen und familiären Liebens- und Wertensbereich läßt sich drastisch durch einen Vergleich obigen Gedichts mit diesem von Bertolt Brecht zeigen:

Das neunte Sonett

Als du das Vögeln lerntest, lehrt ich dich,
So vögeln, daß du mich dabei vergaßest
Und deine Lust von meinem Teller aßest,
Als liebtest du die Liebe und nicht mich.

Ich sagte: Tut nichts, wenn du mich vergißt,
Als freutest du dich eines andern Manns!
Ich gab nicht mich, ich gab dir einen Schwanz;
Er tut dir nicht nur gut, weil's meiner ist.

Wenn ich so wollte, daß du untertauchst
In deinem eignen Fleische, wollt ich nie,
Daß du mir eine wirst, die da gleich schwimmt,
Wenn einer aus Versehn hinkommt an sie.
Ich wollte, daß du nicht viel Männer brauchst
Um einzusehn, was dir vom Mann bestimmt.

Wer eine stärker familiär orientierte Weltbeurteilung aus ausgeprägter familiärer Liebe hat, der wird Antipathie beim Lesen dieses Gedichts und der sich darin äußernden Urteilens- und Verhaltensweise verspüren, wohingegen jeder Mensch mit vorwiegend genital geprägter Liebe zum anderen Geschlecht eine Einstellung wie die Storms als eng und »kleinbürgerlich«, eine wie die Brechts jedoch als treffend bezeichnen wird.

Wir Menschen sind Zwitterwesen zwischen jenem Typus, der keine vollfamiliäre und lebenslange Dauergesellung will und jenem, der nur diese will. Diese immanente, genetisch fixierte Zwittrigkeit ist durch die kulturelle Entwicklung heute bekanntlich ein großes Konfliktpotential. Es gibt einen natürlichen menschlichen Grundkonflikt aus der geschlechtlichen Liebe einerseits und der familiären andererseits, der um so stärker die persönliche Art des Angemutetwerdens und des Sichverhaltens prägt, je einseitiger seine Stärke in dieser oder jener Liebensart ist. Monogame und polygame Beziehungen der Geschlechter gibt es bekanntlich nicht nur beim Menschen. In vielen Tierarten ist die eine oder andere Art oder sind Mischformen ausgeprägt.

Der einseitig stark ausgeprägt geschlechtlich Liebende will nicht verheiratet sein. Er sieht in der Ehe nach bürgerlichem Recht eine Beeinträchtigung seiner Freiheit, wohingegen der einseitig stark familiär Liebende in einer dauerhaften und ausschließlichen ehelichen Bindung mit rechtlichem Schutz seine Art der diesbezüglichen Freiheit sieht. Für den einseitig stark familiär Liebenden ist der Geschlechtsverkehr eine heilige Handlung und ausschließlich dazu da, der Fortpflanzung zu dienen. Ihn schaudert und ekelt es, wenn dazu »Vögeln« gesagt wird und wenn die geschlechtliche Paarung nur als Lustquelle dient. Für den einseitig stark geschlechtlich Liebenden ist das »Hinkommen« eines anderen an ihn, wie es in dem Gedicht von Brecht für sexuellen Kontakt heißt, kein Grund zum Eifern oder gar zur Eifersucht als hochgradigem Eifern. Für ihn findet durch einen Geschlechtsverkehr mit andern kein Treuebruch, kein moralisch verwerfliches oder böses Verhalten statt, ganz im Gegensatz zum einseitig stark familiär Liebenden. Je mehr ein Mann oder eine Frau einseitig und stark in Richtung auf das geschlechtliche Lieben fixiert ist, desto eher will er oder sie nur seine bzw. ihre sexuelle Potenz zum Geschlechtsverkehr geben und dasselbe von der Partnerin oder vom Partner haben und nichts weiter, in Entsprechung zu dem, was Brecht in seinem typischen Gedicht sagt: »... ich geb' dir einen Schwanz, nicht mich ...«. Ein Mensch dieser Wesensart möchte sich ganz nach Belieben paaren können und paaren, und er hält dieses Wünschen und Verhalten für das einzig richtige, eine von seiner diesbezüglichen Meinung abweichende für unsinnig und jedes Argumentieren darüber für sinnlos. Demgegenüber will der gegensätzlich Veranlagte ein Leben lang treu sein und hält eine von seiner Meinung abweichende für schädlich sowie jedes Argumentieren darüber für sinnlos.

Je stärker ausgeprägt die geschlechtliche Liebe der familiären gegenüber in einem Menschen ist, desto weniger will dieser Liebhaber »sein Herz schenken«, wohingegen gerade dies der Liebhaber der familiären Liebe will. Der typische und von mir so genannte Sexmensch muß den anderen nicht seinem innersten Wesen nach, also »von tiefstem Herzensgrund« lieben. Ihm genügt das sexreizende äußere Wesen, das »Fleisch«, wie Paulus sagt, wohingegen der typische Familienmensch leiblich nur mit wirklichem Genuß lieben kann, wenn »das Herz« ja sagt, also die Wesenartliebe. Er wird vom Reden und Verhalten des Sexmenschen unangenehm angemutet und flieht ihn. Mit zunehmender familiärer Liebe wächst die Abneigung gegen die sogenannte »freie« Liebe (Libertinage). Der Familienmensch will den Partner als Dauerpartner und in Ausschließlichkeit, wohingegen der typische Sexmensch lediglich den Geschlechtsverkehr mit irgendeinem gerade dazu reizenden Partner praktizieren will.

Die rein geschlechtliche Liebe ist mit der Ausstoßung der Samenzellen beim Mann bzw. dem Orgasmus bei der Frau voll befriedigt, die familiäre jedoch erst mit einem lebenslangen, treuen Geselltsein mit dem Idealpartner in der Idealfamilie. Die treusorgende Mutter und der treusorgende Vater sind typisch für den Familienmenschen. Der polygame Sexmensch möchte alle Frauen bzw. Männer zum wechselweisen »Gebrauch« in einem eigenen Harem haben, der monogame Familienmensch dagegen einen einzigen Partner für immer.

Wegen der Konflikte, die aus dieser Zwittrigkeit des Menschen insbesondere mit zunehmender Siedlungsdichte entstanden sind, haben geschlechts- und familienmoralische Gebote und Verbote so große Bedeutung erlangt. Weniger duldsame Sexualethiken sind ein Schutzprodukt für das monogame Prinzip, da der Sexmensch streunt und untreu ist. Das familiäre Prinzip ist, um zu »funktionieren«, für die Einschränkung und die Treue, die Fixierung auf *einen* Partner. Je eher eine Ethik dem Schutz der reinen, also ausschließlich einfamiliären und einpartnerschaftlichen Beziehung dienen soll, desto eher wird die polygame oder völlig freie verurteilt.

Die in der geistigen Nachfolge von Sigmund Freud entstandene Liberalisierungstendenz hat den libertinistischen »Geist« verstärkt. Hier ein Beispiel des in der Nachfolge Freuds verstärkten Denkens: »Jeder einzelne von uns muß zu seinem Teil vor allem den Konflikt der Sexualtriebe mit den Verboten der Gesellschaft überwinden; es ist eine schwere Aufgabe, die uns, wenn wir sie erfüllen, zum offenen Widerstand gegen die scheinheilige Moral der Gesellschaft führen muß, gegen eine Moral, die jedermann verkündet, ohne daran zu glauben oder sie zu befolgen. Wir müssen die Einflüsse überwinden, denen man uns in der Kindheit unterwarf, als man uns einredete, die Liebe sei Sünde und Hölle. Der Mensch muß die Schachzüge seiner Familie überspielen, die darauf lauert, das Aufblühen seines Gefühlslebens zu ersticken; er muß Drohungen und Flüchen die Stirn bieten, um seine ersten Lieben zu bewahren. Wenn die Menschheit eines Tages gerettet werden soll, muß die Gesellschaft vorher aufhören, die freie Entfaltung der (genitalen) Liebe zu fesseln«[1].

Die familiäre Scheu und Scham dem Sexuellen gegenüber – zum Unterschied von der würdebezüglichen – ist nicht eine Folge falscher Erziehung, wie es von Schülern Freuds behauptet wird, sondern eine Folge des familiären Treueprinzips und eines seiner Kennzeichen. Die züchtige familiäre Geschlechtsmoral wird von einseitig geschlechtlich Liebenden oft als »bürgerliche Verlogenheit« diffamiert, weil sie die Scham und die Treue einschließt, die all jenen, die frei und ganz nach Belieben kopulieren möchten, nicht paßt. Die Treue aus dem familiären Gesellungslieben schränkt den vagabundierenden Geschlechtstrieb des typischen Sexmenschen ein mit der Folge, daß die familiäre Geschlechtsmoral pauschal als eine angeblich verlogene bezeichnet wird.

1 René Allendy; Die Liebe, München 1975, S. 152

*

Der »Teufel« steckt nicht bloß »im Detail«, wie es im Sprichwort heißt, sondern auch zwischen den Beinen; und was hat dieser Teufel nicht schon an Häßlichem, an Ungutem und Bösem, aber auch an Schönem und Gutem bewirkt. Keine Liebe hat so viel bewegt, so viele Geschichten und auch Geschichte gemacht wie die Geschlechtsliebe; keine andere Liebe hat so viel Freudetränen, aber auch Leidtränen fließen lassen wie diese; und so wird es weitergehen, es wäre denn, die Geschlechter könnten sexuell voneinander unabhängig werden, diese Liebe künstlich in optimaler Weise befriedigen. Dann gäbe es keine balzenden Gockel mehr und keine Hennen, die sich mit ihrem Großgockel brüsten könnten, dann gäbe es keine Vergewaltigungen mehr, ja, der ganze Geschlechterkampf um Vorteile dieser oder jener Art und viele andere Groß- und Kleinkonflikte würden durch den kulturellen Fortschritt dieser besonders progressiven Art verschwinden. Oder wäre dieser Fortschritt einer in die falsche Richtung?

*

Gerne wollt ihr Gutes gönnen
Unserem Goethe, unserem Schiller,
Nur nicht Meier oder Müller,
Die noch selber lieben können.

Denn durch eure Männerleiber
Geht ein Konkurrenzgetriebe
Sei es Ehre, sei es Liebe;
Doch dahinter stecken Weiber.

Wilhelm Busch

*

Der Gewissenskonflikt aus den Lieben. Vom sogenannten »schlechten« Gewissen

Im Alter von etwa 40 Jahren bin ich ganz zufällig einer Frau begegnet, zu der sich meine Liebe wie ein Blitzschlag manifestierte. Spontan, »wie aus heiterem Himmel«, empfand ich starke Zuneigung, die von ihr in ähnlich breiter und starker Weise erwidert werden konnte und erwidert wurde. Das war besonders beglückend. Als diese von mir sehr geliebte Frau eines Tages lebensgefährlich erkrankte, war ich in besonders starkem Grad um sie besorgt, weil ich sie nicht verlieren wollte.

Wenn wir lieben, sind wir immer auch im Eigeninteresse oder nur im Eigeninteresse um das Wohl des Geliebten besorgt und fürchten wir Nachteile oder Schäden für es. Der Liebende hat selbst Kummer, wenn das Geliebte kümmert oder Kummer hat und versucht durch Sichkümmern den Kummer des Geliebten und damit auch seinen eigenen zu mindern oder zu beseitigen.

Wenn nun der Fall eintritt, daß wir etwas getan oder unterlassen haben, was dem Geliebten geschadet hat oder schadet oder schaden könnte, dann bewegt dies unser Gemüt in mehr oder minder starker und unangenehmer Weise. Diese Art der Gemütsbewegung heißen wir Gewissensregung. Wenn wir befürchten, um das Wohl des Geliebten nicht hinreichend besorgt gewesen zu sein bzw. in der Gegenwart oder Zukunft nicht hinreichend besorgt zu sein, so haben wir ein schlechtes Gewissen, schlägt uns das Gewissen, wie man zu sagen pflegt. Wir fühlen uns schuldig.

Gewissensregungen sind Furcht- oder Schuld- oder Reuebekundungen, die beim befürchteten oder tatsächlichen Sicheingestehenmüssen entstehen, dem Geliebten gegenüber den Schutz oder die Hilfe vernachlässigt oder versagt zu haben, nicht hinreichend besorgt gewesen oder besorgt zu sein. Wer durch sein Verhalten keinen Nachteil für das Geliebte und damit auch für sich zu befürchten hat, dem schlägt auch kein Gewissen. Wenn man fragt, ob jemand etwas mit seinem Gewissen vereinbaren könne, könnte man auch fragen, ob er nicht fürchte, Gemütsschmerzen oder Unbehagen zu empfinden, wenn er sich nicht fürsorglich oder dem Geliebten gemäß verhalte. Liebe, eine Liebesbeziehung ist die erste Komponente des natürlichen Gewissens oder des Liebegewissens. Wer nichts liebt, der kann auch keine Gewissensbisse haben.

Die zweite Komponente für die Entstehung von Gewissensregungen ist die Gefahrempfindsamkeit, also die Furchtsamkeit oder die Ängstlichkeit, die ja von Mensch zu Mensch angeborenermaßen und evtl. auch erworbenermaßen verschieden stark ausgebildet ist. Damit ist aber auch gesagt, daß ein Furchtloser, ein nicht befürchtbarer Mensch keine Gewissensregung haben kann. Er ist aus Nichtbefürchtbarkeit gewissenlos, was aber nicht zugleich bedeutet, daß er darum auch unmoralisch handelt.

Eine Mutter, die ihr Kind sehr liebt und die zudem sehr leicht und stark befürchtbar ist, ist diesem Kind gegenüber viel gewissenhafter als eine Mutter, die ihr Kind ebenfalls sehr liebt, jedoch weniger furchtsam ist. Gewissensregungen sind Gemütsbewegungen, die, wie alle Gemütsbewegungen oder Gefühle, vom Furchtsamkeitsfaktor beeinflußt werden. Furchtsamere Menschen sind aus ihrer stärkeren Furchtsamkeit gewissenhafter und darum im zwischenmenschlichen Bereich von daher bessere Menschen, schlechtere jedoch in bezug auf die Erringung und Bewahrung der (politischen) Freiheit, es sei denn, sie überwänden ihre Furcht durch entsprechende Tapferkeit. Die ängstlichen Menschen sind die gewissenhaftesten, rücksichtsvollsten und von daher auch besten aus dieser Komponente des Gewissens. Sie sind es in jeder Richtung, von der sie annehmen, es könne von ihnen zu Befürchtendes geschehen, insbesondere natürlich von seiten eines geglaubten Schöpfergottes.

Ein dritter Faktor für die Entstehung und Stärke von Gewissensregungen ist die Empfindsamkeit des Geliebten. Je eher und je stärker ein geliebtes und empfindsames Wesen aus seiner stärkeren Empfindsamkeit durch uns zu leiden hat, desto stärker ist unsere Furcht, es könne ihm bleibender Schaden entstehen und seine Zuneigung oder Liebe zu uns, auf die wir im Stärkegrad unserer eigenen Liebe Wert legen, könne sich dadurch mindern. Je größer der Leidensgrad eines Geliebten aus seiner stärkeren Empfindsamkeit durch unser Falschverhalten ist, desto größer ist der »innere Aufruf« aus unserer Gewissensfurcht, d. h. die Gewissensregung. Der in stärkerem Grad Liebende und zudem in stärkerem Grad Furchtsame hat um so schneller und in um so stärkerem Grad ein Unbehagen bei der Vorstellung, das Geliebte könne Schaden nehmen und sich von ihm abwenden, je empfindsamer es auf ein Geringerbesorgtsein reagiert. Darum wird eine Mutter um so rascher einem Kind zu Hilfe eilen, je mehr sie es liebt, je furchtsamer sie ist und je mehr das Kind durch sein Schreien glauben macht, es gehe ihm schlecht. Bekanntlich gibt es Kinder, die ein Überbesorgtsein der Mutter aus Über-Furchtsamkeit instinktiv ausbeuten.

Da das Gewissen zur Gänze von der speziellen Liebe abhängt, kann es auch kommen, daß in einem Menschen zugleich die größte und stärkste Gewissenhaftigkeit und völlige Gewissenlosigkeit gegeben sind. So gibt es beispielsweise gewissenlose Verbrecher anderen Menschen gegenüber, die zugleich die liebevollsten, fürsorglichsten und insofern gewissenhaftesten Väter sind. Das Gewissen ist darum so subjektiv und so relativ wie die Art und Stärke der Liebe, die Art und Stärke der Furchtsamkeit und die Art und Stärke der Empfindsamkeit des Geliebten.

Über-Gewissenhaftigkeit entsteht, wenn beim Liebenden ein Über-Lieben mit Über-Befürchtbarkeit gegeben ist und zudem das Geliebte überempfindsam oder gar gemütsempfindlich, gemütswehleidig ist. Hier sei die Über-Gewissenhaftigkeit jener gläubigen Christen angeführt, die sich unendlich schuldig und mit dem vorgeblich moralisch empfindlichen Gott immerzu in extremer Bußfertigkeit versöhnungsbedürftig fühlen. Die Folge ist ein immerwährendes, starkes, jedoch neurotisches Sich-schuldig-Fühlen und Um-Vergebung-Flehen, wie es in dem Spruch »mea culpa, mea maxima culpa« zum Ausdruck kommt. Auslöser dieses krankhaften Schuldgefühls ist eine extreme spezielle Furchtsamkeit. Das Gegenteil der Über-Gewissenhaftigkeit ist die zerstörende Gewissenlosigkeit aus schwacher Furchtsamkeit und Haß.

Aus den gleichen wie den vorstehenden Gründen ist das natürliche gesellschaftliche Verhalten, die natürliche Sittlichkeit oder Moral des Menschen ein Produkt aus seiner speziellen oder allgemeinen Gesellungsliebe, seiner Gefahr-Empfindsamkeit (Furchtsamkeit, Ängstlichkeit) sowie der Empfindsamkeit der geliebten Mitmenschen in diesen Gesellungsbereichen. Die natürliche Sittlichkeit oder Moral, die Moral aus dem Lieben, hat in diesen Faktoren ihre Wurzeln. Gleiches gilt für das natürliche Rechts- und Unrechtsempfinden. So könnte beispielsweise ein Mensch ohne irgendein Gesellungsbedürfen, also auch Gesellungslieben, wenn es ihn gäbe, von Natur aus kein Rechts- und Unrechtsempfinden seinen Mitmenschen gegenüber haben. Die natürliche Sittlichkeit und Moral, das natürliche Rechts- und Unrechtsempfinden, sind durch die gleichen Faktoren bedingt und damit ebenfalls subjektiv und relativ wie das Gewissen. Sie ändern sich mit den Arten der Lebensbedingungen und damit den Arten und Stärken des Liebens. Bekanntestes Beispiel ist die Andersartigkeit der Moral des Hungernden und des Satten. Das Mitempfinden mit Tierschicksalen, wie dies heute in den reichen und satten Völkern so ausgeprägt ist, ist die direkte Folge der Sattheit im Überfluß und in Sicherheit, wie dies bei den meisten Menschen der europäischen und nordamerikanischen Kulturkreise der Fall ist.

Ohne Liebesbeziehung irgendwelcher Art gibt es keine Gewissensregung. Die sogenannten Gewissensbisse sollen den Menschen darauf aufmerksam machen, daß er sich selbst schädigt, wenn er zuläßt, daß dem Geliebten ein Schaden entsteht. Ein Mensch kann nur im Stärkegrad seines Liebens Gewissensregungen haben und nur dem Geliebten gegenüber. Gewissensregungen sind eine Strafe in Form von selbstverschuldeten unangenehmen Gefühlen. Diese unangenehmen Gefühle entstehen aus dem Chemismus. Es gibt den strafenden Chemismus. Wer in diesem Zusammenhang von göttlichem Walten spricht, der sollte lieber von einem chemischen Gott und dessen Walten sprechen. Es ist unsinnig, Schuldempfindungen als Wirkung einer personalen strafenden Instanz, also einer besonderen moralischen Autorität, aufzufassen, als handele es sich um eine Gottesstrafe für eine menschliche Schuld.

Einem von Natur aus gesellschaftsunabhängigen Lebewesen ist es gleichgültig, was mit anderen geschieht. Je mehr dagegen ein Mensch als Herdenmensch Mitmenschen liebt, desto gewissenhafter wird er aus diesen Liebesbeziehungen. Dem typischen Einzelgänger ist es gleichgültig, was andere Lebewesen um ihn herum machen, wohingegen der typische Herdenmensch ganz genau beobachtet, was der andere tut und ob er sich so verhält, daß er gut in die Herde paßt, daß er sich herdenkonform verhält. Für den typischen Einzelgänger gibt es nur sein Eigenwohl, während für den typischen Herdenmenschen das Gemeinwohl höchste Autorität ist. Schon aus diesen Gründen ist es unsinnig, von *dem* Gewissen als einem einheitlichen und verbindlichen zu sprechen oder zu schreiben. Mit der Art und dem Grad des Angemutetwerdens aus den Liebesbeziehungen ändern sich ganz automatisch das Werteempfinden und das Rechts- oder Unrechtsempfinden. So gibt es aus den verschiedenen Lieben nach Art und Stärke keine einheitliche Moral. Es gibt die liebensspezifische natürliche Liebesmoral und die gemeinschaftsspezifische künstliche Moral. Wer aus seinem Herdentrieb, seiner Liebe zum Eingebettetsein in eine Herde, in besonderem Grad vom Verhalten des »Nächsten« abhängt, der will die Herdenmoral durchgesetzt wissen, falls sie nicht automatisch zustande kommt. Als höchste Autorität wird dann ein entsprechend gebietender, richtender und erforderlichenfalls streng strafender Gott eingeführt.

Lieben und Hassen

Wenn Sie ein Mensch sind, meine Leserin oder mein Leser, der seine Landsleute als Menschen empfindet, die ihm wegen ihrer Wesens- und Strebensart verwandter sind als andere, dann haben Sie Schwierigkeiten, alle Menschen pauschal für Ihre Brüder oder Schwestern zu halten. Sind Sie dagegen jemand, der alle Menschen für Brüder und Schwestern im engeren Sinn hält und der der Meinung ist, die Meinung von der qualitativen Andersartigkeit der Wesensart und der Kulturen sei lediglich die Folge falscher Erziehung, dann sind Sie insofern auf Konfliktkurs zu den ersteren. Ist nun dieses Empfinden und Werten dieser oder jener Art besonders stark ausgeprägt, besteht zwischen solchen Menschen eine größere Abneigung oder ein Hassen. Dieser Konflikt zwischen Menschen stärker nationaler oder aber internationaler Einstellung ist überall zu beobachten. Von solchen konfliktbedingten Abneigungen oder Hassen soll hier als dem Gegenteil der Zuneigungen oder Lieben kurz die Rede sein.

Grundsätzlich gilt: So, wie es die Einheitsliebe nicht gibt, so gibt es auch den Einheitshaß nicht. In genauer Entsprechung zum Lieben gibt es einen Wesenskern aller Hasse, nämlich die Abneigung zwischen Hassendem und Gehaßtem und daneben ebenso viele Hasse wie Lieben. So, wie die Lieben lediglich bestimmte Beziehungs- und Willensarten sind, nämlich die zwischen Liebenden und Geliebten, so sind auch die Hasse lediglich bestimmte Beziehungs- und Willensarten, nämlich jene zwischen Hassenden und Gehaßten. In genauer Entsprechung zum Wesenskern aller Lieben gibt es auch die Abneigung als Wesenskern aller Hasse in allen Stärkegraden ab dem Nichtvorhandensein in der Neutralität bis hin zum sehr großen, der Vernichtungshaß ist. Dieser Wesenskern aller Hasse ist das Abgestoßenwerden vom Gehaßten sowie der Weghabens- oder Trennungswille.

Wenn Sie, mein Leser oder meine Leserin, ihr Leben lieben und wenn Sie zudem nicht konfliktallergisch sind, dann hassen Sie all jene, die Ihnen nach dem Leben trachten, Sie physisch vernichten wollen. Es ist existentieller Haß. Und wenn Sie jemand daran hindern will, mit einem Mann oder einer Frau intim zusammen zu sein, den oder die Sie sehr lieben, dann kommt in Ihnen sexueller und/oder familiärer Haß hoch, es sei denn – wie gesagt – Sie wären konfliktallergisch. In gleicher Weise gibt es den Haß aus dem Geltungslieben, aus dem materiellen Lieben, aus dem Machtlieben und aus allen anderen Arten des Liebens. Das Eifern gegen Geschlechts- oder Geltungsrivalen kommt aus dem entsprechenden Hassen und ist – wie bemerkt – in seiner stärksten Form die Eifersucht.

Mit jeder Liebe und jeder Liebesbeziehung entsteht potentiell eine Haßbeziehung zu jenem, das das Bekommen oder das Haben und das Behalten des Geliebten beeinträchtigt oder zu beeinträchtigen scheint. Wer nichts liebt, der haßt potentiell auch nichts. Ihm ist alles gleichgültig. Je stärker eine Liebe oder Zuneigung zu einem Geliebten jedoch ist, desto stärker ist potentiell auch das Hassen oder die Abneigung gegen alles, was der Erfüllung oder Befriedigung der Liebe entgegensteht, von jenen Mächten abgesehen, denen man nichts anhaben kann.

Da das Hassen generell ein Kind des Liebens ist, kann es auch nie größer sein als das Lieben. Wer etwas nur in geringer Stärke liebt, der kann in dieser Beziehung niemals in starkem Grad hassen.

Da die Geliebten nicht selten von gegensätzlicher Art sind, kommt es vor, daß dasselbe von den einen sehr geliebt und von den anderen sehr gehaßt wird. So haßt beispielsweise der Fleißige den Faulpelz und umgekehrt. Gleichgültigkeit ist das Nichtempfinden aus völligem Mangel an Liebe zu etwas oder an Haß gegen etwas.

Schon im Kindesalter haßt der Mensch alles, was seiner Entwicklung, also der Befriedigung seiner existentiellen Liebe, entgegensteht. Dieser existentielle Haß kann lediglich durch familiäres Lieben gemindert werden, das ja in gewissem Sinn auch ein existentielles Lieben ist.

Das gleichzeitig in einem Menschen vorhandene Lieben und Hassen desselben, die Haßliebe also, entsteht und ist gegeben, wenn sich ein Geliebtes einem Gehaßten zuwendet, wie dies bei Liebespaaren dann der Fall sein kann, wenn ein Mann oder eine Frau auftaucht, der oder die geliebtwerdenswürdiger ist oder so erscheint, wie es bei jenem jungen Mann der Fall war, der seine Heißgeliebte tötete, weil diese sich einem anderen zuwandte. Das Hassen könnte erst dann in relativer Weise verschwinden, wenn alle Menschen immer voll befriedigt sein könnten.

Der Haß gegen etwas Gehaßtes ist genausowenig ein Gefühl wie die Liebe zu einem Geliebten, sondern – wie gesagt – lediglich eine bestimmte Beziehungs- und Willensart, aus der – je nach dem Schicksal des Geliebten oder Gehaßten und damit der Liebes- oder Haßbeziehung –, mehrere Gefühlsarten entstehen können, wie beispielsweise Freude, wenn das Gehaßte verschwindet, oder Wut, wenn das Gehaßte erscheint, um hier nur diese beiden zu nennen.

Die bisherige Unfähigkeit, neben dem Lieben auch das Hassen lediglich als Beziehungs- und Willensart zu begreifen, hat nach meinem Urteil in der Philosophie und in der Psychologie zu vielen Mißverständnissen und Fehlurteilen und zu einem endlosen Hin und Her der Meinungen geführt. Im Interesse der wissenschaftlichen Wahrheit und Klarheit sollte dieses falsche Meinen beendet werden.

*

Die Lieben sind die Mütter der Hasse. Wer Geliebtes beeinträchtigt oder nimmt, der wird vom Liebenden gehaßt, gleichgültig, um welches Geliebte es sich handelt.

*

Die Lieben und die Gemütsbewegungen

Meine Geliebte vom Schulweg hat damals mein junges Herz nicht nur einmal zum schnelleren Schlagen gebracht. Jeden Schultagmorgen hoffte ich, sie auf unserem Weg wiederzusehen, und jedesmal, wenn ich an die entsprechende Stelle kam, schlug mein Herz in Vorfreude auf ein Wiedersehen schneller. Dieses freudige Gemütsbewegtsein kam allein aus meiner Liebe zu ihr, sie ließ beim Wiedersehen Freude entstehen.

Wenn Geliebtes kommt und auch wenn Gehaßtes verschwindet, kann Freude in allen Stärkegraden entstehen. Derartige Außenveränderungen bewegen unser Gemüt in angenehmer, wohltuender, beglückender oder erfreuender Weise. So freut sich jeder der existentiell in unbefriedigter Weise liebt, wenn bei der Genesung die geliebte Gesundheit zu ihm kommt, die gehaßte Krankheit also verschwindet, und gleiches gilt für alle anderen Arten des Liebens. Erst dann, wenn wir aufgehört hätten, etwas zu lieben, könnten wir uns nicht mehr freuen.

Den gleichen Vorgang und das, was dann entsteht, heißt man im Bereich der Leibsinne nicht Freude, sondern Lust. So sprechen wir von der Lust der Augen, wenn wir Geliebtes schauen, von der Lust der Ohren, wenn wir Geliebtes hören, von der Lust der Nase, wenn wir Geliebtes riechen, von der Lust des Gaumens, wenn wir Geliebtes schmecken, und von der Hautlust, wenn wir Geliebtes anfühlen. Im Bereich des Haut- oder Fühlsinns heißt die angenehme Empfindung auch Wollust oder – wie sich akademisch Gebildete lieber ausdrücken – Libido. In der Bibel spricht Paulus von der Fleischeslust. Man könnte natürlich auch von Augenfreuden, von Ohrenfreuden, von Nasenfreuden und von Haut- oder Fühlfreuden sprechen. Von Gaumenfreuden sprechen und schreiben wir ja schon. Da geht im Deutschen durch falsche und überkommene Fehlleistung einiges durcheinander. Im übrigen wird ja ohnehin von Sinnes- oder Sinnenfreuden gesprochen. So frug mich eine Freundin einmal, ob ich mich schon gefreut, den Höhepunkt also erlebt hätte.

Dem Lusterleben im leibsinnlichen Bereich steht das entsprechende Schmerzerleben gegenüber.

Als meine junge Geliebte damals plötzlich mit den Eltern in eine andere Stadt ziehen mußte, wurde ich als Folge des Wegggangs der Geliebten sehr traurig. Trauer ist Leidempfinden beim endgültigen oder aber scheinbar endgültigen Verschwinden von Geliebtem, insbesondere also beim Tod als besonders brutalem Getrenntwerden von Geliebtem.

Trauer ist unangenehmes Gemütsbewegtsein bzw. unangenehme Gemütsgestimmtheit in allen Stärkegraden. Wenn ein heißgeliebtes Kind plötzlich und unerwartet stirbt, empfinden die Eltern starkes Leid, starkes Weh und tiefe Trauer.

»Das Lieben bringt groß' Freud' ...«, heißt es im Lied, doch es bringt eben auch großes Leid, und dies dann, wenn Heiß- oder Sehr-stark-Geliebtes verschwindet und/oder Gehaßtes kommt. Wenn alte Menschen in die winterliche Dunkelheit, Kahlheit, Kälte und Nässe hinein müssen, die sommerliche Helligkeit, Fülle in der Vegetation, Wärme und Trockenheit also verlassen müssen, dann empfinden sie diesen Wandel im Außen vom Geliebteren zum Gehaßteren als unangenehmes Erleben.

Alle unsere Empfindungen sind Urteile aus unserem Lebensgrund über Veränderungen in bezug auf unsere Lieben. Alle angenehmen Empfindungen entstehen durch Positivveränderungen, also durch Mehrungen des Geliebten bzw. Minderungen des Gehaßten. Beispiel: Ein Lottogewinn läßt uns reicher werden bzw. mindert unsere Armut. Demgegenüber entstehen unangenehme Empfindungen immer durch Negativveränderungen, durch Minderungen des Geliebten bzw. Mehrungen des Gehaßten. Beispiel: Ein sein Leben sehr liebender Mensch wird krank, bekommt eine gehaßte Krankheit, muß sich also von der geliebten Gesundheit trennen.

Wenn unsere geliebten Kinder von Kinderräubern oder -entführern entführt werden, dann erregen wir uns und werden wütend, weil Geliebte geraubt oder entführt, also genommen werden.

Wut und Ärger entstehen in uns, wenn eine Liebesbeziehung durch Menschen beeinträchtigt wird, wenn wir von anderen in unserer Lebensfülle beeinträchtigt werden. Eine Ausnahme macht unser Gemüt bei solchen Mächten, die wir moralisch nicht beschuldigen und denen wir nichts anhaben können, wie beispielsweise das sogenannte Schicksal oder eine »göttliche Macht«. In solchen Fällen sprechen wir von unerforschlichen Ratschlüssen oder von Schicksalsschlägen, denen wir uns in Trauer ergeben oder fügen.

Ärger entsteht, wenn uns Ärgerliches oder Ärgerndes widerfährt, wenn uns andere oder wenn wir uns selbst in unserer existentiellen, sexuellen, familiären, geltungsbezüglichen oder sonstigen Lebensfülle aus dem Geliebten beeinträchtigen. Es ärgert uns und wir werden wütend, wenn jemand in unseren geliebten und darum auch liebevoll gepflegten Garten eindringt und diesen verwüstet. Wir sprechen von ohnmächtigem Ärger oder von ohnmächtiger Wut, wenn Geliebtes von Menschen beeinträchtigt oder genommen wird, denen wir zunächst nichts anhaben können, weil unsere Macht zur Vergeltung und Rache nicht ausreicht.

Unser Gemüt wird von Furcht bewegt, wenn Geliebtes gefährdet ist und wir Gefahr laufen, es zu verlieren. Taucht diese Gefahr plötzlich auf, dann erschrecken wir. Werden wir von einer schweren Krankheit überrascht, dann fürchten wir uns vor allem existentiell. Kommt aber ein Arzt und hilft uns mit seinem ärztlichen Wissen und einem Heilmittel, so entsteht in uns Wohlgefühl oder Freude durch das Befreitwerden von Lebensfüllegradminderndem, durch das Reicherwerden an Gesundheit. Furcht entwickelt sich beim tatsächlichen oder beim eingebildeten Auftauchen oder Entstehen von Gefährdendem für unseren Lebensfüllegrad als dem Insgesamthaben von Geliebtem. Die Gefährdung unserer Geliebten existentieller oder sonstiger Art macht uns Furcht, befürchtet uns und dies im Stärkegrad unserer Befürchtbarkeit im jeweiligen Liebensbereich. In einer Welt, in der es keine Gefahr für unsere Geliebten mehr gäbe, wäre jede Befriedigung als Liebemehrung reine, ungetrübte Freude im Umfang der Befriedigung sowie im Stärkegrad unserer Empfindsamkeit.

Das Gemüt oder das limbische System in unseren Gehirnen ist

jener organische Bereich, in dem bestimmte Außenveränderungen in Gefühlsform beurteilt werden. Angenehme Empfindungen sollen uns im urnatürlichen Außen zeigen, daß wir uns auf dem richtigen Weg befinden, und unangenehme Empfindungen sollen uns zeigen, daß wir uns urnatürlicherweise auf dem falschen Weg befinden. (Unser Empfindensapparat ist für eine urnatürliche Welt entstanden und nicht für eine kunstnatürliche, wie wir sie inzwischen durch Entdeckungen und Erfindungen geschaffen haben.)

Empfindungen oder Empfindensbewußtsein – zum Unterschied vom Denkensbewußtsein – können nur da entstehen, wo Liebende und Geliebte sind und wo Empfindsamkeit ist, und die Art und die Stärke unserer Empfindungen als Gemütsbewegung hängen von der Art und von der Stärke unserer Lieben und von der Art unserer Empfindsamkeit ab.

*

Nur wenn wir etwas lieben und wenn wir in diesem Liebensbereich empfindsam sind, können wir uns freuen oder Lust empfinden, und nur dann, wenn wir lieben und wenn wir im gleichen Liebensbereich empfindsam sind, müssen wir uns bei entsprechenden Liebensschicksalen ärgern und müssen wir trauern, leiden oder uns fürchten.

*

Freude, Lust oder Beglückung (Freude-Glück) können nur dann entstehen, wenn eine unbefriedigte Liebe befriedigt wird oder mehrere unbefriedigte Lieben befriedigt werden oder wenn die Entfriedigung befriedigter Lieben verhindert wird.

*

Wo unsere Lieben herkommen

Die Grundvoraussetzung für die Entstehung meiner Liebe zu jenem zierlichen Mädchen von damals, das in jungen Jahren mein Gemüt eine Weile bewegt hatte, waren jene dünnen und langen Fadenmoleküle, in denen mein genetisches Erbe lokalisiert ist. Diese hatten nicht nur mich als organisches Ordnungsgefüge in der bisherigen Gestalt entstehen lassen, sondern nach und nach auch das ganze Potential meiner Lieben. Ab dem Beginn meiner Geschlechtsreifung gab es in ihm auch die Liebe zu jenem Mädchentyp, wie ich ihn unbewußt äußerlich und dem Wesen nach in diesem Alter favorisierte und wie er mir dann in einem in diese Richtung passenden Exemplar leibhaftig begegnete. Bei unserer Begegnung entstand eine Fixierung auf jene Geliebte als einseitige Liebesbeziehung. Voraussetzung für dieses Michverlieben war jedoch die in diesem Lebensalter aus der genetisch fixierten Langzeit-Entwicklungssteuerung herangereifte Vorliebe für ein solches weibliches Wesen. Nicht die Geliebte war es, die die erste Voraussetzung für diese Liebe und Liebesbeziehung schuf, sondern sie sorgte lediglich dafür, daß sich meine Liebe auf sie als Geliebte fixierte und daß sie gefühlsmanifest wurde.

Die Liebe jedes Liebenden oder jeder Liebenden zu irgendeinem Geliebten entsteht aus der Art des individuell genetisch fixierten Lebensgrunds sowie dem, was aus dem Außen benötigt und darum angestrebt wird, um zum individuellen Füllegrad-Optimum zu kommen. Dieses Optimum ist beispielsweise für die Sumpfdotterblume aufgrund der ihr aus dem genetischen Code vorgeschriebenen Eiweißart ihres organischen Ordnungsgefüges nur auf sehr feuchten Standorten erzielbar. Darum liebt sie feuchte Standorte, und nur sie können diese große und darum auch ziemlich unduldsame Liebe befriedigen. Bei Pflanzen, die in Dürregebieten leben, ist es genau umgekehrt. Ihre optimale Lebensfülle ist nur auf extrem trockenen Böden erzielbar. Bodenfeuchtigkeit jener Art, wie sie von der Sumpfdotterblume heiß geliebt wird, würde jene Pflanzen umbringen.

Jeder Mensch hat ein Bündel verschiedenartiger Lieben mehr oder minder befriedigter Art in sich. Sie sind alle Produkte seiner genetischen Beschaffenheit sowie seines organischen Entwicklungsgrads und sollen allein dem Zweck dienen, die größte individuelle Lebensfülle zu bewirken. Sie sind keine Sache des »Herzens« oder einer »Seele«, wie Dichter und Kirchenmänner immer noch sagen, sondern unseres Gehirns. In ihm werden alle Bedürfnisse auf dem Weg zur optimalen persönlichen Lebensfülle zentral erfaßt und als Lieben über die Leibsinne auf das Außen zur Befriedigung gerichtet. Ab ihrer Entstehung aus der Entwicklungssteuerung liegen sie zunächst unfixiert hinter unseren Leibsinnen auf der Lauer, um irgendwann im Außen das zu ihnen passende Geliebte zu finden. Die Umwelt oder das Milieu können angeborene Lieben lediglich mit Geliebtem zusammenbringen und sie so mehr oder minder befriedigen.

Die Art und die Stärke dessen, was ein Mensch im Lauf seines Lebens lieben kann und liebt, um dies noch einmal zu sagen, ist im eigentlichen Sinn des Liebens nicht anerziehbar. Die Liebebefriedigung kann durch entsprechende urnatürlich oder kunstnatürlich entstandene Geliebte in mehr oder minder starkem Grad erfolgen, sie kann willentlich aber auch unterdrückt werden.

Die erste Liebe, die am neugeborenen Menschen zu erkennen ist, ist jene zum Sauerstoff als einer Folgeliebe der existentiellen Fundamentalliebe. Bis zur Geburt wird er bekanntlich jedem Menschen mit anderen Nährstoffen im dann noch einheitlichen Blutkreislauf mit der Mutter zugeführt, doch ab der Geburt muß ihn jeder durch die Lunge selbst aus dem neuen Außen aufnehmen. Die existentielle Libido oder Leiblust aus der Befriedigung dieser Folgeliebe hat Goethe so beschrieben: »Im Atemholen sind zweierlei Gnaden, die Luft einziehen und sich ihrer entladen . . .« Dann ist da die schon erwähnte Liebe zum Licht und zu flüssiger Nahrung, zusammen mit den ersten tastsinnlich erlebbaren Folgelieben zur Wärme und zur Rundung der Mutterbrust sowie – oral oder mündlich – zur Brustwarze der Mutter. Außerdem gibt es in diesem frühesten Lebensstadium nach der Geburt jene gustatorische oder schmecksinnliche Liebe zur Süße der Muttermilch. In dieser frühesten Lebensphase bedeutet die gänzliche Befriedigung dieser existentiellen Folgelieben höchste individuelle Lebensfülle.

Wenn von manchen die Meinung vertreten wird, der Mensch sei bei seiner Geburt ein unbeschriebenes Blatt, wie dies zum Beispiel Platon oder Locke und andere meinten, so stimmt dies lediglich hinsichtlich der Erfahrung, nicht jedoch in bezug auf das Entwicklungsprogramm unserer Lieben. Unsere Liebenspotenzen sind nach deren Art und Stärke seit unserer genetischen Geburt in uns vorhanden. Anders läßt sich beispielsweise die Änderung unseres Verhaltens als Folge der Geschlechtsreifung nicht erklären, um hier nur dieses Beispiel zu erwähnen. Diese Verhaltensänderung kann kein Umwelt- oder Erziehungsprodukt sein.

*

Wenn wir anderen Menschen begegnen, dann sollten wir uns bewußt machen, daß uns da andere Gehirne, vielleicht in vielerlei Hinsicht ganz anders gebaute und funktionierende Gehirne begegnen, die in gänzlich anderer Art und Stärke lieben müssen und darum – bei entsprechender Empfindsamkeit – von vielem ganz anders angemutet werden.

*

Von negativen Liebensschicksalen und ihren Folgen

Ich hatte einen Schulfreund. Er sah sehr gut aus, war gut gebaut und sehr begabt. Einige Jahre nach unserer gemeinsamen Schulzeit legte er sich eines Nachts aufs Bahngleis und ließ sich von einem Schnellzug überrollen, weil seine sehr starke Liebe zu einer jungen Frau von dieser nicht erwidert wurde. Sie liebte einen anderen.

Nicht erwiderte, verschmähte Liebe führt bekanntlich immer wieder zu solchen Schicksalen. Sie haben nichts mit Sünde oder schuldhaftem Versagen von Zuwendung zu tun. Dieser Schulfreund nahm sich das Leben, weil ihm ein Weiterleben unter diesen Umständen nur als nicht endende Qual erschienen war. Er wäre jedoch zu diesem äußersten Schritt nicht getrieben worden, wenn seine Liebe und seine Empfindsamkeit in diesem so bedeutsamen Bereich in bezug auf den Füllegrad des persönlichen Lebens nicht so stark gewesen wären. Mein Freund floh aus dem Leben, weil ihm die Liebeserfüllung, vor der er aus seiner Sicht zu stehen schien, im Höchstgrad versagt wurde. Solche äußerst negativen Schicksale können nur dann entstehen, wenn in ganz starkem Grad geliebt und in ganz starkem Grad empfunden wird.

Neben solchen plötzlichen Versagungen von Heiß- oder Innigstgeliebtem mit Selbsttötungsfolge gibt es alle minderen Versagungsfälle. Je schneller und je unerwarteter die Befriedigung einer starken Liebe bei starker diesbezüglicher Empfindsamkeit versagt wird, desto nachhaltiger ist die Auswirkung auf das Zu-Mute-Sein, auf die Gemütsbefindlichkeit, und desto stärker und länger kann die negative Folgewirkung sein. Am bekanntesten dürften die Auswirkungen von Vergewaltigungen auf die Fähigkeit zum sexuellen Genuß und die Zunahme der Befürchtbarkeit als Folge eines existentiellen Schocks sein, beispielsweise durch plötzliche Lebensgefährdungen bei Blitzschlägen oder Verkehrsunfällen.

Massive negative Lebensschicksale können auch durch die Versagung von Liebeserfüllungen durch die Einwirkung herrschaftlicher politischer oder moralischer Autoritäten entstehen. Einen solchen Fall mit Selbsttötungsfolge hat Friedrich Schiller in seinem Trauerspiel »Kabale und Liebe« abgehandelt.

Erlebnisse negativer Art können langdauernde Folgewirkungen haben, wenn sie im Kindesalter erlebt werden. Bekanntlich bedarf das Kind in seiner Hilflosigkeit der Zuwendung und des Schutzes der Eltern. Es empfindet die Geborgenheit in dieser Zuwendung und diesen Schutz durch elterliche Liebkosungen. Die Lust, die das Kind durch Liebkosungen erlebt, gibt ihm die Empfindung der existentiellen Sicherheit. Wird ihm aber diese existentielle Sicherheit durch die Versagung elterlicher Liebesbeweise in Form von Liebkosungen genommen, so können nachhaltige Schädigungen der Gemütsbefindlichkeit und damit auch der Lebenstüchtigkeit die Folge sein.

Da sich in diesen Forschungsbereichen genaue und damit wissenschaftlich verwertbare Erkenntnisse wegen der Komplexität und Feinheit der Vorgänge bisher nur sehr bedingt erzielen lassen und sich eine umfassende Erforschung auch in Zukunft wohl kaum wird durchführen lassen, ist hier noch ein weites Feld für falsche Annahmen. In diesem Zusammenhang sei die Erfahrung erwähnt, die der Schriftsteller Michael Ende als Autor des Romans mit dem Titel »Die unendliche Geschichte« gemacht hat. In einer Ratesendung berichtete er, nach dem großen Erfolg seines Romans auch von der Zürcher Psychoanalytischen Vereinigung angeschrieben worden zu sein. Psychoanalytiker dieser Vereinigung drückten in dieser Zuschrift die Überzeugung aus, er, Ende, habe in seinem Roman Kindheitserinnerungen und Kindheitserlebnisse verarbeitet, wovon – so Ende – aber keine Rede sein könne. Offensichtlich wurden hier aus falschen Annahmen falsche Schlüsse gezogen.

Nachhaltig verändernde Wirkungen im psychischen Bereich können nur dann entstehen, wenn sehr starke Lieben im Verein mit sehr starker diesbezüglicher Empfindsamkeit in starkem Grad negativ tangiert werden. Da die sexuelle oder geschlechtliche Liebe im Kindesalter aber im dafür notwendigen Stärkegrad noch nicht gegeben ist – auch im Unbewußten nicht –, können nach meiner Überzeugung die vielfach behaupteten Folgen auch nicht entstehen.

Negative Liebensschicksale in Form von Versagungen oder Benachteiligungen können sich in der Entstehung von Ressentiments auswirken, im Vergeltungsdrang aus Mißgunst oder Neid. Je stärker sich eine oder einer beispielsweise in der Befriedigung der eigenen, starken Geltungsliebe durch den Erfolg anderer benachteiligt fühlt, desto mißgünstiger wird er den anderen gegenüber. Massen-Ressentiments können erhebliche politische Wirkungen zeitigen, wie bekannt.

*

Die Liebensbeziehungen und die Art des Empfindens bestimmen die Arten der Gemütsbewegungen und der Gemütsgestimmtheiten. Negative Liebensschicksale bewirken negative Gemütsbewegtheiten und positive Liebensschicksale bewirken positive Gemütsbewegtheiten. Die Gemütsgestimmtheiten ergeben sich aus den absoluten Stärken der Lieben, dem Grad des Befriedigtseins und aus der Stärke des entsprechenden Empfindens.

*

Je größer die Ängstlichkeit eines Menschen ist, desto weniger Talent zur Heiterkeit hat er, und je geringer die Ängstlichkeit eines Menschen ist, desto größer ist von daher sein natürliches Talent zur Heiterkeit. Die Ängstlichkeit als Haupthindernis zur heiteren Gemütsgestimmtheit läßt sich durch den Glauben an einen helfenden Gott oder durch das Eingebettetsein in eine Gesellschaft liebender und darum hilfsbereiter Mitmenschen oder durch die chemische Seelsorge (Psychopharmaka) mindern.

*

Die Lieben und die Willensarten. Der Liebenbefriedigungswille

In gewissen Zeitabständen entsteht in mir der Wunsch und Wille, mit einer geschlechtsreizenden und paarungswilligen Frau zum Zweck des Beischlafs zusammenzukommen. Sie, meine Leserin oder mein Leser, kennen solche Wünsche wohl auch und werden diesen Liebenswillen aus der Tiefe meines Gehirns nicht absonderlich, sondern völlig normal finden. Er entsteht ganz unabhängig davon, ob ich eine Partnerin finde, ob sie im Fall des Findens den Wunsch hat, mit mir ins Bett zu gehen und so zu kopulieren, wie ich es am reizvollsten finde.

Alle Liebenden suchen das je Geliebte und wollen es so in ihrer Welt haben, wie dies in einem bestimmten Zeitpunkt oder Lebensabschnitt zum Lebensfülle-Optimum gehört. Jeder insofern freie, also von Autoritäten oder von anderen äußeren Mächten unabhängige Wille, ist Liebeswille, und nur durch einen solchen Liebeswillen kann Geliebtes der Art nach bestimmt werden. Was der Mensch liebt, das will er so haben und so lange haben, wie er es liebt. Was er gerne sieht, das will er sehen können, solange er es gerne sieht. Was er gerne hört, das will er hören können, solange er es gerne hört. Was er gerne riecht, das will er riechen können, solange er es gerne riecht, und was er gerne schmeckt, das will er schmecken können, solange er es gerne schmeckt. Dasselbe gilt für den Tast- oder Fühlsinn. Das Geliebteste ist dabei immer jenes, das man gerade am liebsten hat oder will oder tut. Unser von außen unabhängiger Liebeswille ist auf das gerichtet, was uns dem geraden Geliebtesten näherbringt, um es schließlich ganz zu bekommen und zu haben. Ausdruck des stärksten Hinwillens oder Herhabenwillens ist das süchtige Lieben.

Jede unbefriedigte Liebe ist Begehren des Geliebten, ist der bewußte oder unbewußte Liebeswille nach dem Bekommen oder

Bewirken oder Haben des Geliebten oder nach der Beseitigung dessen, was gegen das Erwerben, Bekommen und Haben des Geliebten gerichtet ist.

Von Psychologen wird gewöhnlich nicht vom Liebebefriedigungswillen gesprochen, sondern von einem Trieb oder von Triebfedern oder Strebungen. Dieses Nichtverwenden des Worts »Liebeswillen« in diesem Zusammenhang ist nach meiner Überzeugung auch eine Folge der machtspekulativ von christlichen Klerikern ausgeübten Verdrängung des eigentlichen, natürlichen Liebebegriffs. Das Bewußtsein von der Existenz dieser Tendenz sollte geschärft werden.

Die meisten Lieben entstehen aus Bedürftigkeiten des Lebensgrunds zur Bewirkung des höchsten individuellen Lebensfüllegrads, und sie sind dann Trieb, Wille, Strebung, Verlangen, Sichsehnen nach dem Ersehnten, Bedarften, Geliebten. Jeder Trieb ist ein Trieb oder Getriebensein hin zu Geliebtem, ist Erfüllungswille oder Befriedigungswille aus unbefriedigtem, unerfülltem, ungestilltem Lieben. Dieser Wille aus dem Lieben muß jedoch vom Willen aus dem Denken, dem eigentlichen Denken gut unterschieden werden.

Die existentielle Liebe oder die Lebendigseinsliebe erzeugt im Stärkegrad ihres Unbefriedigtseins den Befriedigungswillen der entsprechenden Folgelieben. Die Vorahnung der Freude, Lust oder Beglückung bewegt uns zum Befriedigenden oder Geliebten hin, und die Vorahnung des Schmerzens, des Leids, der Beunglükkung hält uns von etwas ab. Freude, Lust oder Beglückung sind das Zuckerbrot, das der Lebensgrund in Aussicht stellt, wenn wir etwas in seinem Sinn Nützliches tun, und Schmerz, Leid oder Beunglückung in allen möglichen Arten (Ärger, Kummer u. a.) sind die Peitsche, mit der der Lebensgrund droht oder die er entstehen läßt, wenn wir etwas Lebensfüllegradminderndes zu tun geneigt sind oder tun.

Jeder Liebenbefriedigungswille ist immer zugleich Veränderungswille eines insofern unbefriedigenden Zustands. Nur ein in absoluter Weise liebeloser Mensch, wenn es ihn denn geben könnte, und der in relativer Weise totalbefriedigte Mensch wollen keine Veränderung. Der Totalbefriedigte will nur noch die Sicherheit dieses Zustands (Konservismus). Dem in absoluter Weise Willenlosen ist alles völlig gleichgültig, und der in relativer Weise Willenlose hat nur noch einen Widerwillen gegen jede Veränderung. Letzterer ist nicht »wunschlos glücklich«, wie es fälschlicherweise heißt, sondern wunschlos totalbefriedigt. Demgegenüber hat der in unersättlicher Weise Liebende immer einen zielgerichteten Veränderungswillen im Stärkegrad seiner Liebe (Progressismus).

Eine bestimmte Liebebefriedigung kann zur Folge haben und hat in der Regel auch zur Folge, daß wir uns von dem zunächst vorherrschenden Geliebtesten ab- und einem neu dominierenden zuwenden. So entstehen die Übergänge in der vorherrschenden Zugeneigtheit und die täglich viele Male vorkommende Veränderung in der Zielsetzung unseres Verhaltens. Das jeweils in einem bestimmten Augenblick begehrteste, uns am wertvollsten oder wichtigsten erscheinende Geliebte, das gerade Geliebteste und darum dominierende also, gibt die neue Willensrichtung an. Vom ausschließlich natürlichen Standpunkt aus gesehen bestimmen unsere beständigen Liebesbeziehungen die Arten unserer Liebestreue und die wechselnden die Arten unserer Liebesuntreue. Das Leben jedes Lebewesens ist eine unterbrochene Kette von Wirkungen oder Folgen aus seinen vielen Lieben. Wenn wir die Wahlmöglichkeit haben, sind wir immer da, wo wir am liebsten sind, oder tun wir das, was wir am liebsten tun in der oft raschen Folge vielartiger und dann jeweils dominanter Lieben oder Liebensziele.

Welcher Liebeswille gerade vorherrscht, das hängt vom Insgesamt unserer Liebenlandschaft und den jeweiligen äußeren Gegebenheiten ab. Unter Liebenlandschaft verstehe ich die Gesamtheit der in einem bestimmten Zeitpunkt in uns unbewußt, d. h. nicht gefühlsmanifest vorhandenen, befriedigten oder unbefriedigten Lieben und deren Stärken.

Der stärksten unbefriedigten Liebe entspricht die größte Stärke des Hinwillens zum Geliebten, des Zugeneigtseins, und der stärksten unbefriedigten Liebe im Zustand der Abneigung entspricht die größte Stärke des Hinwegwillens oder Widerwillens. Stärkster Hinwille einerseits und stärkster Hinweg- oder Widerwille aus Lieben andererseits sind die stärksten Veränderungskräfte. Je stärker ein Liebeswille ist, desto zielstrebiger und durchsetzungswilliger ist ihr Träger von daher. Mit der Stärke einer unbefriedigten Liebe wachsen das Drängen, die Unduldsamkeit, der Widerwille und der Haß gegen alles, was sich ihm entgegenstellt. Man kann den Liebebefriedigungswillen auch den Unduldsamkeitsmacher und Haßerzeuger gegen den Erfüllungs- und Befriedigungswiderstand nennen. Er wird als Hungergefühl im allgemeinen Sinn oder als Sehnensgefühl erst ab einer bestimmten Stärke gefühlsmanifestiert, es sei denn, im Außen würde sich das Geliebte als Befriediger und Appetitmacher zeigen und eine frühere Gefühlsmanifestation bewirken, wie das bei den sogenannten Lieben auf den ersten Blick der Fall ist.

Liebebefriedigungswille ist immer zugleich Befreiungswille vom Unbefriedigtsein in einem bestimmten Liebensbereich. Freiheit in diesem Sinn ist ungehinderte äußere Willenserfüllung. Hieraus folgt, daß ein Mensch, der seine Lieben im Außen ungehindert und voll befriedigen kann, in bezug auf die äußeren Gegebenheiten der freieste ist. Insofern eine Willenserfüllung aus dem Lieben im Außen nicht möglich ist, entsteht entsprechende Freiheitsliebe.

Erwähnt sei zum Schluß dieses Kapitels noch, daß sich Willensarten nach ihren Ursprüngen noch weiter unterscheiden lassen, z. B. als instinktiver Wille aus den Bedürftigkeits-Lieben und nach instinktivem Willen aus dem Empfindsamkeits-Lieben oder aus der Machtmehrungs-Liebe. In besonderer Weise zu unterscheiden ist der Wille aus dem Denken, der mit Selbstbeherrschung oder Selbstüberwindung erheblichen Grads, in diesem Fall also gegen Empfindungen gerichtet, einhergehen kann. Der Wille aus dem Denken ist nicht die Folge einer Liebensart, sondern das Ergebnis der Überlegung, daß ein Lieben einem Falschgesteuertsein entspringt und durch Einsicht aus dem Denken korrigiert werden muß. Beispiel: Ein Diabetiker hält seine Diät ein oder ein Überängstlicher erkennt, daß das seiner Natur innewohnende Mutdefizit durch Tapferkeit überwunden werden muß und zwingt sich zu einer tapferen Haltung.

*

Aus jedem unbefriedigten Lieben entsteht entsprechendes Wünschen, entsteht der Wunsch, das Geliebte zu bekommen. Ist nun ein Lieben sehr stark und zudem unbefriedigt und ist dazuhin der oder die Liebende in diesem Liebensbereich sehr empfindsam, so kann es kommen, daß falsches, daß unrealistisches Meinen und Hoffen und Glauben daraus entsteht und daß sogar von einem Wissen gesprochen wird, wo ein Wissen unmöglich ist, wie beispielsweise in dem Spruch: »Ich weiß, daß mein Erlöser lebt.«

*

Vom Wandel der Lieben aus der Entwicklungssteuerung und aus der Erfahrung

Wenn Sie sich an Ihre Kindheit und an Ihre damaligen Vorlieben oder bevorzugten Geliebten erinnern, meine Leserin oder mein Leser, und diese mit Ihren jetzigen vergleichen, dann stellen Sie fest, daß sich da im Lauf der Jahre manches geändert hat. Ich selbst wollte beispielsweise als Zehnjähriger Matrose werden, und dies sicherlich deshalb, weil mir damals die Matrosenuniform so gut gefiel, doch im Alter von zwanzig Jahren war von dieser damals »heißen« Liebe natürlich nichts mehr vorhanden. Da waren dann ganz andere »heiß«, und bis zu meinem vierzigsten Lebensjahr hatte sich wiederum vieles in mir geändert.

Jeder, der sich hinreichend gut selbst beurteilen kann, stellt fest, daß sich seine Lieben sowohl der Art als auch der Stärke und der Wirkensdauer nach mehr oder minder wandeln. So gibt es beispielsweise Männer, die in jungen Jahren großbusige Frauen bevorzugen, in späteren jedoch kleinbusige und umgekehrt. Jüngere Menschen mögen bestimmte Arten geräuschvoller Musik, wohingegen ältere zunehmend die leisere und sanftere bevorzugen, wenn nicht gar überhaupt die Stille. Jüngere Menschen sehnen den Winter mit seinen Sportmöglichkeiten herbei, wohingegen ältere die winterliche Kälte, Nässe und Dunkelheit fliehen. Jeder liebt im Alter von zehn Jahren in anderer Art und Stärke als mit zwanzig und im Alter von vierzig Jahren in abermals anderer Art und Stärke als im Alter von dreißig Jahren, und dies nicht aus äußeren Gründen, sondern allein aus der in jedem Menschen vorhandenen und wirksamen Entwicklungssteuerung. Aus ihr oder durch sie verändert sich die Gesamtheit unserer Liebenspotenz und unserer fixierten Lieben immerzu und mehr oder minder schnell. Wir verändern uns als Wirkung der inneren Entwicklungssteuerung nicht nur in unserem Aussehen, sondern auch in all unseren Liebesbeziehungen mit zunehmendem Alter bis hin zur Minderung unserer existentiellen Liebe.

Wir kommen insofern nicht »als unbeschriebene Blätter« in die Welt, wie es manche aus entsprechendem Wünschen meinen und wahr haben wollen, sondern mit einer weithin fixierten Vorgabe in bezug auf unser Lieben und das Empfinden. Man denke doch bloß an die Wandlungen physischer und psychischer Art, die jeder Mensch im Zuge der Geschlechtsreifung durchmacht. Wir werden von innen veranlaßt, bestimmte Dinge oder Verhältnisse zu lieben und darum anzustreben. Die Entwicklungssteuerung aus den Genen bestimmt automatisch und autonom die Arten und die Stärken unserer Lieben sowie deren Wandlung. Durch diese Entwicklungssteuerung treten wir fortlaufend von innen her in ein etwas geändertes, in ein etwas anderes Leben und sind insofern auch andere Wesen bei gleichbleibendem Ichbewußtsein.

Die Entwicklungspsychologie sucht diese Wandlungen zu beschreiben. Sie werden – wie gesagt – an keinem anderen Beispiel für jeden so deutlich wie an der Wandlung der Beziehung der Geschlechter ab der Geschlechtsreifung. Wenn sich Kinder noch nicht miteinander ins Bett legen und kopulieren, so allein deshalb, weil die Entwicklung der Geschlechtsverkehrsliebe von dieser Entwicklungssteuerung noch nicht so weit hochgesteuert ist, und wenn sie dann hochgesteuert ist, bleibt sie der Art und der Stärke nach im Lauf des weiteren Lebens bekanntlich auch nicht gleich.

Die Liebe zur geschlechtlichen Paarung und zur familiären Gesellung wird auf Weisung unserer Entwicklungssteuerung erst in der diesen Lieben vorbehaltenen Lebenszeit durch entsprechende Hormone bewirkt, und diese Lieben erlöschen – wiederum als Folge der genetisch fixierten Entwicklungssteuerung – mit der Verkümmerung der Geschlechtsdrüsen. Der von innen gesteuerte Wandel im Bereich des geschlechtlichen Liebens zeigt sich sehr deutlich in der Brunft von Tieren. Diese Brunft findet bekanntlich nur in bestimmten Jahreszeiten sowie Zeitzyklen und in ziemlich genau festgelegter Dauer statt. Am beständigsten über die gesamte Lebensdauer hinweg ist die existentielle Liebe oder die Liebe zum

Lebendigsein als organisches Ordnungsgefüge mit ihren Folgelieben zum Sauerstoff, zum Licht, zur sonstigen Nahrung, zum Schlaf und zu den anderen.

Mit der Änderung unserer Lieben nach der Art und der Stärke von innen und im absoluten oder im relativen Sinn entsteht automatisch ein Wertewandel. Mit jeder Befriedigung einer Liebe durch das Bekommen oder das Eintreten des Geliebten tritt automatisch eine relative Wertminderung des Geliebten und damit eine nur zeitweilige und vorläufige Minderung der Liebesbeziehung in relativer Weise ein. Die relative Wertminderung eines Geliebten ist dem Grad der Liebebefriedigung proportional. Bei Vollbefriedigung einer Liebe wird das Geliebte in unserem Gefühlsbewußtsein zum Neutrum. Es entsteht relative Gleichgültigkeit. Ein Satter interessiert sich nicht mehr für das Essen, das ihn gesättigt und vor dem Essen brennend interessiert hat. Auch die schmackhaftesten Speisen sind für den diesbezüglichen Ästheten im Zustand der völligen Sattheit nicht mehr begehrenswert, ja abstoßend. Wenn ein geschlechtlicher Paarungspartner allein seines diesbezüglichen Reizes wegen begehrt und leiblich geliebt wird, so erlischt diese Liebe zu ihm in relativer Weise sofort nach dem erfolgten Höhepunkt. Man wird sich gleichgültig in diesem Liebensbereich, wird zum Neutrum und wendet sich voneinander ab.

Durch die Wandlung der Lieben nach der Art und nach der Stärke aus der inneren Entwicklungssteuerung gibt es insofern keine natürliche Treue. Wer im Alter von achtzehn Jahren aus geringem Selbstwertgefühl schüchterne Frauen bevorzugt, mit fünfzig Jahren dagegen kesse, um dieses Beispiel einer möglichen Innenwandlung zu nennen, der ist aus dieser von Natur aus untreu, und wer aus Veranlagung die Lebensintensität aus Erlebensliebe liebt und deshalb auch den Partnerwechsel, der ist von der daherrührenden Neigung her untreu.

Je stärker und je weniger befriedigt unsere Lieben sind, desto größer ist unsere Untreuepotenz und umgekehrt: Je schwächer und befriedigter sie sind, desto größer ist unsere Treuepotenz. Wer in starker oder gar sehr starker und zudem in unbefriedigter Weise die Geltung liebt, der wird untreu, wenn es eine Möglichkeit gibt, sich mit einem Berühmteren zu verbinden. Ein Beispiel: Cosima

Wagner, geborene Liszt, geschiedene von Bülow. Ihr Gatte von Bülow war zwar ein brillanter reproduzierender Künstler und gefeierter Kapellmeister, Wagner aber war der gefeierte Schöpfer neuer Musik. Im Durchschnitt gesehen dürften die stärksten Verführungspotentiale zur Untreue von der äußeren Schönheit und vom Ruhm ausgehen, gefolgt von der politischen oder der ideologischen Macht und vom materiellen Reichtum. Wenn ein armer Mensch den Reichtum liebt, dann wünscht er sehnlichst, mit einem Reichen oder mit mehreren in engeren Kontakt zu kommen oder sich mit solchen verheiraten zu können. Nur jene, die aus hinreichender Denkfähigkeit und Selbstbeurteilensfähigkeit sowie Willensstärke in der Lage sind, sich anders zu verhalten, können sich aus der Empfindenskausalität befreien. Eine andere Möglichkeit, dem reinen Liebensempfinden und seinen Folgen zu widerstehen, besteht im hemmenden Einfluß von moralischen Autoritäten. Beispiel: Du sollst nicht ehebrechen – auch wenn dir aus dem Liebeempfinden sehr danach zumute ist.

Durch die Zunahme der materiellen Sicherheit im Gefolge der wirtschaftlichen Entwicklung hat sich die Unabhängigkeit und damit auch die Mobilitätspotenz in beiden Geschlechtern erhöht und von daher auch die Potenz zur Untreue. Der Partnerwechsel (Promiskuität) ist heute mit wesentlich weniger persönlichen Gefahren verbunden, als dies noch vor wenigen Jahrzehnten der Fall war.

Zum Standardwissen sollte gehören, daß Lieben in absoluter Hinsicht nur aus der inneren Entwicklungssteuerung vermehrt, oder richtiger: verstärkt werden können, niemals jedoch aus dem Denken oder Wollen. Eine Minderung der Lieben ist dagegen durch schlechte Erfahrungen möglich, wie es im Sprichwort »Gebrannte Kinder scheuen das Feuer« zum Ausdruck kommt. Enttäuschte Menschen meiden jene, von denen sie enttäuscht worden sind. Ihre Liebe ist geringer geworden.

*

Echte Lieben zu irgendwelchen Geliebten – im Unterschied zu unechten oder geheuchelten – können sich im Lauf eines Menschenlebens nach der Art und nach der Stärke mehr oder minder wandeln, doch umerziehen lassen sie sich nicht. Gleiches gilt für die Empfindungen. Sie können nicht anerzogen werden. Freude, Furcht oder Neid, um nur diese zu nennen, können in ihrer Art und Stärke willentlich nicht verändert werden. Daher ist alles Auffordern zur Freude oder zur Lust oder zur Heiterkeit unsinnig, wie beispielsweise diese Vorschrift des Paulus in seinem Brief an die Christengemeinde zu Rom: »Übt jemand Barmherzigkeit, so tue er's mit Lust« (12,8) oder: »Seid fröhlich in Hoffnung« (12,12).

*

Die Lieben machen Geschehen und Geschichte

Sie werden die Redensart »Cherchez la femme« kennen, mein Leser oder meine Leserin. Sie besagt, daß hinter dem Tun oder dem Verhalten eines Mannes eine Frau als Anregerin steckt, daß eine Frau durch einen Mann etwas geschehen läßt oder bewirkt. Man kann auch so sagen: Die geschlechtliche und/oder die familiäre Liebe eines Mannes zu einer Frau bewirkt bzw. bewirken, daß der Mann etwas tut oder etwas geschehen läßt. So wird durch eine Liebe oder durch mehrere Lieben Geschehen erzeugt, und wenn es sich bei diesem Mann um einen Staatsmann oder um einen Monarchen handelt oder gehandelt hat, wurde oder wird so Geschichte gemacht.

Doch nicht allein die sexuelle oder die familiäre Liebe bewirken Geschehen, sondern auch die anderen Lieben bewirken es. Die Lieben sind in mehr oder minder starkem Grad die Macher des Verhaltens der Menschen und damit dessen, was diese tun. Dies gilt insbesondere für die starken und zudem unbefriedigten Lieben. Je stärker und je unbefriedigter eine Liebe ist, desto größer ist das in ihr verborgene Verhaltens- und Geschehenspotential. Der Hinwille der Liebenden zum Geliebten oder aber der Herhabenswille der Liebenden in bezug auf das Geliebte oder aber der Hinweghabenswille in bezug auf Ungeliebtes oder Gehaßtes sind die Hauptfaktoren dessen, was durch Menschen geschieht. Nicht ein sogenannter »Weltgeist« macht also das durch Menschen bewirkte Geschehen oder die Geschichte, wie der Philosoph Georg Wilhelm Friedrich Hegel meinte, sondern die Bewirkenden oder Wirkenden sind hier in erster Linie die unbefriedigten Lieben der Menschen.

Die Lieben oder Liebesbeziehungen, die in lebenden Wesen seit der Entstehung des Lebens entstanden sind, waren die Hauptursachen für das Geschehen, das es bisher auf dieser Erde gegeben hat, und diese Lieben oder Liebesbeziehungen zwischen Liebenden und Geliebten werden auch die Hauptursachen für alles zukünftige Geschehen sein, von Naturkräften physikalischer oder chemischer Art in Unbelebtem abgesehen. Daß dieser Zusammenhang zwischen den Lieben und dem Geschehen in belebten Wesen in besonderem Grad für den Menschen gilt, das geht aus der Tatsache hervor, daß die Kulturgeschichte im ganz allgemeinen und nicht bloß im elitär eingeschränkten Sinn der sogenannten Kulturschaffenden oder Künstler von Menschen bewirkt wurde.

Die Liebe zum Lebendigsein oder die existentielle Liebe bewirkt das Atmungsgeschehen und die Zuwendung zum Licht, die Agrikultur oder die Jagd, das Verhalten zur Hygieneerhaltung sowie das Verhalten gegen Krankheiten und lebensbedrohende Mächte. Aus dieser Liebe und aus der Furcht oder Angst vor Lebensbedrohendem sind auch die Religionen und ist die von Gläubigen bewirkte Geschichte hervorgegangen. Dann veranlaßt die Liebe zum Geschlechtsverkehr, daß das männliche und das weibliche Geschlecht auf Partner- bzw. Partnerinnensuche geht und sich mit Nebenbuhlern schlägt sowie mit den entsprechenden Partnern kopuliert. Die Liebe zur familiären Gesellung oder die familiäre Liebe wiederum bewirkt, daß sich die Geschlechter nicht bloß zum Vollzug des Geschlechtsverkehrs gesellen, sondern daß sie Familien gründen und zur gesunden und zur gesicherten Aufzucht des Nachwuchses ein Leben lang zusammenbleiben. Die Liebe zur Geltung oder die Geltungsliebe hat bewirkt, daß riesige Anstrengungen kulturschöpferischer und politischer Art unternommen wurden, und bewirkt weiterhin, daß solche Anstrengungen unternommen werden. Dann bewirkt die Liebe zu materiellen Gütern, daß gearbeitet wird und daß Erfindungen zur Erhöhung der Arbeitsproduktivität gemacht werden, daß riesige Vorräte angelegt und Raubzüge unternommen werden, um nur diese Beispiele zu nennen.

Im Stärkegrad seiner Lieben beobachtet der Mensch die Welt oder das Außen immerzu unter dem Gesichtspunkt der diesbezüglichen Nützlichkeit oder Schädlichkeit. Das Empfindensbewußtsein und – soweit möglich – das Denkensbewußtsein wird immer ganz vom diesbezüglichen Suchen bestimmt. Im Stärkegrad seiner unbefriedigten Lieben sucht jeder Mensch jederzeit nach einer Veränderung seiner Lage zum subjektiv Besseren (Progressismus), und im Stärkegrad des Befriedigtseins bzw. Erfülltseins seiner Lieben will er dies nicht (Konservismus).

Aus dem Vorerwähnten folgt, daß es insbesondere die größten oder die stärksten Liebhaber oder Liebhaberinnen der begehrtesten Geliebten waren oder sind, die Geschichte gemacht haben und weiterhin machen. Sie waren und sind es auch, die Unfrieden und Konflikte bewirken, und sie werden auch in Zukunft dafür sorgen, daß es keinen ewigen Frieden gibt, sondern immer neue Kämpfe um Geliebtes.

*

Wenn man von einem Menschen oder von etwas anderem sagt, er bzw. es fehle einem, so wird damit ein Zustand unbefriedigten Liebens beschrieben, ein akuter unbefriedigter Mangel- oder Bedürftigkeitszustand, den dieser Mensch durch ein zielgerichtetes Verhalten so bald als möglich beenden möchte.

*

All jene, die mit der sogenannten Welt oder mit ihrem Dasein unzufrieden sind, wollen diesen Zustand zum Besseren verändern und neigen zum Glauben, daß die Welt in ihrem Wunschsinn veränderbar ist. Falsche Ideologen profitieren dadurch von diesem Wunschglauben, daß sie behaupten, die Welt oder die Menschen oder eine bestimmte Gesellschaft seien in einer Art veränderbar, wie dies gewünscht wird, obgleich ein solcher Veränderungswunsch utopisch oder illusionär ist.

*

Die Arten des Liebens und die Weltbeurteilung

Ich bin mit einer Frau bekannt, meine Leserin oder mein Leser, die aus sehr starkem Geschlechtstrieb ihre Geschlechtsgenossinnen haßt. Als Folge sehr starken geschlechtlichen Liebens eifert sie nicht bloß gegen ihre Mitschwestern, sondern sogar gegen ihre Mutter. Durch diese Liebens- und Hassensbrille hält sie alle Frauen für Konkurrentinnen, die sie potentiell oder de facto an optimaler sexueller Selbstverwirklichung hindern. Aus ihrer sehr starken und oft unbefriedigten Liebe zum Geschlechtsverkehr beurteilt sie das, was man pauschal »die Welt« nennt, insoweit negativ.

Eine andere Art der Weltbeurteilung ergibt sich aus der Liebe zu materiellen Gütern. An den sozialen Spannungen und politischen Auseinandersetzungen ist erkennbar, welch großen Einfluß diese Liebe und die wirtschaftliche Leistungsfähigkeit auf die Art der Weltbeurteilung haben. Ein Mensch, der einerseits materielle Güter liebt, sich aber andererseits außerstande fühlt, Leistungen zu erbringen, die ihm entsprechende Erfolge verschaffen, der kommt zwangsläufig in einen Ungleichheitskonflikt und zu einer Negativbeurteilung der Welt daraus. »Hast du was, so bist du was« heißt ein uraltes Sprichwort,[1] das sich so fortsetzen läßt: »Hast du nichts, dann bist du nichts.« Man fühlt sich als zweit- oder drittklassiger Mensch. Vor dem Hintergrund der Liebe zu materiellen Gütern und der Liebe zur Geltung hat die Ungleichheit in diesem Feld bekanntlich in der jüngeren Geschichte starke gegensätzliche Ideologie- und Machtgruppierungen entstehen lassen.

Auch die Liebe zur Freiheit von herrschaftlicher, also fremdbestimmender Macht über sich hat einen starken Einfluß auf die Art

1 dem Polonius zugeschrieben

der Weltbeurteilung. Dieser Einfluß zeigt sich beim Anarchisten als dem diesbezüglich empfindlichsten Menschen am deutlichsten. Das überdurchschnittlich starke Lieben dieser Art bewirkt eine entsprechende Weltbeurteilung und politische Willensbildung. Menschen mit angeborenermaßen sehr starker Liebe zur Freiheit von herrschaftlicher Macht über sich lehnen auch die christliche Religion wegen deren alleinherrscherlichem Monopolgott ab. Liebhaber dieser Art wollen keine Untertanen oder gar Knechte einer Gottheit sein, ganz im Gegensatz zum Apostel Paulus, der schrieb: »Ich bin ein Knecht Jesu Christi« (Brief an die Römer 1,1). Für radikale Liebhaber der Freiheit von fremdbestimmender Macht über sich ist die Welt erst dann eine gute Welt, wenn es in ihr keine Herren und keine Knechte mehr gibt. Die Weltbeurteilung des Freiheitsmenschen dieser Art ist negativ, solange es in ihr noch Herren und Knechte gibt.

Eine wiederum andere Weltbeurteilung ergibt sich aus der Liebe zum Nichtstun oder zur Untätigkeit. Wenn Sie von Natur aus dazu neigen, mein Leser oder meine Leserin, die leibliche Arbeit als sehr beschwerliches Tun zu empfinden, dann lieben Sie das leibliche Untätigsein und finden eine Welt oder Gesellschaft, in der die Arbeit als besondere Wertschöpferin gilt, als eine ekelhafte Welt oder Gesellschaft. Wenn Sie aus natürlichem Veranlagtsein das Untätigsein lieben und ein Tätigseinmüssen hassen, dann beurteilen Sie eine Welt oder Gesellschaft, in der der Fleiß als große Tugend gepriesen wird, negativ und folgen denen, die die Parole ausgeben: »Macht kaputt, was euch kaputtmacht.« In einem solchen Fall hassen Sie die sogenannte »bürgerliche« Gesellschaft.

Aus diesen Beispielen wird deutlich, daß die Welt oder die Gesellschaft oder das Außen vor allem aus der Art des Liebens sowie aus dessen Stärkegrad und aus dem Befriedigt- bzw. Unbefriedigtsein von Lieben beurteilt wird. Die sehr starken Lieben oder die großen Vorlieben eines Menschen sind die Hauptfaktoren seiner Weltbeurteilung, also die existentielle, die geschlechtliche, die familiäre, die geltungsbezügliche oder die materielle oder irgendeine andere. So kann man folgern: »Sage mir, was du liebst und in welcher Stärke und inwieweit du diese Liebe befriedigen kannst, und ich sage dir, wie du die Welt beurteilst.« Alle, die in gleicher oder ähnlicher Art und Befriedigungsmöglichkeit lieben, beurteilen die sogenannte Welt gleich oder ähnlich, und alle Menschen, die die Welt in gleicher oder in ähnlicher Weise beurteilen, lieben sie in gleicher oder ähnlicher Art und Befriedigungsmöglichkeit.

Ich möchte nun an Sie, die Leserin oder den Leser, diese Frage richten: Haben Sie beim Lesen dieses Buches neue Erkenntnisse gewonnen? Sollten Sie neue Erkenntnisse gewonnen haben, so bedeutete dies auch, daß Sie sich der Art der Wesenheiten und deren Wirkbeziehungen so bisher nicht bewußt waren, daß Ihr Urteilen, falls geschehen, bisher nur aus dem Empfinden kam und daß Sie nun in der Lage sind, aus dem Hinterdreindenken oder Nach-Denken richtig zu urteilen. Nun können Sie folgerichtig schließen, daß – im Unterschied zum Anarchisten – ein Christ einer ist, den es nicht stört, wenn die Welt und er selbst von einem alleinherrschenden Monopol- oder Alleingott regiert wird und wenn er dessen Knecht ist. Ferner können Sie nun folgerichtig schließen, also denken, daß die Arten der Vorlieben eines Menschen und deren Befriedigungsmöglichkeit dessen Weltbeurteilung in maßgebender Weise beeinflussen.

Die Beurteilung der kleinen und der großen Welt erfolgt in der überwiegenden Zahl der Fälle ganz oder doch zu einem großen Teil aus dem Empfinden. Eine zusätzliche Beurteilung aus dem Denken oder dem folgerichtigen Schließen ist nur insoweit möglich, als Denkfähigkeit gegeben ist. Bekanntlich dominiert das Empfinden um so mehr, als das Empfinden an Stärke gewinnt. Wenn es im Schlagertext richtig heißt: ». . . mein Herz möchte dieses, mein Verstand möchte das . . .«, so wegen der Verschiedenheit des Urteilens aus dem Empfinden und aus dem Denken. Das Empfindensbewußtsein des Menschen wird vor allem aus der Art des Liebens und dessen Befriedigungsmöglichkeit bestimmt und das Denkensbewußtsein aus der entsprechenden Denkfähigkeit, falls vorhanden.

*

Religiöse Gläubigkeit kommt gewöhnlich weniger aus der sogenannten Wahrheit als vielmehr aus einem höheren Ängstlichkeitsgrad. Je ängstlicher ein Mensch insbesondere im existentiellen Bereich ist, desto eher ist er geneigt, an das Wahrsein eines ihn liebenden allmächtigen Wesens zur Beschwichtigung seiner existentiellen Angst im Leben und angesichts des unausweichlichen Todes zu glauben. Die überdurchschnittlich starke Liebe zur lebendigen Existenz sowie zur familiären Gesellung im Verein mit entsprechendem Immer-befürchtet-Sein oder Geängstigtsein in diesen Liebensbereichen sind es vor allem, die entsprechenden Glauben bewirken.

*

Die Gesellungsliebe aus Furcht oder aus Angst (Allgemeine Menschenliebe) bewirkt den Herdentrieb oder das Sich-gesellen-Wollen zur Angstbeschwichtigung auch beim Menschen sowie die entsprechende Weltbeurteilung. Aus dieser Quelle wird auch das Rufen nach Uniformität oder Gleichheit sowie nach mehr Brüderlichkeit bzw. Schwesterlichkeit gespeist.

*

Die Art, in der ein Mensch die Welt beurteilt, sagt in erster, ja vielleicht in einziger Linie etwas über die Art der Organisiertheit und Funktionsweise seines Gehirns aus und ist insoweit rein subjektiv, eine Feststellung, die viele, ja die meisten, nicht wahrhaben wollen.

*

Wer an das Wahrsein von Absurdem glaubt, der liebt in absurder Weise. Er hat eine große und wesentliche und zugleich unbefriedigte Liebe, ein starkes Empfinden daraus und kein Denkvermögen. Er ist ein Liebens- und Glaubensidiot bzw. eine Liebens- und Glaubensidiotin.

*

Von der Freiheit und von der Unfreiheit der Liebenden und von der Macht der Geliebten über die Liebenden

Mir ist eine alleinerziehende Mutter bekannt, die den Vater nur als Samenspender haben wollte und ihn darum nach der erfolgten Samenspende verließ. Sie liebt ihre inzwischen zwanzig Jahre alte Tochter abgöttisch. In ihren sonstigen Ansprüchen ist sie zugunsten ihrer Tochter persönlich sehr bescheiden. Ihre nicht üppigen Einkünfte verwendet sie zur Befriedigung vielfach abnormer Ansprüche ihres Kindes. Sie erfüllt die Wünsche ihrer Tochter sozusagen in selbstloser Weise und gehorcht ihr insofern auch in geradezu höriger Art. Diese Mutter bedarf ihrer im Höchstgrad geliebten Tochter so sehr, daß ihr ganzes Wünschen nur darauf gerichtet ist, dem Willen und Wohl dieses Geschöpfs zu dienen. Subjektiv ist sie im Höchstgrad frei, wenn es der heißgeliebten Tochter gutgeht, doch objektiv ist sie im Höchstgrad unfrei. Ihre Liebensbeziehung kann ein Ausdruck extremer subjektiver Freiheit und Unfreiheit sein.

Zu Beginn weiterer Erörterungen in diesem Zusammenhang muß auf einen anderen unter den vielen Sprachmängeln im Deutschen hingewiesen werden. Bekanntlich gibt es nicht nur die Freiheit und die Unfreiheit, sondern auch Grade der Freiheit und der Unfreiheit, also eine bestimmte Freierheit oder Unfreierheit. Beim Erzielen einer teilweisen Befreiung sollte daher von einer Befreierung oder Freierheit in bestimmten Graden gesprochen oder geschrieben werden.

Das Geliebte wird geliebt, weil es vom Liebenden gebraucht wird. Das Geliebte fehlt dem Liebenden, wenn er es nicht hat oder nicht so bei sich hat, wie der Liebende dies möchte. Liebe ist Bedürftigkeit des Geliebten und insoweit immer eine Art des Gebundenseins an das Geliebte im Stärkegrad der Liebe. Die Bedürftigkeiten oder Lieben eines Menschen sind seine Unfreierheiten oder Unfreiheiten. Wir sind nicht frei geboren, sondern in der Bedürfens- oder Liebens-Unfreiheit, in der Gebundenheit an das je Geliebte unseres Lebensgrunds aus dem genetisch genau vorgegebenen Entwicklungs- oder Ausformungsplan. Je mehr wir an Geliebten hängen – und das ist im Stärkegrad unserer Lieben der Fall –, desto größer ist unsere Abhängigkeit.

Das Geliebte ist immer das Erstrebte, und wir erstreben es im Stärkegrad unserer unerfüllten Liebe, um einen Mangel in unserer Lebensfülle zu beseitigen. Unerfülltes oder unbefriedigtes Lieben ist Strebung oder Getriebensein zum Geliebten, Hinwille oder Herhabenswille. Unsere Lieben zielen auf das Bekommen, das Haben und Behalten des Geliebten. Bekommen wir das Geliebte, so können wir uns im Stärkegrad des Geliebten befreiern. Insoweit sind alle Liebesbefriedigungen nicht nur Befreudungen und Beglückungen, sondern zugleich Befreierungen. In seinem Stärkegrad hat das Geliebte eine Befriedigungs- und Befreierungspotenz. Größter relativer Freierheitsgrad, d. h. Freiheitsgrad, ist gegeben, wenn wir alles haben, was wir wollen, und größten relativen Unfreierheitsgrad, d. h. Unfreiheitsgrad, erleben wir, wenn wir sehr vieles in sehr starkem Grad unbefriedigt lieben, d. h. entbehren, und keine Aussicht besteht, daß wir es bekommen, wir also in starkem Grad ohne Hoffnung sind.

In absoluter Hinsicht sind wir um so freier, je geringer unsere Lieben dem Stärkegrad nach sind. Größte absolute Liebesfreierheit, d. h. Liebesfreiheit, wäre gegeben, wenn wir alles haben könnten, es aber nur im allernotwendigsten Umfang wollten, wir also ohne Neid und in völliger Gelassenheit mit dem einfachsten Leben zufrieden wären. Wir sind relativ insoweit frei, als wir bekommen oder haben, was wir lieben und absolut insoweit, als wir nichts lieben und darum auch nichts wollen. Absolute Gelassenheit hat nur der Wenigliebende, relative Gelassenheit aus den Lieben hat der Gänzlichbefriedigte. Wer alles, was er hat, in völligem Gleichmut verlieren kann, der liebt auch nichts von alledem oder aber er ist apathisch, also empfindensunfähig. Sein Besitztum ist ihm gleichgültig. Er ist in absoluter Hinsicht frei, was den Vorteil hat, bei Verlusten nicht leiden zu müssen, nicht unglücklich zu sein. Der Verlust des Geliebten ist im Stärkegrad einer Liebe immer ein Erleiden, ein Unglück. Ein Mensch ist in absoluter Weise um so freier, je weniger Lieben der Art und Stärke nach er hat, und er ist in relativer Weise um so freier, je weniger unbefriedigte Lieben er hat. Hier paßt der überlieferte Ausspruch des Sokrates auf dem Markt in Athen: »Wie vieles gibt es doch, dessen ich nicht bedarf!«

Absolute Befreiung wäre theoretisch bei einer absoluten und vollständigen Verminderung aller Lieben möglich, die aber nur im Tod eintreten kann. Eine absolute Verringerung dieser oder jener Liebe wird bekanntlich in der Askese, in der Entsagung versucht, um aus dem Unfrieden des Unbefriedigtseins herauszukommen. Die wohl bekanntesten Beispiele solcher Versuche sind jene Frauen und Männer, die zur versuchten Befreierung von leiblicher Liebespein oder aus Enttäuschung ins Kloster gegangen sind. Die Frage ist, ob die Minderung einer Liebe auf diese Weise möglich ist.

Der Kloster-Asket und der buddhistische Zen-Mönch wollen zunächst in der Einsamkeit, im Sichabschotten gegen das Außen alles Appetitmachende verhindern, um die Begehrlichkeit aus dem Außen zu mindern. Doch die Bedürftigkeit, also der Hunger aus dem Lebensgrund, sucht die Befriedigung mit dem Geliebten und dies notfalls über das Sichvorstellen des Geliebten und dürfte im Unbewußten immer vorhanden sein. Die Frage ist, ob eine absolute Minderung von Lieben auch im Unbewußtsein in irgendeinem Umfang erreichbar und insofern auch eine Gelassenheitsmehrung möglich ist, wie sie von den Stoikern versucht wird.

Wenn wir in der Lage wären, unsere Lieben in absoluter Weise ohne eine Minderung unserer Gemütsbefindlichkeit zu verringern, so wäre dies der Weg zu mehr Gelassenheit, die ja von den Stoikern empfohlen wird. Der im totalen und absoluten Sinn Freieste ist jener, der nichts weiter will als die Erhaltung seines Lebens mit dem gerade als Minimum Erforderlichen, und der relativ Freieste ist der mit allem Geliebten immer Totalgesättigte.

Das Liebende sagt zum fernen Geliebten immer: Du fehlst mir. Im Zustand des Nichterfüllt- oder Nichtbefriedigtseins sind Lieben immer Mangelbeziehungen, sind ein Zeichen von Abhängigkeit, von Nicht-Autarkie, von Mindermächtigkeit. Unsere Lieben aus unseren Bedürftigkeiten sind Abhängigkeiten, in denen wir uns mehr oder minder wohl fühlen, je nachdem, was mit dem Geliebten geschieht, bzw. was das Geliebte macht. Lieben sind immer mehr oder minder süße oder saure Unfreiheiten. In jedem Leben gibt es nur die mehr oder minder süße oder aber saure Form des Liebens. Dies endet erst mit dem Tod. Insofern ist der Tod ein totaler Befreier und vor allem für jene, die aus schicksalhafter Ungnade am Leben zu leiden haben, im Stärkegrad ihres Leidens ein Gut.

Mit jeder Liebe entsteht automatisch auch ein Machtverhältnis zwischen dem Geliebten und dem Liebenden. Im Stärkegrad der Liebe des Liebenden hat das Geliebte Macht über den Liebenden, Beeinflussungsmacht. Vom Stärkegrad unserer Liebe hängt es ab, ob wir in schwächerem oder stärkerem Grad Bemächtigte oder – im Extremfall – Hörige des Geliebten als des Machthabers über uns sind. Je größer der Grad des Liebens, insbesondere im unbefriedigten Zustand, und zudem die Empfindsamkeit der Tiefe nach ist, desto größer oder stärker ist die Gemütsbewegbarkeit und dementsprechend der Zwang zu einem bestimmten Tun oder Verhalten, im Extremfall zum reinen Zwangsverhalten.

Wer Geliebtes verkörpert oder über es verfügt, der hat insoweit Macht und kann führen oder – im Fall großer Abhängigkeit oder gar Hörigkeit – auch herrschen. Einseitige Liebesgeständnisse bergen daher die Gefahr in sich, daß das Liebende ausgenützt wird. Erst wenn man fühlt und gewiß sein kann, wiedergeliebt oder doch aber nicht benachteiligt oder ausgenützt zu werden, sollte man sich offenbaren. Es ist eine potentielle Torheit, einem anderen seine Liebe zu gestehen oder sie bemerkbar zu machen, ehe man sicher ist, daß sich der andere oder die andere dieser Offenheit oder dieses Bewußtseins würdig erweist.

Es gibt nicht wenige Vertreterinnen des weiblichen Geschlechts, die ihre Ehemänner mit der Drohung sexuellen Liebesentzugs erpressen nach dem Motto: Entweder du tust dies oder jenes für mich oder du darfst nicht mehr in mich hinein. Diese Gefahr besteht insbesondere dann, wenn die geschlechtliche Paarungsliebe des Manns größer als die der Frau ist. Herrschsüchtige »operieren« gern mit dieser Taktik.

In jüngerer Zeit spielt die Dominanzproblematik gesellschaftspolitisch zwischen den Geschlechtern eine größere Rolle. Nicht selten sind dabei jene Fälle, in denen der Ruf nach Gleichberechtigung in Wahrheit ein Ruf nach persönlicher Bevorrechtigung, wenn nicht gar nach Dominanz ist.

Insoweit eine Liebe durch das Haben des Geliebten befriedigt ist, entsteht Macht auch aus der Furcht vor dem Verlust des Geliebten durch einen entsprechend Mächtigen. Insofern kann die Machthabe eines Mächtigen auch aus der Furchtsamkeit der in befriedigter Weise Liebenden kommen.

Größte Macht über die Menschen hat, wer eine Erfüllungs- und Befriedigungsmöglichkeit über ihre stärksten und zudem unbefriedigten Lieben so anbietet, daß ihm Glaube geschenkt wird, und da die Menschen nichts anderes in höherem Grad ersehnen als ewige Glückseligkeit und nichts mehr fürchten als ewige Höllenpein, haben die vorgeblichen Herren über diese Alternative lange Zeit so große Macht besessen. Nicht der Herr über Leben und Tod hat die größte Macht, sondern ein möglicher Herr über ewiges Leben in Glückseligkeit oder aber ein ewiges Dasein in Höllenqualen.

*

Auf der Seite des weiblichen, aber auch des männlichen Geschlechts gibt es Individuen, die ein freiwilliges Dasein in unermüdlicher Dienensbereitschaft für ihren Geliebten oder ihre Geliebte himmlisch finden. Ihre Liebe zu ihrem Partner ist so groß, daß sie sich für diesen zu opfern bereit sind. Derartige Liebesbeziehungen sind oftmals Hörigkeitsbeziehungen, in denen sich die Hörigen gerne ausbeuten lassen.

*

Die Arten des Bewußtseins von Lieben

Meine Liebe zu jenem Mädchen vom Schulweg offenbarte sich in der Vorfreude, die ich beim Gedanken an ein Wiedersehen empfand, und in der Freude beim Wiedersehen. Die Voraussetzungen für diese Empfindungen, die entsprechenden Lieben also, waren in mir – wie erwähnt – zuvor schon unbewußt vorhanden. Seitdem mein genetisch fixiertes Entwicklungsprogramm meine Geschlechtsreifung zu bewirken angefangen hatte, waren in mir auch jene Lieben leibsinnlich-ästhetischer und anderer Art entstanden, die später zur Folge hatten, daß ich mich in dieses Mädchen verliebte. Ohne das mindeste Bewußtsein von ihnen zu besitzen, existierten diese Lieben in meinem Gehirn und ließen eine fixe Liebesbeziehung zu einem Menschen entstehen, als ich diesem eines Tages begegnete.

Solange wir keine Empfindung aus unseren Lieben haben, solange haben wir auch kein Empfindensbewußtsein von ihnen, sind sie uns empfindens-unbewußt. Solange wir gesund sind, haben wir kein Empfinden von unserer starken Lebendigseinsliebe, und dasselbe gilt für alle anderen Lieben in uns. Erst wenn wir befürchten, krank zu werden oder in Lebensgefahr zu geraten, wird diese bis dahin unbewußt in uns vorhandene Liebe gefühlsmanifest. Die in uns vorhandenen Lieben treten nur dann aus dem unbewußten Dasein heraus und ins Empfindensbewußtsein, wenn etwas geschieht, das deren Gefühlsmanifestation bewirkt, beispielsweise das spontane Zusammentreffen mit Geliebten oder mit gehaßten Ereignissen, wie dies beim Offenbarwerden einer existentiellen Gefahr der Fall ist.

Die plötzliche und die überraschende Offenbarung einer Liebe zu einem geliebten Wesen des anderen Geschlechts heißt man bekanntlich »Liebe auf den ersten Blick«. Schlagartig empfindet man starke Freude. Wegen der Plötzlichkeit solchen Erlebens schrieb Pierre Beyle alias Stendhal treffend von einem Blitzschlag. Einen solchen Blitzschlag als urplötzliches und gänzlich unerwartetes Ins-Bewußtsein-Treten von Empfindungen kann es jedoch nur geben, wenn eine Liebe oder wenn Lieben unbewußt schon vorhanden sind.

Im Fall des überraschenden und empfindensstarken Ins-Bewußtsein-Tretens spricht man auch von Schlüsselerlebnissen. Ein solches Schlüsselerlebnis war mir das plötzliche und überraschende Empfinden von Entzücken, als ich die zuvor erwähnte Optimalgeliebte zum ersten Mal sah. Vor diesem Schlüsselerlebnis war dieses Lieben unbewußt und unbefriedigt in mir vorhanden. Ich liebte dieses Mädchen aus einigen Äußerlichkeiten, aber auch Innerlichkeiten vor diesem Erlebnis in unbewußter und ab ihm in empfindensbewußter Weise, und erst nach und nach entstand aus entsprechender Denkfähigkeit in mir auch ein immer weitergehendes Denkensbewußtsein von den Ursachen und den Wirkungen dieses vielfachen Liebens.

Sind Lieben in höherem Stärkegrad und in unbefriedigter Weise in uns vorhanden, so können sie in Phantasieprodukten oder in Einfällen oder in Träumen wirksam werden und sich so in gewisser Weise selbst befriedigen. Im Zustand des unbewußten Hungerns und Sichsehnens nach dem Geliebten können auch romantische Phantasien oder Empfindungen entstehen. So schrieb der romantische Dichter Eduard Mörike treffend: »... ich sehne mich und weiß nicht recht nach was; halb ist es Lust, halb ist es Klage ...«[1] Alle Ängstlichen sorgen sich in unfixierter und in überdurchschnittlicher Weise um Geliebtes.

Ein Empfindensbewußtsein von Liebesbeziehungen bleibt bloßes Bewußtsein dieser Art, als in Worten nicht genau beschrieben werden kann, um welche Art Beziehungen zwischen Liebenden und Geliebten es sich handelt. Denkensbewußtsein von Liebesbeziehungen ist insoweit gegeben, als zutreffend erkannt wird und bestimmt werden kann, um welche Lieben der Art und der Stärke nach es sich handelt.

---

1 Eduard Mörike; Gedicht »Im Frühling«

Wie gering der Grad des Empfindensbewußtseins von Lieben im allgemeinen ist, das läßt sich gut am Beispiel der Liebe zum Lebendigsein zeigen. Wir bekommen von dieser Fundamentalliebe erst dann ein Empfindensbewußtsein, wenn wir Gefahr laufen, das Leben zu verlieren oder leiblichen Schaden zu nehmen, beispielsweise durch eine Krankheit. Denkensbewußtsein von dieser existentiellen Liebe allein haben am ehesten kastrierte Männer oder Frauen, da diese ja jene Liebesbeziehungen, die von der Geschlechtlichkeit herrühren, nicht mehr haben können. Denkensbewußtsein von der existentiellen Liebe haben wir, insoweit wir sagen können, auf was sie gerichtet ist und in welcher Stärke sie in uns gegeben ist. So kann es leicht sein, daß wir von einer Liebe oder von Lieben ein größeres Denkensbewußtsein als Empfindensbewußtsein haben. Aus der Stärke des subjektiven Gefahrempfindens einerseits und aus der objektiven Gefahrbestimmung eines Arztes können wir auf die Ungenauigkeit unseres diesbezüglichen Empfindens schließen. Empfindensbewußtsein von Liebesbeziehungen zeigt sich in allen entsprechenden Empfindungen, Denkensbewußtsein jedoch ist nur insoweit gegeben, als jemand über die Art des Liebens, über die in einer Liebesbeziehung potentiell oder de facto gegebenen Ursachen und Wirkungen sowie die entsprechenden Stärken exaktes Wissen besitzt.

Das im Unbewußtsein gegebene Freudepotential ist genau so groß wie das entsprechende Leidpotential. Wenn wir heute Lebenden beispielsweise plötzlich und überraschend aus unserem materiell gut »gepolsterten« Dasein herausgerissen würden und in die urnatürliche Lebensweise der früheren Höhlenbewohner zurückkehren müßten, dann bekämen wir ein Empfinden davon, wie gut es uns Heutigen durch die kulturellen bzw. zivilisatorischen Errungenschaften geht.

Wer Empfindungen hat, aber nichts oder nichts Zutreffendes über deren Art, Herkunft und Stärke sagen kann, der hat kein Denkensbewußtsein von sich, und wer nicht bemerkt, welche Empfindungen andere nach Art, Herkunft und Stärke haben, obgleich diese gut zu bemerken sind, der hat kein Denkensbewußtsein davon, was empfindungsgemäß in anderen vorgeht.

Wie gering das Denkensbewußtsein der Menschen im allgemeinen ist und in wie starkem Grad sie aus dem Empfinden gesteuert sind, das läßt sich an den vielen Ehescheidungen deutlich machen, die es in unserer Zeit gibt. Alle Ehen, die geschlossen werden, werden in der Überzeugung geschlossen, sie hielten ein Leben lang, sie seien ein Bund fürs Leben (von den in spekulativer Absicht geschlossenen abgesehen). Je früher nun Ehen geschieden oder disharmonisch werden, desto geringer war das Denkensbewußtsein bei der Eheschließung von den Ursachen der Zuneigung und deren Stärke. Hätten jene, die sich scheiden lassen oder in einer zerrütteten Ehe nebeneinanderherleben, ein hinreichendes Denkensbewußtsein von der Art und von der Stärke ihrer Lieben gehabt, dann hätten sie sich nicht geheiratet. Mangels hinreichender Denkfähigkeit hat man sich ganz dem süßen Empfinden als Steuerungselement überlassen, das aber verführerisch und falsch war. Alle diese Enttäuschungen – in der Psychologie auch als Frustrationen bezeichnet – entstehen allein aus einem Mangel an entsprechender Denkfähigkeit.

Liebesbeziehungen können auch dadurch gefährdet werden, daß das Denkensbewußtsein hinsichtlich der Gefahren zu gering ist, die im reinen Empfindensbewußtsein des Sicherhabens des oder der Geliebten stecken. Man kann in derartigen Fällen von Sicherheitstäuschungen aus falschem Empfindensbewußtsein sprechen. Viele meinen irrtümlich, eine kirchliche Eheschließung biete größere Gewähr für den Bestand einer ehelichen Verbindung, doch gerade dieser Irrtum kann zu schweren Enttäuschungen und zu großer Reue führen. Alle jene, die den Bund fürs Leben eingehen wollen, sollten hinreichend gut wissen, welcher Art ihre Lieben zu ihren Partnern sind, vor allem aber, wie stark diese Lieben sind; doch gerade dies ist häufig nicht der Fall. Diese Tatsachen zeigen mit großer Eindringlichkeit, wie gering das Denkensbewußtsein der Menschen ist und wie stark und weithin falsch das Empfindensbewußtsein. Aus diesen Gegebenheiten läßt sich auch auf den geringen Grad insofern freien Willens und auf den riesigen Umfang der Willensunfreiheit schließen.

Man kann in gröberer Weise die folgenden Arten des Unterbewußtseins, des Empfindensbewußtseins und des Denkensbewußtseins (Verstandesbewußtseins) im Menschen unterscheiden:

- die ganz unbewußte Liebe. Von ihr gibt es weder ein Empfindens- noch ein Denkensbewußtsein,

- die teilweise unbewußte und zudem empfindensbewußte, nicht aber denkensbewußte Liebe,

- die teilweise unbewußte und teilweise empfindensbewußte und teilweise denkensbewußte Liebe und

- die in stärkerem Grad empfindensbewußte sowie denkensbewußte Liebe.

Je stärker das Empfindensbewußtsein ist, desto geringer ist die Möglichkeit, Denkensbewußtsein zu bekommen. Diese Gegebenheit läßt sich bei hinreichender Denkfähigkeit gut an jenen beobachten, die einerseits in bestimmten Bereichen der Wissenschaft große Leistungen erbringen können, die aber andererseits aus entsprechender Ängstlichkeit außerstande sind, in anderen Bereichen, beispielsweise im metaphysischen, konsequent zu denken. Leute dieser gespaltenen Intelligenz sind dann beispielsweise außerstande zu erkennen, daß es allein das aus der Angst geborene Schutz- und Machtsuchen ist, das die Nächsten- und die Gottesliebe bewirkt.

*

Die Tragik der Menschheit kommt zum Teil auch davon, daß die Menschen weithin in ihrer Denkfähigkeit und dem Bewußtsein daraus beschränkt sind, sich auch deshalb leicht beherrschen und mißbrauchen lassen und wenig Aussicht besteht, daß sich an dieser Beschränktheit etwas ändert.

*

Wie man die Lieben nach deren Art und Stärke bestimmen kann

Die Psychologie wird um so mehr zu einer Wissenschaft, je zutreffender und genauer die Arten der hierhergehörenden Wesenheiten und deren Wirkungen aufeinander ermittelt und beschrieben werden können, je genauer sich die Ursachen und die Wirkungen der psychischen Vorgänge oder Gegebenheiten definieren, messen und in ihrem zeitlichen Ablauf bestimmen lassen.

Zur Bestimmung der Art von Lieben

Die meisten Lieben und Liebesbeziehungen lassen sich ihrer Art nach verhältnismäßig leicht bestimmen. Überall da, wo es Zuneigung gibt, da gibt es ein Liebendes und ein Geliebtes und die Liebesbeziehung zwischen ihnen. Wenn beispielsweise Frau Meier sagt, Schwertlilien seien ihre Lieblingsblumen, so kann angenommen werden, daß es im Gehirn der Frau Meier diese sehsinnlich-ästhetische Liebe gibt. Diese Aussage über eine Liebe und deren Geliebtes läßt sich dadurch überprüfen, daß mehrere Zeugen unabhängig voneinander bestätigen, Frau Meier kaufe regelmäßig Schwertlilien ein und stelle diese bei sich zu Hause als Zimmerschmuck in eine Vase. Diese sehsinnlich-ästhetische Liebe der Frau Meier zu Schwertlilien äußert sich im Gefallenfinden an Schwertlilien sowie im Verlangen, sie um sich zu haben, um durch deren Anblick erfreut zu werden. Ferner läßt sich durch das Befragen der Frau Meier und von unabhängigen Zeugen ermitteln, ab wann ungefähr oder genau sich diese Liebe im Schlüsselerleben der Frau Meier fixiert hat und in der Empfindung von Freude bei deren Anblick empfindensmanifest wurde. Die Art dieser Liebe ohne bezeugende Personen, die ja immer die Gefahr des subjektiven und damit einseitigen Urteilens in sich tragen, bestimmen zu wollen, ist nicht einfach. Eine Möglichkeit der personenunabhängigen Beurteilung wäre, die Stärke der Freude-Erregung aus der Stärke der Liebe zu ermitteln, die beim überraschenden Schenken von Schwertlilien entsteht.

Eine besondere Schwierigkeit ergibt sich auch bei der Aufgabe, eng zusammenhängende Lieben isolieren und bestimmen zu wollen, wie dies in typischer Weise für die Liebe zum Lebendigsein und zu den anderen Lieben in einem Menschen gilt. Dieses ständige Gebundensein der Lebendigseinsliebe an alle anderen, beispielsweise an die geschlechtliche oder an die familiäre, war wohl auch der Grund dafür, daß die existentielle Liebe als Fundamentalliebe von Sigmund Freud nicht hinreichend erkannt wurde und daß seine Lehre so einseitig ausfiel.

Zur Stärkebestimmung von Lieben

Im Kapitel mit dem Titel »Das unsinnige Reden und Schreiben von der immer nur großen Liebe« hatte ich geschrieben, daß meine Liebe zu jenem ersten weiblichen Wesen, das ich anschwärmte, nur ein sanftes Glühen blieb und nie zu einem lodernden Feuer anschwoll, wie dies bei meinem damaligen Freund der Fall war, der sich »über beide Ohren verknallte«, wie man in der Trivialsprache zum weit überdurchschnittlichen Lieben[1] sagt. In diesem Kapitel war von der Verschiedenheit der Liebensstärke und davon die Rede oder besser: die Schreibe, daß es die Liebe zu etwas oder das Lieben von etwas in allen Stärkegraden von der Gleichgültigkeit wegen Lieblosigkeit ab bis hin zu sehr großen oder starken gibt. So weiß jeder, daß es Menschen mit nur geringer Liebe zum Geld oder

1 Es ist üblich, von übermäßigem Lieben zu reden oder zu schreiben, was aber insofern falsch ist, als ein Maß, also ein Maßstab ja selbst keinen Grad darstellen kann. Mit einem Maßstab kann der Grad von etwas gemessen werden, doch er kann niemals den Grad selbst ausdrücken. Richtig wäre es darum, von bestimmten Graden der Liebe oder des Liebens anstelle von bestimmten Maßen zu sprechen oder zu schreiben.

zu anderen Geliebten gibt und daneben andere mit sehr starker oder großer, wie sie sich in der Gier zeigt. Wenn ein Mensch Gelegenheit hat oder bekommt, sich zu bereichern, und er von dieser Möglichkeit keinen Gebrauch macht, so kann gefolgert werden, daß seine diesbezügliche Liebe nur klein oder gesättigt ist. Wenn sich ein Mensch mit bloß geringem materiellen Besitz begnügt, er unter dem Mehrhaben dieser Art des Geliebten bei anderen nicht leidet, er also vom materiellen Reichtum anderer nicht zum Neid provoziert wird, dann ist seine diesbezügliche Liebe nicht groß, dann spricht man von Anspruchsbescheidenheit in einem bestimmten Bereich des Liebens. Im gegenteiligen Fall ist er ein Nimmersatt, einer, der von einem Geliebten nie genug bekommen und haben kann.

Bei nimmersattem oder unersättlichem Lieben spricht man auch von süchtigem Lieben. Süchtige Liebhaberinnen oder Liebhaber sind unstillbar Liebende, sind Lieber oder Lieberinnen, die vom Geliebten immer noch mehr haben wollen, von ihm nie genug bekommen können. Es gibt die Geltungssucht, die Habsucht, die Herrschsucht, die Genußsucht im Feld der leibsinnlich-ästhetischen Lieben, zu denen eigentlich auch die geschlechtliche oder sexuelle gehört, sowie in anderen.

Im Kapitel »Das falsche Reden und Schreiben von der Ganzheitlichkeit des Liebens« war schon davon die Rede bzw. die Schreibe[1], daß zumeist nur davon gesprochen bzw. geschrieben wird, man liebe dieses oder jenes ohne zugleich anzugeben, in welcher Stärke dies der Fall ist. Wenn ein junger Mann von einer Geliebten schwärmt, dann sollte er wissen, was er an dieser Geliebten liebt und in welcher Stärke. Es sollte zumindest davon gesprochen oder geschrieben werden können, daß man deren äußere Erscheinung in sehr starkem Grad oder in starkem Grad oder in durchschnittlichem Grad oder in schwachem Grad oder daß man sie gar nicht liebe oder daß man dies oder jenes an ihr

1 Die Deutschen haben bisher nicht den Mut besessen, das Wort »Schreibe« anstelle von »Rede« in den Sprachgebrauch zu bringen, obgleich von Geschriebenem und nicht von Geredetem geschrieben wird. Man ist zu feige, richtige neue Wörter einzuführen und zu benützen.

in schwachem oder in durchschnittlichem oder in starkem oder in sehr starkem Grad hasse.

Zur Bestimmbarkeit der Stärke von Lieben aus der Stärke von Gemütsbewegungen

Aus einer Gemütsbewegung kann nicht bloß auf das Vorhandensein von Lieben geschlossen werden, sondern in gewissem Grad auch auf deren Stärke. Dieser quantitative Zusammenhang sei hier am Beispiel der Freude erläutert.

Für die Stärke einer Freudeempfindung gibt es mehrere Ursachen. Die Hauptfaktoren für die Stärke einer Freudeempfindung sind zum einen die Stärke einer unbefriedigten Liebe und zum anderen die Stärke oder Menge des Geliebten. Dabei ist immer der kleinere dieser beiden Faktoren für die Stärke der Empfindung maßgebend. Wenn beispielsweise ein hungriger Mensch nur wenig Eßbares findet oder bekommt, so kann dessen Freudeempfindung lediglich so groß sein, wie es die geringere Menge zuläßt.

Weitere Stärkefaktoren sind der Überraschungsgrad und die Schnelligkeit, mit der die Befriedigung vonstatten geht. In den Himmel der großen Freudeempfindung, in die (kurze) Glückseligkeit dieser Art kommen wir, wenn sehr starke und zudem unbefriedigte Lieben überraschend und schnell befriedigt werden. Sobald wir das Bekommen eines Geliebten beabsichtigen und planen, wie dies beispielsweise bei einem Eigenheimbau geschieht, und wir es dadurch in unserer Vorstellung schon vorwegnehmen, wird die Stärke der Freude beim späteren Bekommen entsprechend geringer ausfallen, und dies um so mehr, je beschwerlicher (durch Arbeit beispielsweise) dieses Bekommen war. Eine Vorfreudeempfindung wird um so mehr gemildert, je langwieriger und je anstrengender die Verwirklichung oder das Bekommen eines Geliebten ist. Dies hat nichts mit einer Paradoxie des Glücks zu tun, wie der Psychiater Viktor E. Frankl meint [1].

---

1 Viktor E. Frankl; Paradoxien des Glücks, Beitrag in: Was ist Glück? München, 1976

Ein überraschend eintretender Lottogewinn ist viel erfreulicher oder befreudender[1] als ein ratenweises oder vorausbewußtes Bekommen des gleichen Gesamtbetrages über einen längeren Zeitraum. Ein Mensch, der immerzu und in jeder Beziehung voll befriedigt sein könnte, der wäre unfähig zur Freudeempfindung, der könnte Freude als Hoffnungsfreude oder Vorfreude oder als Befriedigungsfreude nicht mehr erleben.

Weitere Stärkefaktoren für das Empfinden von Freude sind der Empfindsamkeitsgrad sowie der von mir so genannte Artfaktor. Je empfindsamer einer oder eine in einem bestimmten Bereich des Liebens ist, desto stärker fällt bei ansonsten gleichen Faktoren eine Freudeempfindung aus und umgekehrt: Je geringer die entsprechende Empfindsamkeit ist, desto geringer ist die Stärke einer derartigen Empfindung. Der Schwachempfindsame wird von einem Ereignis, das im Starkempfindsamen helles Entzücken auslöst, wie man zu sagen pflegt, kaum gemütsbewegt, und der Apathische gar empfindet überhaupt nichts.

Was es mit dem speziellen Artfaktor auf sich hat, das läßt sich am besten am Beispiel der geschlechtlichen Paarung erläutern. Die Freude oder Lust, die wir aus starkem sexuellem Hunger (also Unbefriedigtsein) bei einer rasch erfolgenden Kopulation mit einem appetitreizenden Wesen des anderen Geschlechts im Normalfall empfinden, ist bei ansonsten gleichen Gegebenheiten durch den Artfaktor des Liebens größer als beispielsweise jene, die wir aus dem großen Hunger auf Unterhaltung bei rasch erfolgender Befriedigung erleben. Für jede Art des Liebens gibt es einen stärkewirksamen Artfaktor. Dieser Effekt hängt mit der Bedeutung zusammen, die der Lebensgrund einem Geliebten für den Füllegrad des Lebens im überindividuellen Sinn beimißt, und da die Fortpflanzung des Lebens durch Nachkommen eine so große Bedeu-

1 Jeder ist daran gewöhnt und findet es darum richtig, von einem berauschenden Erlebnis zu sprechen oder zu schreiben, doch zugleich findet man es zumindest ungewohnt, wenn nicht sonderbar oder gar abwegig, von einem befreudenden Erlebnis zu sprechen oder zu schreiben, obgleich dies nur folgerichtig wäre. So sollte auch von Befreudbarkeit gesprochen oder geschrieben werden.

tung für den allgemeinen Lebensgrund hat, ist der Geschlechtsverkehr im Durchschnitt so lustbetont.

Die Gesamtbeziehung der Stärkefaktoren für das Entstehen von Freudeempfindungen läßt sich in einer Formel so darstellen:

Stärke oder Tiefe eines Freudeempfindens	=	Stärkegrad einer unbefriedigten Liebe	+	Stärke oder Umfang des Geliebten	×	Zusatzfaktoren

Zusatzfaktoren sind:
- der Überraschungsgrad des Eintritts einer Befriedigung,
- die Schnelligkeit, mit der die Befriedigung erfolgt,
- der Empfindsamkeitsgrad des betreffenden Menschen in diesem Bereich des Liebens sowie
- die Art der Liebe bzw. des Geliebten (Artfaktor).

Gäbe es diese Zusatzfaktoren bezüglich der Stärke von Empfindungen dieser oder jener Art nicht, so ließe sich die Stärke einer Liebe allein aus der Stärke oder aus dem Umfang des Gesamtverbrauchs von Geliebten bis zur Vollsättigung ermitteln.

Die Frage nach dem Wesen und nach den Entstehungsursachen einer sehr starken Freudeempfindung läßt sich wie folgt beantworten: Die sehr starke Freudeempfindung ist eine sehr starke Gemütsbewegung, die ein sehr stark liebender und zudem in diesem Bereich sehr stark empfindsamer Mensch erlebt, wenn er überraschend und schnell aus einer hoffnungslos erscheinenden Lage des Getrenntseins vom sehr stark Geliebten zum Vereinigtsein mit diesem kommt, oder wenn ein hoffnungslos erscheinender Zustand des Nichtvorhandenseins des sehr stark Geliebten überraschend und schnell vom Vorhandensein des sehr stark Geliebten abgelöst wird, also ein sehr stark geliebter und darum heißersehnter Zustand überraschend und schnell eintritt.

Zum Stärkefaktor Empfindsamkeit sei an dieser Stelle noch gesagt: Bekanntlich gibt es Gemüter, die sehr leicht bewegt werden, deren Empfindungstiefe aber nicht groß ist, und daneben andere, die sich nicht so schnell, dafür aber um so tiefer bewegen lassen. Der erstere Typus ist durch das bekannte Himmelhoch-jauchzen-und-zu-Tode-betrübt-Sein bei nur geringen Anlässen gekennzeichnet, der letztere durch tiefgreifende Gemütserschütterungen, die Selbsttötungen zur Folge haben können. Das weibliche Geschlecht ist bekanntlich im Durchschnitt eher durch den ersteren Typus gekennzeichnet, das männliche eher durch den letzteren.

Eine Liebe kann noch so groß oder stark sein, wenn die entsprechende Empfindsamkeit nicht groß ist, dann kann sie sich auch nicht in großer Stärke des Empfindens manifestieren, wohingegen ein leicht gemütsbewegter Mensch schon bei geringer Stärke des Liebens in starkem Grad gemütig bewegt sein kann.

Der Verbrauch oder der Verlust von Geliebtem als Bestimmungsfaktor hinsichtlich der Stärke von Lieben

Was hiermit gemeint ist, läßt sich am einleuchtendsten wohl an der Liebe zu Eßbarem und am Verbrauch von Eßbarem zeigen. Wenn ein Mensch Hunger nach seiner Lieblingsspeise hat, dann läßt sich die Stärke dieser Liebe am Verzehr dieser Speise der Menge nach bis zur Vollsättigung ermitteln. Gleiches läßt sich vom Durst oder vom Trinkbedürfnis und vom Verbrauch des Lieblingsgetränks sagen. Die Bestimmungsschwierigkeiten werden größer, wenn es sich um abstrakte Geliebte handelt, wie beispielsweise die Geltung.

Ähnliches läßt sich über den Verlust von Geliebtem sagen. Das Urteil des Salomo und dessen Wirkung auf die beiden Frauen ist ein Beispiel dafür.

Der Geldaufwand zum Erwerb von Geliebtem als Bestimmungsfaktor bezüglich der Stärke von Lieben

Die Stärke einer Liebe kann auch mit der Menge des Geldes gemessen werden, das aufgewendet wird, um Geliebtes zu erwerben oder zu verwirklichen, es sei denn, es handelte sich um einen spekulativen Kauf. Wenn ein Mensch ein Gemälde allein des persönlichen Genusses wegen auf einer Versteigerung als Höchstbietender erwirbt, so kann geschlossen werden, daß dessen sehsinnlich-ästhetische Liebe in bezug auf ein solches Geliebtes zu diesem Zeitpunkt größer ist als die Liebe aller jener anderen, denen es nicht an Geld fehlt. Verfügten alle Menschen über ein gleiches Geldvermögen, so wäre der Geldaufwand zum Kauf eines Gemäldes oder eines anderen geliebten Gegenstands ein genauer Bestimmungsfaktor hinsichtlich der Stärke von Lieben, insoweit sie käuflich wären. In Abwandlung des Sprichworts kann man sagen: Sage mir, wofür und in welcher Menge du dein Geld ausgibst, und ich sage dir, was du in welcher Stärke liebst.

Die Widerstandsüberwindung zum Erwerb des Geliebten als Bestimmungsfaktor bezüglich der Stärke von Lieben

Je stärker ein Verlangen nach Geliebtem ist, desto größere Anstrengungen werden gemacht und desto größere Widerstände werden überwunden, um an Geliebtes und damit in den Zustand des Befriedigtseins zu kommen, falls ein Befriedigtwerden überhaupt erreichbar ist, es sich also nicht um unstillbares oder süchtiges Lieben handelt.

Die Stärke einer befriedigten Liebe läßt sich am Widerstand ermessen, der überwunden werden muß, um Liebende und Geliebte zu trennen. Wenn große Liebende der Weltliteratur lieber miteinander in den Tod gingen als eine Trennung hinzunehmen, dann kann von größter Liebe gesprochen werden. Hier ist jedoch zu bemerken, daß das Empfinden, das zu solchen Taten führt, immer auch durch die Art der Empfindsamkeit bestimmt wird. Vergießt ein Mensch viele Tränen, wenn er von Geliebtem getrennt wird, wie es an Gräbern häufig geschieht, so kann dieser Tränenfluß auch oder weithin lediglich die Folge stärkerer Empfindsamkeit sein. In Abwandlung eines Sprichworts kann man auch sagen: Sage mir, welche Widerstände du zu überwinden oder welche Anstrengungen du zu unternehmen bereit bist, und ich sage dir, was du liebst und in welcher Stärke.

Der Zeitaufwand zum Erwerb von Geliebtem als Bestimmungsfaktor bezüglich der Stärke von Lieben

Als Bestimmungsfaktor für die Stärke einer Liebe kann auch die Zeit gelten, die zur Befriedigung von Lieben aufgewendet wird. Wenn ein Mensch frei, also unabhängig von einem anderen Willen über seine Zeit verfügen kann, so verwendet er sie für seine gerade stärkste Liebe. Die Menge der Zeit, die er für ein Geliebtes investiert, läßt Schlüsse auf die Dominanz des gerade am stärksten Geliebten sowie dessen Größe oder Stärke zu. In etwas anderer Art läßt sich das erwähnte Sprichwort auch wie folgt formulieren: Sage mir, womit du deine Zeit verbringst, und ich sage dir, was und in welcher Stärke du liebst, welche deine gerade dominierende Liebe ist und in welcher Reihenfolge andere folgen. Wenn beispielsweise ein Mensch neben der Zeit, die er zur Beschaffung der überlebensnotwendigen Dinge braucht, eine bestimmte Zeitmenge zum weiteren Gelderwerb benützt oder zur Mehrung seines parteipolitischen Einflusses und zur Ausübung einer bestimmten Sportart, so lassen sich hieraus Schlüsse auf die Arten und die Stärken von Lieben ziehen.

Die Lieben und die Lebensfülle

Jede Frau hat eine andere Vorstellung vom idealen Lebenspartner und jeder Mann eine andere von der idealen Lebenspartnerin. Meine persönliche Idealpartnerin wäre – wie erwähnt – eine Frau, die die Haare und das Gesicht der Irene hätte, die Figur der Ursula und den Busen der Charlotte. Sie sollte eine Frohnatur wie die Anne sein und so offen und wahrhaftig wie die Claudia, um nur diese Merkmale oder Eigenschaften zu nennen. Ein weibliches Wesen wie dieses könnte – zumindest insoweit – meine partnerschaftliche Lebensfülle in bester Art bewirken. Dabei bin ich nicht besonders anspruchsvoll. Wenn ich vom Busen einer Idealpartnerin spreche, so meine ich damit lediglich, wie er in etwa sein sollte. Ich bin insoweit nicht unduldsam oder intolerant, wie sich gewisse Leute lieber ausdrücken, im Unterschied zu einem Bekannten, der als »Birnenbusenfanatiker« einmal eine Frau auf der Straße lediglich ihres birnenförmigen Busens wegen ansprach und sich mit ihr lediglich zur Besserbefriedigung dieser besonderen und starken Vorliebe anfreundete. Die optimale Lebensfülle konnte mein Bekannter nur mit einem Birnenbusen erreichen.

Zur Lebensfülle läßt sich generell sagen: Alle Menschen, ja alle Lebewesen, streben aus tiefstem angeborenem Willen die höchste persönliche Lebensfülle an. Diese höchste individuelle oder persönliche Lebensfülle ist dann erreicht, wenn sie der Art und dem Stärkegrad nach all das bekommen, was sie lieben, und in ihrer Welt nichts mehr ist, was sie hassen. In höchster persönlicher Lebensfülle lebt ein Mensch, wenn er alles hat, was er will, was aber nicht bedeutet, daß er vieles liebt und darum auch vieles will. Der von Natur aus Anspruchsarme ist mit viel weniger zufrieden als der von Natur aus Anspruchsvolle. Der Anspruchsarme erreicht seine persönlich optimale Lebensfülle mit weniger Geliebten.

Je eher unser Leben so ist oder verläuft, wie es unserem Idealleben entspricht, desto größer ist die persönliche oder die subjektive Lebensfülle und umgekehrt: Je weniger unsere Lebensumstände unserem Ideal entsprechen, desto geringer ist unsere persönliche Lebensfülle. Optimale persönliche Lebensfülle ist Habensfülle des je Geliebten, ist irdischer Paradieszustand oder optimaler persönlicher Heilszustand.

Wer immer kerngesund ist, der lebt existentiell in höchster persönlicher Lebensfülle. Wer sich bei Bedarf immer mit dem diesbezüglich optimalen Partner sexuell paaren kann, der lebt geschlechtlich in höchster Lebensfülle. Wer die besten persönlichen Familienverhältnisse erlebt, der lebt familiär in höchster persönlicher Lebensfülle. Wer von Natur aus persönlich die Freiheit von unterdrückender und ausbeutender Herrschaftsmacht in starkem Grade liebt, der lebt in höchster persönlicher Lebensfülle, wenn er keinen Herrn dieser Art ertragen muß; wer sich von Natur aus im Leben und angesichts des Todes in stärkerem Grad ängstigt, der erreicht die höchste persönliche Lebensfülle im Glauben an einen allmächtigen Helfergott und im Bewußtsein, in einer Gemeinschaft von Menschen geborgen zu sein, die sich wechselseitig in Güte zugetan sind und sich darum auch in Not helfen.

Wenn Goethe den Schatzgräber im entsprechenden Gedicht – wie schon im Kapitel »Die Liebe zu materiellen Gütern« erwähnt – sagen läßt:

Arm am Beutel, krank am Herzen
Schleppt ich meine langen Tage,
Armut ist die größte Plage,
Reichtum ist das höchste Gut!

so beschreibt er einen Zustand geringen persönlichen Lebensfüllegrads im Bereich des materiellen Liebens. Aus starker angeborener Liebe zu »Materiellem« ist für solche Liebhaber der Reichtum an Geld oder an anderen materiellen Besitztümern ein Ausdruck höchsten Lebensfüllegrads und Armut ein Ausdruck des geringsten.

Bei der genetischen Geburt bekommt jedes Lebewesen vorgeschrieben, was in einem bestimmten Lebensalter die optimale persönliche Lebensfülle ist. Dieses genetisch fixierte Lebensfülleprogramm bestimmt unabhängig von äußeren Einflüssen, was ein Lebewesen lieben kann und in welcher Stärke. So liebt – wie gesagt – die Sumpfdotterblume aus genetischer Bestimmtheit immer nur einen sehr feuchten Standort, und nur dieser kann ihre individuelle Lebensfülle in optimaler Weise bewirken. Insofern muß sie unduldsam sein. Wir kümmern um so eher und um so mehr, je geringer die Erfolgsaussichten sind, unsere persönliche Lebensfülle erreichen zu können.

Ein leiblich gesundes und zudem sattes Tier, das aus angeborener, geringer Befürchtbarkeit und zudem aus geringem individuellem Gefährdetsein nichts fürchtet, lebt im höchsten überhaupt möglichen Lebensföllegrad. Es gibt Tierarten, die diesen höchsten Lebensfüllegrad aus natürlichen Gegebenheiten verhältnismäßig leicht erreichen. So haben beispielsweise die großen Bären kaum Feinde und können als Fast-alles-Fresser ihre Nahrung fast überall leicht beschaffen. Andere Arten tierischer Lebewesen und auch wir Menschen können unsere höchste Lebensfülle vielfach aus den natürlichen Vorgaben nicht leicht oder nicht erreichen, und dies insbesondere deshalb, weil für jeden von uns die optimale Lebensfülle von Natur aus in etwas anderem besteht. So sagen beispielsweise die einen aus voller Überzeugung: »Müßiggang ist aller Laster Anfang« und andere dagegen – wiederum aus voller Überzeugung –: »Müßiggang ist alles Glückes Anfang.« Beide Überzeugungen sind subjektiv wahr und zutreffend, doch in engeren gesellschaftlichen Verhältnissen eine bekannte Konfliktquelle.Der eine menschliche Typus würde den höchsten persönlichen Lebensfüllegrad in einer Gesellschaft finden, in der jeder jeden in einem Höchstgrad lieben kann, wohingegen die Misanthropen und die von Natur aus Menschenscheuen froh sind, wenn sie keinen Menschen sehen. Nicht allein aus den natürlichen Grundkonflikten Leben–Tod, Gesundheit–Krankheit, Nahrungsfülle–Nahrungsmangel, Dominanzwille–Freiheitswille vor dem Hintergrund der individuellen Optimierungsstrebung, sondern zudem aus gewissen kulturellen Entwicklungsfolgen haben wir Menschen es in bezug auf das Erreichen der höchsten Lebensfülle weithin nicht so gut. Verständlich ist, daß gerade jene die sogenannte Welt oder die sogenannte Gesellschaft verändern wollen, die es nicht so gut getroffen haben. Zu hoffen ist bloß, daß die Veränderungsbedürftigen und darum Veränderbarkeitsgläubigen nicht in die Hände von »Rattenfängern« fallen.

Das Gehirn aller Liebenden meint vom je Geliebten, dieses Geliebte fehle zur persönlichen Füllegradmehrung. Die Richtigkeit dieser Aussage läßt sich am Hunger auf Eßbares zeigen. Hunger ist bekanntlich der Ausdruck für unbefriedigte Liebe zu Eßbarem als existentiellem Folgegeliebten. Im übertragenen Sinn sprechen wir auch davon, etwas oder jemanden »zum Fressen« gern zu haben. Im Zustand des Vollbefriedigtseins, also der Sattheit, leben wir in höchstem Lebensfüllegrad und im Zustand des Hungers insoweit im geringsten. Im Zustand großen Hungers leben wir in einem Zustand des Kümmerns und empfinden entsprechenden Kummer.

Unsere unbefriedigten Lieben liegen in unserem Gehirn immerzu auf der Lauer, das Geliebte zu entdecken und in größtmöglicher Stärke oder in entsprechendem Umfang zu bekommen. Dieses Streben zeigt sich schon bei niederen Pflanzen, wenn sie sich durch entsprechende Eigensteuerung dem Licht zuwenden (Heliotropismus). Zuneigung als Empfindung und Zugeneigtsein zu Geliebtem zeigen an, daß unser Gehirn ein bestimmtes Subjekt, Objekt oder Abstraktum in Teilen oder zur Gänze in einem inneren und äußeren Zustands- oder Entwicklungszeitpunkt und -stadium für ein Lebensfüllegradmehrendes hält. Daher ist das Geliebte auch das Anziehende, das Begehrte, das Schöne, das Heilende, und dies immer im Stärkegrad der unbefriedigten Liebe aus entsprechender Bedürftigkeit. Was in der Psychologie als Trieb, Antrieb oder Strebung bezeichnet wird, das ist immer der Trieb, der Antrieb oder die Strebung eines liebenden Individuums hin zum Geliebten oder hinweg vom Gehaßten.

Ursprung jeder Liebe ist die Nützlichkeit von Menschen oder von anderen Lebewesen oder von Dingen oder von Zuständen in bezug auf die Mehrung des eigenen Lebensfüllegrads. Zu dieser Nützlichkeit gehören auch – wie gesagt – die Zuwendung und das Zugeneigtsein anderer Menschen zur Minderung der Furcht oder

der Angst. Sobald etwas hinsichtlich einer Liebe befriedigungsfähig ist, ist es nützlich. So nützt beispielsweise das Kind der Gemütsbefindlichkeit der Mutter, weil es die natürlicherweise in der Mutter vorhandene Liebe zum Kind oder zu Kindern befriedigt. Allein schon durch sein bloßes Da-Sein tut das Kind der Mutter wohl und ist ihr darum nützlich, ja, man kann generell sagen, daß irgend etwas allein durch seine Nützlichkeit im weitesten Sinn zum Geliebten werden kann oder – anders ausgedrückt –: Wo es keine Nützlichkeit in irgendeinem Sinn geben kann oder gibt, da kann es auch kein Lieben geben. Man ist um so beliebter und wird um so mehr geliebt, je nützlicher man in dieser oder jener Art sein kann oder ist.

Für Liebesromantiker und alle jene, die vom bedingungslosen und selbstlosen Lieben reden, mag die Verwendung des Wortes »Nützlichkeit« in diesem Zusammenhang unpassend und schnöde oder herzlos wirken, doch die oft ungeliebte, weil »rauhe« Wirklichkeit ist nun einmal so. Insoweit wir das Gemeinwohl einer bestimmten Gemeinschaft lieben, der wir uns zugehörig fühlen, lieben wir alles, was dem Gemeinwohl nützt, und insoweit wir in erster Linie unser eigenes Wohl lieben, lieben wir alles, was dem Eigenwohl nützt, wobei uns andere Menschen – um diesen speziellen Sachverhalt nochmals zu erwähnen – nur Mittel zum persönlichen Zweck sind, etwa zur Erlangung von Ruhm. Insoweit sich Menschen wechselseitig oder freundschaftlich nützlich sind, sind sie sowohl eigenwohlnützlich als auch in freundschaftlicher Weise gemeinwohlnützlich. Auch alles, was für Ästheten im leibsinnlichen Sinn schön ist, beispielsweise ein Musikstück oder ein Gemälde, das nützt solchen Liebhabern, indem es deren ästhetische Vorliebe(n) befriedigt. Dem von Natur aus ängstlichen und darum in dieser Welt geängstigten Menschen ist alles nützlich und darum bewohlend und lebensfüllemehrend, was seine Angst nimmt oder mindert, sei es durch ein Sich-gesellen-Können mit hilfsbereiten Wesen oder mit Menschen sogenannten guten Willens oder durch das Glaubenkönnen an einen allmächtigen, gnädigen, schützenden und helfenden Gott.

Alles Lebende, also auch der Mensch, ist darauf aus, für sich aus dem Dasein, in das er ungefragt hineingeboren wurde, das Beste herauszuholen, und dieses Herausholen geschieht gezwungenermaßen auch durch eine Beeinträchtigung anderer Lebewesen. Der richtigen, wahrheitsgemäßen Sicht und Beurteilung der Dinge wegen muß hier festgestellt werden, daß die meisten Lebewesen angeborenermaßen Schmarotzer sind. Durch ihre schöpfungsgemäße Wesensart können sie nur durch die mehr oder minder starke Beeinträchtigung der Lebensfülle anderer Lebewesen selbst überleben oder in größerer Fülle leben. Ob dies die Schwalbe ist, die nur durch die Jagd auf Mücken und deren Tötung leben kann, oder der Frosch, der andere Kleinlebewesen fängt, um selbst weiterleben zu können: immer werden naturnotwendigerweise andere Lebewesen in ihrer Lebensfülle beeinträchtigt. Diese elementaren, natürlichen Gegebenheiten sind für jeden nicht zu beschränkten Menschen nicht die Folgen eines vorgeblich durch erste Menschen herbeigeführten »Sündenfalls«. Dieser sogenannte »Sündenfall« kennzeichnet in Wahrheit höchstens den Fall jener in die Sünde des moralischen Herrschaftsstrebens, die mit dieser Behauptung selbst besser leben wollten.

An der Tatsache, daß diese elementare Wahrheit von vielen, ja von den meisten so nicht für wahr gehalten oder aus dem Denkensbewußtsein verdrängt wird, läßt sich die außerordentlich große Bereitschaft der meisten zum Selbstbetrug aus Gemütswehleidigkeit, Konfliktempfindlichkeit und Feigheit erkennen. Darum kann ein Franz von Assisi, der den Tieren von der vorgeblichen Liebe eines vorgeblich allmächtigen göttlichen Schöpferwesens predigte, auch nur für Selbstbetrüger dieser Art ein Heiliger sein.

Der Kampf um die Mehrung der eigenen Lebensfülle wird um so rücksichtsloser geführt, je stärker und je weniger befriedigt Lieben der eigennützlichen Art sind und je weniger empfindsam ein Mensch in bezug auf den Zweck ist. Eine Selbstverwirklichung solcher Art oder eine selbstbezügliche Lebensfüllegradmehrung ist um so selbstischer, egoistischer, je weniger Rücksicht dabei auf andere genommen wird. Ein Beispiel: Eine verheiratete Frau hatte unter tatkräftiger Mithilfe ihrer Freundinnen ihren Ehemann umgebracht, »um von diesem bei der Ausgestaltung ihres ungebundenen Lebenswandels nicht behindert zu werden«, wie die Richter formulierten.

In bezug auf die Lebensfülle ist noch eine wichtige Unterscheidung zu machen: die Lebensfüllegradmehrung im urnatürlichen Außen oder in einer urnatürlichen Daseinswelt einerseits und in einem kunstnatürlichen oder kulturnatürlichen Außen bzw. einer derartigen Daseinswelt andererseits.

Seitdem es kultivierende Menschen gibt, also ab jener Zeit, als ein Mensch erstmals einfachste Werkzeuge hergestellt hat, gibt es zur urnatürlichen Lebensfülle, wie sie vor allem in den Tropen oder Subtropen zu finden ist, noch die künstliche oder kunstnatürliche Lebensfülle. Letztere hat bekanntlich inzwischen ungeheure Ausmaße erreicht, speziell in den Großstädten der wirtschaftlich weitestentwickelten Nationen. Aus der ursprünglichen Überlebensnützlichkeit der Kunstgebilde oder Artefakte im rein praktischen Bereich ist heute eine Befriedigungskultur für ausgefallene, für Luxusansprüche geworden. So trinken wir Kaffee aus gerösteten Kaffeebohnen nicht in erster Linie der Zufuhr von Flüssigkeit wegen, sondern des Gaumengenusses wegen, um nur dieses Beispiel unter einer Vielzahl erwähnbarer zu nennen. Die moderne industrielle Massenkultur ist dadurch gekennzeichnet, daß sie alle Wünsche der Menschen zu befriedigen sucht und weitere Wünsche oder Lieben oder Bedürfnisse weckt. Angesichts dieser Entwicklung fragen sich kritische Zeitgenossen, ob es sich da nicht um Formen des Falschgesteuertseins handelt. Unbezweifelbar ist, daß die Liebe und die Lust aus ihr den Menschen ursprünglich zu dieser höchsten persönlichen Lebensfülle hinsteuern soll; doch sehr bezweifelbar scheint zu sein, ob künstlich entstandene Liebesbeziehungen, wie beispielsweise die Liebe zum Geschmack und Duft von Kaffee, einer echten Lebensfülle dienen können. Zwar sind alle Reize oder Liebreize, die künstlich hervorgerufen und befriedigt werden, im weiteren Liebens- und Empfindensprogramm des menschlichen Gehirns gegeben, doch sie sollen wohl nicht um des bloßen Genusses willen befriedigt werden, des bloßen Lustgewinns wegen. Die kunstnatürlich oder kulturell geschaffenen Geliebten können harmlos sein und eine echte Erlebensbereicherung bewirken, wie beispielsweise die Schöpfungen der musikalischen Komponisten, doch sie können auch sehr schädlich sein, wie beispielsweise die Rauschgifte.

Nach der Lehre christlicher Theologen ist die höchste Lebensfülle erst im Jenseits, in einem himmlischen Dasein zu erreichen, das aber nur den Jesusgläubigen und Rechtschaffenen vorbehalten sein soll. Es ist leicht zu begreifen, daß sich ein solches Dasein in himmlischer Lebensfülle oder Glückseligkeit jene erträumen und erhoffen, die in bezug auf ihr irdisches Dasein ihrem Schicksal nicht viel zu verdanken haben. Je weiter ein Mensch in seinem Erdenleben von der Befriedigung starker oder gar sehr starker Lieben entfernt und er zudem diesbezüglich sehr empfindsam ist, desto größer ist seine Liebe zu solchem Freude- und Daseins-Überglück im Dauerzustand und sein entsprechendes Hoffen.

Die Liebe und den Willen zu ewiger Verdauerung der Freude oder Lust drückt Friedrich Nietzsche in seinem wohl bekanntesten Gedicht »Das trunkne Lied« so aus:

O Mensch! Gib acht!
Was spricht die tiefe Mitternacht?
»Ich schlief, ich schlief –
aus tiefem Traum bin ich erwacht: –
Die Welt ist tief,
Und tiefer als der Tag gedacht.
Tief ist ihr Weh. –
Lust – tiefer noch als Herzeleid:
Weh spricht: Vergeh!
Doch alle Lust will Ewigkeit –
– will tiefe, tiefe Ewigkeit!«

Nun ist es natürlich nicht die Lust, die »tiefe« Ewigkeit will, sondern der glücksspekualtive Mensch im himmlischen Sinn, der aus diesseitiger Enttäuschung auf himmlische Glückseligkeit im Dauerzustand Hoffende. Die Grundfrage ist aber, ob unsere Empfindungen einen anderen Sinn und Zweck haben als den, zur irdischen Lebensfülle hinzuführen bzw. vom Lebensfüllemindernden hinweg, ob es Gründe für die Berechtigung der Annahme gibt, die

Lust, die Freude oder das Behagen sei an sich das Ziel, ja der Endzweck. Unbezweifelbar ist: Die Verdauerung stärkeren Glücksgefühls verhindert die Hinsteuerung zum Lebenserforderlichen und führt darum zwangsläufig zum Tod. Beispiele sind die Drogentoten.

*

Jeder normalgesteuerte Mann wird ab und zu von seinen Keimdrüsen belästigt. Wie schön und gut ist es, wenn er dann eine liebreizende Leib- und Seelsorgerin kennt, die ihn gern mit offenen Armen und Beinen empfängt und auf diese Weise seine Lebensfülle mehrt. Im Idealfall kann er für die Dame seines Herzens und Leibes selbst auch ein bester Leib- und Seelsorger sein und so deren Lebensfülle mehren.

*

Wenn ein Mensch in einem bestimmten Liebensbereich oder in mehreren Liebensbereichen seine optimale persönliche Lebensfülle erreicht hat, so ist er immerzu darauf bedacht, diese optimale Lebensfülle zu erhalten. Hat ein Mensch seine optimale persönliche Lebensfülle in einem bestimmten Liebensbereich oder in mehreren noch nicht erreicht, so strebt er immerzu nach der diesbezüglichen Mehrung der Lebensfülle; und da für jeden Menschen die optimale Lebensfülle in etwas anderem besteht, sind die Strebens- und Kämpfensarten so verschieden. So besteht beispielsweise die optimale Lebensfülle des Machtgierigen in großer Machtfülle, die optimale Lebensfülle des Geltungsgierigen in großer allgemeiner Geltung, die optimale persönliche Lebensfülle des Geldgierigen in großem Reichtum, wohingegen die von Natur aus Anspruchslosen in diesen Liebesbereichen die optimale persönliche Lebensfülle schon mit wenig Geliebtem dieser Arten erreichen.

*

Das Lieben und die Weisheit, die Klugheit oder die Intelligenz

Auch hinsichtlich der Weisheit, der Klugheit oder der Intelligenz gilt das, was zuvor über die sogenannte Liebe gesagt wurde: eine Einheitsweisheit oder Einheitsklugheit oder Einheitsintelligenz gibt es ebensowenig wie *die* Liebe als Einheitsliebe. Es gibt lediglich ein Weisersein oder Klügersein oder Intelligentersein bezüglich gewisser Arten des Liebens und des Empfindens, und da jeder Mensch von Natur aus sowohl der Art als auch der Stärke nach andere Lieben und andere Empfindsamkeiten in den entsprechenden Liebensbereichen hat, muß jeder in anderer Art weiser, klüger oder intelligenter sein. Diese individuellen Unterschiedlichkeiten kommen bekanntlich in vielen verschiedenen Arten des Weltempfindens und Weltbeurteilens, in den freien Meinungsäußerungen politischer, religiöser oder sonstiger Art sowie in den Willensarten daraus zum Ausdruck.

So muß denn der erste Schluß einer Weisheits-, Klugheits- oder Intelligenzlehre sein: Sowohl in bezug auf das optimale Einzel- als auch Gemeinwohl kann es keine Einheitslehre, sondern nur ein in persönlicher Art weiseres, klügeres oder intelligenteres Verhalten geben. Goethe drückt diese Erkenntnis in seinem Gedicht »Beherzigung« so aus:

> Ach, was soll der Mensch verlangen?
> Ist es besser, ruhig bleiben?
> Klammernd fest sich anzuhangen?
> Ist es besser, sich zu treiben?
> Soll er sich ein Häuschen bauen?
> Soll er unter Zelten leben?
> Soll er auf die Felsen bauen?
> Selbst die festen Felsen beben.

Eines schickt sich nicht für alle!
Sehe jeder, wie er's treibe.
Sehe jeder, wo er bleibe,
Und wer steht, daß er nicht falle!

Mit »Fallen« meint er die Folge eines Verhaltens, das in den eigenen Schaden mit entsprechender Reue führt, die Folge eines törichten Verhaltens also. Jedes Weiser- oder Klüger- oder Intelligentersein zeigt sich zunächst in der Verhinderung selbstbewirkter Minderung der eigenen Lebensfülle, in der Verhinderung von selbstschädigendem, törichtem Verhalten.

Törichtes Verhalten kann jeder Mensch an den durch ihn selbst verursachten Selbstschädigungen mit entsprechender Reue erkennen[1]. Durch Erfahrung und Lernfähigkeit aus Selbsterkenntnisfähigkeit samt der erforderlichen Selbstbeherrschung können sich Menschen, die zu törichtem Verhalten neigen, zukünftig weiser oder klüger oder intelligenter verhalten. »Selbsterkenntnis ist der erste Schritt zur Besserung«[2], sagt dazu das Sprichwort, doch gerade um die Selbsterkennensfähigkeit ist es nicht gut bestellt, ganz abgesehen von der zum Besserverhalten erforderlichen Selbstbeherrschung. Man fordere die Menschen auf, sich selbst bis in die Wesenstiefe zu beschreiben, also ein Selbstbildnis ihrer Wesens- und Verhaltensart anzufertigen, und man wird erkennen, wie schlecht es um die Selbsterkennensfähigkeit bestellt ist. Jeder sollte erkennen können, welche seiner Lieben inwiefern Torheitslieben sind, inwiefern er ein Liebenstor ist und welche seiner Empfindungen törichte Empfindungen sind, inwiefern er ein Empfindenstor oder Gemütstor ist und törichte Verhaltensweisen daraus verhindern.

Die Neigung eines Menschen, sich töricht zu verhalten, ist um so geringer, je größer die Fähigkeit zur kritischen Selbsterkenntnis

1 »Durch Schaden wird man klug«, so das Sprichwort, doch auch dieses stimmt so nicht. »Durch Schaden kann man klug werden«, müßte es heißen, denn es gibt auch jene, die nicht lernfähig sind, die auch nach tausendfach begangener, gleicher Torheit nicht klug sind.

2 Ähnlich dem »Erkenne dich selbst«. Wird einem der sogenannten Sieben Weisen des alten Hellas zugeschrieben.

aus entsprechender Denkfähigkeit ist, doch gerade um diese Fähigkeit ist es nicht gut bestellt. Je weniger selbstkritische Denkfähigkeit als Voraussetzung des Weiser-, Klüger- oder Intelligenterseins bei einem Menschen vorhanden ist, desto eher folgt er seinen Empfindungen und meint dann auch noch, er denke; doch Empfindensurteile sind keine Denkensurteile, und weil das Denken im eigentlichen Wortsinn eine so seltene Fähigkeit ist, lernen die Menschen auch nichts oder kaum etwas aus dem Erlebten und aus der Geschichte. Und so bleiben sie weithin das, was sie immer schon waren: eine Gesellschaft von ziemlich einfältigen, ziemlich wehleidigen, furchtsamen, feigen, schwatzhaften und überheblichen Wesen mit überdurchschnittlich starkem Herdentrieb, die sich von rücksichtslosen politischen oder von raffiniert ideologisch agitierenden Machtstrebern und Machtbeutern leicht beherrschen oder verführen und verwerten lassen.